从个体先进到群体先进

国有企业迈向卓越之路

|赵 亮 主编|

人民出版社

序　一

　　伟大的时代呼唤伟大的精神，崇高的事业需要榜样的引领。2016年，习近平总书记在全国国有企业党的建设工作会议上指出，国有企业是中国特色社会主义的重要物质基础和政治基础，是我们党执政兴国的重要支柱和依靠力量。对于国有企业来说，榜样则是企业发展无形的精神基础，是企业兴旺的重要精神支柱和前进力量。

　　近年来，国网天津市电力公司持续产生了全国级、省部级等多个层面的先进个体和先进群体，以张黎明同志为代表的先进个人和诸多先进集体持续涌现，为天津电力在服务经济发展和社会民生中取得骄人的业绩、赢得各界的认可创造了条件、打牢了基础。

　　本书详实地记录了近年来天津电力党委在习近平新时代中国特色社会主义思想指引下，贯彻全国国有企业党的建设工作会议精神，结合电力企业行业特点、天津电力发展实际，以党史学习教育为契机，从"红色基因"引领处入手，将党组织的政治优势与现代公司治理优势相结合；从先进的培育选树处着眼，打出了优化平台、强化激励、细化培育的"组合拳"；从"独秀"带动"众芳"处探索，推动广大职工比学赶超；

从营造先进辈出环境处实践，形成有利于先进成长的改革创新、文化推动、机制保障。

天津电力持续涌现各级先进个体和群体，是坚持聚焦国企属性，持续探索国企人心智模式和行为模式的必然结果。以深化学习宣传张黎明同志先进事迹为抓手，从聚焦"什么是先进典型、怎样培育先进典型"，到"建设什么样的队伍、怎样建设高素质队伍"，再到"企业实现什么样的发展、怎样实现高质量发展"等新时代国有企业面临的新课题，作了深入有益的探索。

这条探索之路，是在习近平总书记关于新时代国有企业党的建设重要思想指导下的生动实践，进一步彰显了习近平总书记对马克思主义政治经济学和马克思主义党建学说的原创性贡献对国有企业发展的定向领航作用。这条探索之路，在成风化人、潜移默化中积善成德、积厚成势，使先进特质内化为创先争优的思想自觉、外化为服务天津高质量发展的群体行动，形成了国有企业党组织坚持培根铸魂、锻造过硬队伍、推动改革发展的生动局面，形成了符合国企自身从个体先进到群体先进发展的理论逻辑和实践逻辑。

新时代是奋斗出来的。心中有信仰，身边有榜样，行动有力量，从以时代楷模、改革先锋张黎明为代表的重大典型身上，从自觉奋斗、敢闯勇为的天津电力广大干部职工身上，能看到他们积极应对经济社会发展的形势，能源电力加速转型的趋势，锐意推进改革创新，守护津城万家灯火，他们在津沽大地上抒写着属于"国之重器"的梦想与光荣！

党史学习教育中央宣讲团成员
中央"马工程"（马克思主义理论研究
和建设工程）咨询委员会委员
天津大学马克思主义学院院长
颜晓峰

序　二

　　2021 年，在我们党的历史上、新中国历史上、改革开放历史上，乃至于在世界范围内社会主义发展史上都是极其重要的一年。全国人民在中国共产党的领导下，顺利完成了第一个百年奋斗目标，整体消灭绝对贫困，全面建成小康社会。中国人民在新的历史起点上，在以习近平同志为核心的党中央领导下，全面开启建设社会主义现代化国家新征程，为实现第二个百年奋斗目标而接续奋斗。

　　新中国成立以来，特别是完成社会主义改造、实施改革开放以来，我国国有企业获得了迅猛的发展，取得了长足的进步，国有企业改革取得了丰硕的成果。今天，面临世界百年未有之大变局，国有企业如何在越来越激烈的国内外竞争中站稳潮头、引领发展，如何实现从优秀向卓越的跨越，这是摆在全国国有企业特别是像天津电力这样的国有企业面前的一个严峻的现实问题。众所周知，在实现中华民族伟大复兴进程中，国有企业作为定海神针不可或缺。国有企业的竞争能力、服务能力应该越来越强，国有企业的效率应该越来越高，国有企业作用应该越来越大，国有企业的员工队伍应该越来越先进，这既是我国社会主义经济制度所决定的，也是中国特色社会主义最本质特征决定的。国有企业姓党，国有企业应该怎样体现其本质属性，应该怎样体现它是中国共产党执政之基、理政之源，国企怎样才能巩固中国共产党执政地位、为中国共产党长期执政服务，进而围绕国家战略发展需要，实现人民幸福生活这个"国之大者"，这是国有企业应该首先弄清楚的头等大事。

最为难得的是，天津电力在关键时刻头脑清醒、意识敏锐、行动敏捷，牢牢地抓住关键环节，进而提前谋划、提前布局、提前应对，下了一招好的先手棋。长期以来，特别是在全国国有企业党的建设工作会议召开以来，天津电力对"国之大者"了然于胸，抓住了国企党建这个核心关键，很好地发挥了企业党组织把方向、管大局、促落实的核心作用。以党的建设来推动企业在科技创新、人才建设、经营管理、服务社会等方面的进步，天津电力个体先进接踵，群体先进迸发，为天津电力实现卓越目标提供源源不断的动力。

通读全书，我感觉到天津电力在实现个体先进到群体先进上，有自己的独到之处。不论是在党建引领、先进带动、改革催生，或者是在文化推动、机制保障等方面，都创下了可供借鉴的经验和模式。当然，天津电力的经验和做法有其特殊性，这种特殊性既体现在行业上，也体现在地域以及历史上，更体现在天津电力长期以来形成的精神特质上，"推土机"精神就是当下天津电力精神谱系中最典型的一个。这种经验和做法，如果得到有益的转化和吸收，对于国有企业的建设将大有裨益。也许是限于篇幅的原因，我感觉本书对天津电力历史上的先进因素的挖掘还有空间。

立足新发展阶段，贯彻新发展理念，构建新发展格局，是全面开启建设社会主义现代化国家新征程的必然要求。新征程呼唤新精神。毛泽东同志讲：人是要有一点精神的。在国有企业中营造先进、塑造先进、激励先进，主要靠精神。天津电力的这本书，给读者们提供的就是一种精神，精神之力量伟哉，精神之光芒永存！

　　是为序。

　　　　中共中央党校（国家行政学院）经济学教研部主任

　　　　中共中央党校经济研究中心秘书长

　　　　教授、博士生导师

　　　　韩保江

序 三

国有企业改革是全面深化改革的应有之义。在应对世界百年未有之大变局、全面开启建设社会主义现代化国家新征程的今天，国有企业在把握新发展阶段、贯彻新发展理念、构建新发展格局方面如何做得更好，让国有企业发展出并成为"六个力量"，这是时代给我们出的一个大考卷。时代是出卷人，我们是答卷人，这个卷应该答好，也应该能答好，也必须答好。

新中国成立以来特别是改革开放以来，党和国家高度重视国有企业改革，在不同的时期出台了多项政策并下大力气推动各种改革措施的落实落地。在持续的改革推动下，总的来说，国有企业党的建设取得长足进步，国有企业的发展质量特别是经济效益、社会效益都得到了明显的提高，国有企业员工的素质得到了明显提升，国有企业成为社会主义公有制经济的中坚力量。国有企业在从无到有、从少到多、从弱到强的发展进程中积累了丰富且宝贵的经验。

党的十八大以来，特别是 2016 年全国国有企业党的建设工作会议胜利召开以来，包括央企在内的全国国企纷纷结合行业实际、企业实际、部门实际落实会议精神，贯彻习近平总书记对加强国有企业党建、以高质量党建推动国有企业高质量发展的指示要求，国有企业的发展取得了更为明显的进步。国有企业党的建设得到明显加强，企业发展方向进一步明确，企业的竞争力迈上了新的台阶，国企姓党的这个根本特征得到了前所未有地彰显。这个过程以及在这个过程中形成的新的宝贵经验弥足珍贵。虽然由于各类国企行业的不同、规模的不同、所处区域方位的不同，抑或是在抓落实方面招法措施的不同，使得这些经验更为丰富多彩，但无论如何，这些过程和经验都值得我们进行认真地回顾和总结，以期在变局中开新局，化危机为先机，更好地践行国企的初心与使命。

天津电力就是十八大以来落实习近平总书记加强国有企业党建要求的典范之一。长期以来特别是最近几年来，天津电力党委抓党建引领、抓先进典型带动、抓改革创新、抓文化建设、抓机制保障，涌现出一批又一批先进个人和先进集体，实现了公司从个体先进到群体先进的跨越。天津电力的科技创新、服务社会等主业在一批批先进个人和群体的共同推动下迈上一个又一个新的台阶。这些经验同样弥足珍贵，值得我们认真地回顾和总结，以期在实现公司从优秀迈向卓越的大道上行稳致远。

大家手里拿到的这本书，其主要内容就是对天津电力这几年间在实现个体先进到群体先进过程中的做法的梳理和经验的总结。书中比较详细地介绍了天津电力以党建引领先进工作、先进带动先进工作、改革催生先进工作、文化推动先进工作、机制保障先进工作等方面内容，有理论依托，有实例佐证，有议论评析，我个人觉得观点立得住、例子用得准、评析很客观，至于每位读者能够从中得到什么样的启发与借鉴，这就是一个仁智各见的问题了。

总而言之，这本书的编纂是一件有益的工作。对于天津电力而言，也许在某种意义上说，这个工作仅仅是一个良好的开始。

原南开大学马克思主义教育学院院长

武东生

Contents
目　录

1

绪　　论

2021 年，注定是我国历史上乃至人类历史上极不平凡的一年。这一年，是中国共产党成立 100 周年；是中华民族迎来从站起来、富起来到强起来历史性跨越的关键一年；是中国共产党领导全国各族人民实现"两个一百年"奋斗目标的历史交汇之年；是世界百年未有之大变局加速演变之年；是开启中华民族伟大复兴新征程之年。对于国有企业而言，2021 年还是全国国有企业党的建设工作会议召开后的第五年。党的十八大以来，国有企业以习近平新时代中国特色社会主义思想为指导，持续贯彻落实习近平总书记关于国有企业党的建设的重要论述精神以及批示指示精神，把握新发展阶段、贯彻新发展理念、构建新发展格局，努力承担起时代赋予国有企业的重要使命。国网天津市电力公司（以下简称"天津电力"）与全国国有企业兄弟单位一起，奋斗在承担重要使命的战线上。

2016 年全国国有企业党的建设工作会议召开以来，天津电力在习近平新时代中国特色社会主义思想指导下，贯彻习近平总书记在全国国有企业党的建设工作会议上的重要讲话精神，结合行业特点、天津经济社会发展实际和天津电力实际，大胆创新，锐意改革，机制建设、文化建设一起抓，下大力气做好包括重大典型在内的先进个人和集体的培育。天津电力党委主要负责人在建党百年重要时刻，被评为全国优秀党务工作者，是天津电力群体先进的集中呈现。以"时代楷模""改革先锋""全国道德模范""最美奋斗者""3个100杰出人物"张黎明为代表的先进个人和诸多先进集体持续涌现，大满贯似的拿下了各级荣誉。与同行业和同区域同类先进相关数据作比较，天津电力在培育选树运用个体先进和群体先进方面确实取得不同凡响的成绩。天津电力持续出现各级先进个体和群体，是必然还是偶然？持续出现各级先进个体和群体，天津电力有何秘诀？

经过相对系统地爬梳相关资料，实地考察，面对面访谈，这些丰富、系统的材料越来越明晰地表明，天津电力党委在学懂弄通做实习近平新时代中国特色社会主义思想上统一思想，不断加深认识，结合实际采取

天津电力为天津经济社会发展提供坚强可靠供电保障

多种做法，在落实天津市委市政府和国家电网公司党组主要领导批示指示要求方面独辟蹊径，狠抓落实，成绩斐然。党的建设是根本，是灵魂；在党建引领先进全面融入基层组织建设、队伍建设、人才选拔、先进选育各个层面之外，用先进个人带动先进群体、用改革措施催生先进、用文化建设推动先进、用有效机制保障先进是主要抓手，由此形成了一套符合自身从个体先进到群体先进发展的理论选择、规律生成和经验凝练。

一、党的建设是国企实现从个体先进到群体先进的根本保证

国企姓党。党的建设是国企建设的主心骨、是旗帜、是方向，是"根"和"魂"。党的建设是国企实现从个体先进到群体先进的根本保证。党的建设要强调对先进的引领。没有党建引领，所谓先进的性质就会改变，先进的方向就会迷失，就谈不到从个体先进到群体先进的实现推进。没有了党建引领，所谓的先进就可能会走邪路、歪路，甚至南辕北辙。天津电力党委以习近平新时代中国特色社会主义思想为指导，深入贯彻习近平生态文明思想和"四个革命、一个合作"能源安全新战略，以钉钉子精神落实习近平总书记两次来津视察电力相关工作指示精神，坚持干在实处、走在前列。作为服务天津地方经济发展的电网企业，针对 1.19 万平方公里的供电面积，超过 1562 万的供电服务人口，推动构建特高压"三通道、两落点"格局，建设 500 千伏扩大型双环网和世界一流配电网，供电可靠率进入世界先进行列；建成首批国际领先的智慧能源小镇、首个省级综合能源服务中心、首个城市能源大数据中心等标志性项目，建成核心区 0.9 公里、市区 3 公里、郊区 5 公里充电服务圈，打造了智慧能源引领智慧城市发展的"天津样板"。反映公司综合实力的业绩考核保持国网公司 A 级，入选创建世界一流示范企业典型引领单位，被中国工经联授予全国首家企业可持续发展创新实践基地。天津

惠风溪生态宜居智慧能源小镇

北辰大张庄产城融合智慧能源小镇

电力党委始终坚持党建引领，加强党的建设，落实党委主体责任，深化全面从严治党，452个党组织大力提升组织力，突出政治功能，成为宣传党的主张、贯彻国网公司党组部署、领导基层攻坚、团结动员群众、推动改革创新的坚强战斗堡垒，6500 多名党员奋战在公司改革发展稳定第一线，创造出党员服务队入驻社区"红网格"等一批典型经验，在防疫抗疫等重大任务中用行动践行"我是党员我先上"的誓言，有力发挥党建引领发展的推动作用，推动天津电力党建工作考核保持国网系统前列。

天津电力党委认为，对于国有企业，没有离开业务的政治，更没有离开政治的业务。必须旗帜鲜明讲政治，任何工作都要拿政治的尺子量一量，才能保障企业始终沿着正确的方向前进。党建引领的关键，是学懂弄通做实习近平新时代中国特色社会主义思想，用习近平新时代中国特色社会主义思想武装天津电力领导班子、干部队伍、全体党员以及全体职工。党建引领的效果体现在贯彻落实习近平总书记在全国国有企业党的建设工作会议上的重要讲话精神上，体现在结合天津经济社会发展的实际，把握新发展阶段、贯彻新发展理念、构建新发展格局等方面上，体现在天津电力党政领导干部在提高政治判断力、政治领悟力、政治执行力的规律性认识与做法上。

红色基因，党建红利，是天津电力在实现个体先进到群体先进过程中的骨气和底气。长期以来，公司在各个环节中弘扬红色基因，厚植党建红利，为公司营造先进、培育先进、宣讲先进、使用先进提供了延绵不绝的滋养。天津电力一贯注重党员队伍的培养，最近几年来，天津电力职工队伍中党员比例超过56%，2020 年更是达到了 58.1%。天津电力善于把职工队伍中的优秀分子及时吸纳到党组织中来，最近几年新发展党员数量节节攀升，2021 年新发展党员数量接近 2018 年的三倍。正是不断地把优秀分子培养成党的一分子，成为红色基因的承载者，因此红色基因和党建红利体现在公司干部员工队伍建设上，就是形成了一支特别能吃苦、特别能战斗、特别能奉献的核心骨干队伍。一批又一批先进典型、一个又一个先进集体正是从这个高质量的骨干队伍中脱颖而出，走到公司舞台的中央，走在公司迈向卓越的大道上。

　　天津电力在党建引领上不断抓住大势，不断开创新局，才有了从个体先进到群体先进持续发展的态势。"庸者谋利，能者谋局，智者谋势"。天津电力抓住国家发展大势、天津市发展大势、行业发展大势，顺势谋局，开局尽能，久久为功。如前所述，中华民族伟大复兴乃是国之大势，世界百年未有之变局乃是开新局的良时。新一轮的科技创新和能源革命是一个新的风口。等风来不如追风去，追风去不如自展双翼御风而飞翔。与时俱进地抓大势谋新局，使先进的诞生有了坚实的平台，为实现个体先进到群体先进的诞生指明了方向和路径。2019年，习近平总书记视察天津滨海—中关村协同创新中心国家电网公司展区，听取了天津电力人工智能配网带电作业机器人、智慧电网、智慧车联网等有关工作汇报。落实好习近平总书记视察指示精神，以习近平总书记对天津工作"三个着力"重要要求为元为纲，推动天津电力深度服务天津市经济社会发展，打造天津能源革命先锋城市的战略构想，是一个难得的发展大势。作为驻津能源央企，深度融入服务地方经济社会发展和城市建设是企业腾飞的又一大势，天津电力也必须把握天津实现"十四五"时期的目标和"2035"远景目标，锚定阶段性目标和中长期目标，为天津到2035年基本建成创新发展、开放包容、生态宜居、民主法治、文明幸福的社会主义现代化大都市，特别是围绕"一基地三区"城市功能和优势的凸显、"津城""滨城"双城格局的全面形成、自主创新能力显著提升，核心产业竞争力处于国内第一方阵，现代化经济体系建成、城市治理体系和治理能力现代化基本实现、绿色生活方式广泛形成、生态环境基本好转等分项目标同向发力，推动天津建设能源革命先锋城市和国家电网公司建设具有中国特色国际领先的能源互联网企业，实现"碳达峰、碳中和"目标，为公司新一轮的群体先进并现积蓄不竭之动能。

　　党建引领的要诀体现在多个方面，如果只说其中最有代表性的一个方面，那么天津电力党建引领先进的一个核心要诀是"严"。在引领个体先进和群体先进问题上，党建抓得严不严，效果会完全不同。天津电力抓党建引领的"严"字，体现在严程序、严要求、严监管、严评估。全过程、全方位、全员的"严"，确保了上下一盘棋，确保了党建引领先进不悖初衷，不偏航线，不半途而废，不事倍功半。在采访中我们了解到，从公司领导到普通党员员工，对公司党建引领"先进"之"严"皆有深切之感受。首先是严程序。在落实上级党委要求时，天津电力领导班子成员严格对标文件要求，结合公司实际，制定相关程序，让流程环环紧扣，进路清晰明白。其次是严要求。天津电力主要领导率先垂范、带头践行；党员干部队伍守土有责、倾情奉献；职工队伍坚守岗位、各司其职。再次是严监管，定制度立规矩，各个层级职责分明，定期检查任务清单完成情况。推出"双随机、一公开"监管机制，通过运用专项审计、数字化智能监测等多种手段开展，并将抽查情况及查处结果及时向全公司公开，有效促进各专业、各单位从严落实，提高监管效率。建立信用积分档案，量化诚信度评价，实施守信联合激励和失信联合惩戒，实现监管闭环。最后是严评估，按照既定目标要求，对工作任务进行严格评估，评估结果与绩效等因素挂钩，形成鼓励干部职工群众锐意

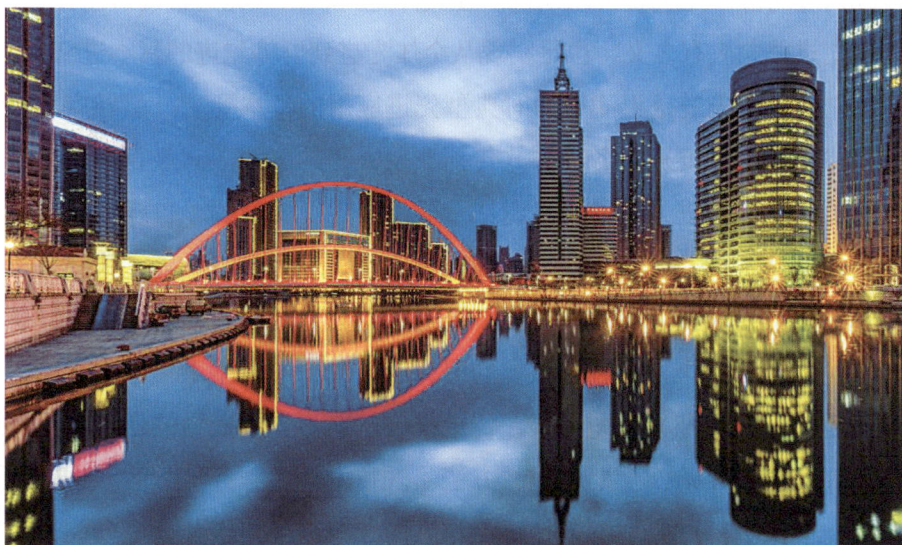

天津电力服务美丽天津建设

创新的良好氛围。"严"字当头，让公司上下职工队伍统一了认识，凝聚了干事创业的精神，汇聚了来自各层面的集体智慧。加之公司贯彻民主集中制原则，强化民主管理作用支撑，广大职工主体地位得到充分尊重，干事创业的积极性主动性得到激发，"要我干"变为"我要干"，"我要干"变为"我能干"，"我能干"变成"能干成"。公司职工队伍呈现出一派"我要先进"和"我能先进"的进取气象。

二、用先进带动先进是天津电力实现从个体先进到群体先进的基本进路

可能有人说，先进典型都是冒出来的，冒出来的先进典型带有很大的偶然性，所谓"风水轮流转，今年到我家"。但是从天津电力的实际经验和成绩上来看，个别先进也许有一定的偶然性，但是群体先进的产生一定具有必然性。这个必然性的一个基本逻辑，就是靠先进典型的带动来产生更多的先进，每一个层级的先进典型都发挥带动的作用，那么实现几何级的群体先进就可以期待。在天津电力，依靠先进带动产生先进，既是先进概念应有之义，也是实现从个体先进到群体先进的基本进路。

先进带动先进是天津电力对典型先进应用的基本要求。引导广大职工比做典型，需要通过各种方式传播典型人物的事迹，其最直接最生动的方式是典型先进人物的现身说法。研讨会、征文竞赛、自媒体、服务窗口、网站主页、微信公众号、职工大讲堂，班组微讲堂等方式都是实现这个必然要求行之有效的途径。先进带动先进还体现在对典型先进所形成的先进的工作方法进行系统的研究，推动先进典型工作方法制度化和规范化，并上升为公司经验，传承推广。典型先进人物的带动作用还体现在师傅带徒弟、手把手地教方法、教技术、教服务等方面。这些做法利于职工进行对照学习，校正工作方向，改进工作实践，提升能力水平，进而客观上为成为先进拿到了敲门砖。

"时代楷模" "改革先锋" 张黎明带领党员突击队进行宣誓活动

三、不断持续的改革是实现个体先进到群体先进的强大催生动力

天津电力注重向改革要动力,在公司里,改革创新是高频词,频现于报告中、宣传册里、讨论会上、各种媒体之中。在建立现代企业制度的过程中,公司深谙改革是发展的强大催生动力,主动向改革要动能,向改革要效益,向改革要先进。公司提出的争做先锋的目标中,就有"争当全面深化改革的先锋"的重要要求。在 2020 年度工作报告中,号召全体干部员工要敢为改革"趟水"、为事业"破路",与困难矛盾斗争。显然,改革不是目的,而是为了更好地应对日新月异变化带来的挑战。达尔文曾说:"在丛林里,最终能存活下来的,往往不是最高大、最强壮的,而是对变化能做出最快反应的物种。"在全球范围内的市场竞争丛林中,需要企业对变化保持高度的敏感性,并及时应对市场的变化而

进行改革调整。改革是为了求变，以变求生存，以变求发展，以变求卓越。改革就是一个大的试验场，更是试金石。在改革中涌现出的先进典型，既是改革的积极参与者，更是改革的真切获益者，从而成为改革的坚定推动者。

在天津电力，改革一直是推动事业发展的主旋律。在催生先进的过程中，改革聚焦在公司的目标设定因素选择上，在辩证处理求大与求强的关系上，在公司价值体系机构的改革上，在服务质量体系的改革上，在先进典型评价模式的改革上。这些改革措施让先进的产生有了更为广阔的展示舞台，也为他们找到先进的方向提供了可期待性更高的遵循。

启动"变革强企工程"就是改革的重手棋之一。2019年，习近平总书记在天津考察，作出重要指示。为落实好习近平总书记重要指示精神，结合国家电网公司与天津市达成的一致意见，推动国家电网公司战略目标在天津率先落地，公司聚焦体制机制变革、管理和业务转型升级，与时俱进启动"变革强企工程"，与"1001工程"共同构成新时代战略落地的车之两轮、鸟之双翼。"1001工程"重点解决的是生产力问题，随着工程的实施，天津电网结构、形态快速变化，装备技术水平全面提升。要实现世界一流能源示范企业目标，必须同步推动企业变革，构建与生产力相适应的新型体制机制。因此，公司适时提出"变革强企工程"。"1001工程"是"变革强企工程"的物质基础，"变革强企工程"是"1001工程"的动力之源，两大工程相辅相成。以此为标志，开启了新时代天津电力的改革新征程。

其中公司采取的多维度设定评价指标成为了激励个体与群体奋勇争先的"指挥棒"。经过认真调研、反复研究，公司党委系统设置生产经营、成果创新等4大类36项评比表彰项目，选树了一批以"时代楷模"张黎明为代表的杰出产业工人代表，在天津电力、国家电网公司系统以至在全国具有代表性的先进集体和个人。分类优化考核体系，让重实干、重实绩成为评价先进的标尺，这对营造比先进创先进的浓厚氛围，激发广大干部职工奋勇争先的激情干劲有着重大意义。最终形成行行都能出状元、人人皆能争先的良好态势。

四、文化建设推动了从个体先进到群体先进的实现进程

文化是软实力的象征。文化是民族生存和发展的重要力量，是一个国家和民族的灵魂，更是凝聚民族精神的纽带。习近平总书记强调："一个国家、一个民族不能没有灵魂。"对于一个企业而言，也是不能没有灵魂的，没有灵魂的企业无异于一个无人生产线。毫无疑问，文化因素对于国有企业营造争创先进的氛围也十分重要。天津电力进行文化建设，就是以红色文化陶铸人，以鼓励创新的文化鼓舞人，以追求一流的文化激励人，以丰富多彩的职工文化成就人。

弘扬红色文化恰逢其时。种树者必培其根，种德者必养其心。习近平总书记指出："共和国是红色的，不能淡化这个颜色。"红色文化是中国共产党以马克思主义为指导，吸收中外优秀文化创造的先进文化，代表了中国共产党人和广大民众的优良品格，不仅是中国人民价值观念体系中的重要组成部分，更是凝聚国家力量和社会共识的重要精神动力。天津电力牢记国企姓党这个属性，长期以来特别是进入新时代以来，特别注重文化对个体价值观的塑造，不是"疾风骤雨"，而是"润物细无声"，逐渐将文化内含的精神力量转化为个体的情感认同和行为习惯，从而把党员干部队伍中的"敢教日月换新天"的理想信念这个红色基因转化为干事创业争先创优的磅礴力量。

公司建设创新文化。习近平总书记指出：要增强创新意识、培养创新思维，展示锐意创新的勇气、敢为人先的锐气、蓬勃向上的朝气。天津电力强调创新的极端重要性，在公司的战略部署中，创新被反复强调。2019 年，天津电力党委强调，天津电力要始终坚持把科技创新摆

天津电力党员赴第六埠村开展"文化融城"之重走长征路活动

在第一位，全面落实国家电网公司各项创新工作部署，推进科技创新工作不断取得新成绩。在天津电力，创新已经成为一种内化于心、外化于行的价值选择，这种创新文化经过多种载体展现，目光所及之处，皆有创新文化之元素。敢不敢创新、能不能创新、是不是善于创新，已经成为衡量天津电力职工及其团队先进与否的重要尺度。天津电力鼓励各个岗位职工"刨根问底"式的创新，鼓励干部职工对既存的技术方案和服务模式大胆地"质疑"，从而开动脑筋，实现创新。

此外，天津电力构建争创一流的文化，团结互助的团队文化，助力发展的职工文化都开展得如火如荼，这些文化要素潜移默化地渗透到职工的工作、生活乃至于气质之中，从某种意义上来说，它也成为了天津电力和全体职工的共同标签。这些文化要素从不同层面为公司实现从个体先进到群体先进提供了推动因子，其不可或缺的重要性日益凸显。

五、完备的机制为国网天津电力实现个体先进到群体先进提供了有力保障

为劳动者成长创造良好条件是公司进行机制保障建设的目的之一。习近平总书记指出：技术工人是支撑中国制造、中国创造的重要基础。要完善和落实技术工人培养、使用、评价、考核机制，提高技能人才待遇水平，畅通技能人才职业发展通道，完善技能人才激励政策，激励更多劳动者特别是青年人走技能成才、技能报国之路，培养更多高技能人才和大国工匠。天津电力落实习近平总书记指示的具体举措，就是建立一套符合公司员工成长成才进而成长为先进典型的机制，包含学习保障机制、工作保障机制、生活保障机制、发展保障机制。这些机制让更多的员工在成长为先进典型的道路上甩掉包袱、轻装前进，取得成效。

长期以来，天津电力以党的建设为龙头，把党建引领、先进带动、改革催生、文化推动和机制保障做实做细，天津电力上下一心，同向发力，天津电力正昂首阔步地走在从个体先进到群体先进的大道上。

如果说天津电力是一座花园，那么这满园子盛开着的都是姹紫嫣红的花朵。它们鲜艳、纯粹、强烈、奔放，活力充沛，生机蓬勃。如果一定要给这些花儿取名字，那么它们共同的名字应该就叫作：先进的个体和先进的群体。

第一章　党建引领篇

第一节　坚不可摧的中枢

国有企业要抓党建引领，实现个体先进到群体先进，首先是党组织自身要把自己打造成坚不可摧的堡垒。在党建引领这个层面上，就是对照中央的要求、国家的需要、行业的发展进行谋划，在谋划的过程中，融入先进典型的孕育选树要素，从而为实现个体先进到群体先进做好顶层设计。

对标与对表

学懂弄通做实习近平新时代中国特色社会主义思想，深刻理解国有企业在实现中华民族伟大复兴进程中的历史使命，主动校对天津电力在把握新发展阶段、贯彻新发展理念、构建新发展格局中的准星，对加强国企党的建设出时间表，画路线图，天津电力领导班子成员对此项极端重要的工作有着深刻的认识和理解，选准了标，对好了表，为个体先进和群体先进的出现规划了场域。

锚定三重标准，画出先进典型选育的场域。天津电力清晰地知道自己国企姓党的根本定位。在这个意义上，天津电力给自己对了三重标准：

第一重标准是完成和实现国企的国家使命。国企姓党，国企是在中国共产党领导下的依照现代企业制度建立起来的经营主体，党的领导是国企的本质特征。党的领导是国有企业中国特色的本质规定。国企是中国共产党执政之基，理政之源，国企应当以巩固中国共产党执政地位、为中国共产党长期执政服务为自身当然使命。因此，公司在不同时期都认真对标国家战略发展需要，时刻不忘实现人民幸福生活这个"国之大者"。

第二重标准是成为具有中国特色世界一流国际领先的能源互联网企业，建成具有中国特色的世界一流企业是现代企业应当努力争取实现的目标，作为能源互联网企业，就要在技术上、服务上、队伍上、管理上等各方面向海内外的翘楚学习，学习永无止境，进步永无止境。

2019 年 8 月，被国家电网公司选定为创建一流示范企业典型引领单位后，天津电力提出了"迅速启动、精准定位、开展个性化分析，做出天津特色"的工作要求，并对工作目标和定位进行了明确，即率先探索省公司创建世界一流企业的实践路径，构建具有天津特色的电网企业高质量发展新模式，为一流企业在电网落地提供样板。

在相关领域专家的指导下、国家电网公司相关部门支持下，天津电力按照"对什么、和谁对、怎么对、怎么用、可持续"的思路，构建了以战略为引领，对标一流管理提升的"六个一"路径模式，即明确世界一流企业标准、绘制对标一流核心能力框架、优选一流企业对标对象、开展对标一流管理成熟度诊断、实施创建一流重点管理提升工程、健全持续一流配套保障机制。2020 年天津电力确定了四个对标领域——战略管理、服务品质、科技创新和组织效能，天津电力的探索和实践也得到了国家电网公司层面的认可。国家电网公司党组书记、董事长对天津电力研究制定的世界一流企业能力框架及推进路线工作予以了充分肯定，评价其为"为一流企业在电网落地提供样板"。

第三重标准则是天津电力的自我超越。天津电力并不以某个具体的公司作为目标来赶超，也不以某些公司的某些指标作为目标来赶超，天津电力第三重标准是实现自我超越，由先进迈向卓越。

三重标准的划定，为先进典型的培育选树画定了场域。公司里任何服务于所画定的三个对标任务的员工和团队，都可能因为出色的表现而出彩，标准激励员工，平台成就员工，员工成就事业，事业见证先进。

对的三重表，谋划先进典型选育的时间坐标。在具体实践中，天津电力实际上存在对应三重标，画定三重表。第一重表就是国家发展五年规划和中长期发展规划时间表。对前一阶段而言，"十三五"规划及其完成，就是天津电力锚定的时间表。对今后一段时间而言，"十四五"规划和 2035 远景目标实现的时间表、"碳达峰、碳中和"目标实现的时间表，就是天津电力谋划先进典型培育选树要对的表。天津经济社会发展的主要节点的时间表也是天津电力要对的第一重表。天津电力多年来结合天津经济与社会发展规划，按规划完成的时间节点来倒排自身工期，根据工期内的重点任务来完成阶段性的先进典型的培育选树。第二重表就是国家电网公司制定和要求实现各项任务的时间表。高度契合国家电网发展实际，符合能源生产和消费革命趋势，符合现代企业发展规律，是引领公司实现新时代奋斗目标的行动纲领。天津电力提高政治站位，坚决落实上级决策部署。第三重表则是先进典型选树周期表。先进典型的培育、选树、应用都不可避免地存在一个客观的生命周期，一个公司的先进典型不可能只选树一例，一例先进典型不可能立一辈子。天津电力在思考先进典型的生命周期问题上，做了梯队设计和安排，确保先进典型压茬式的实现新陈代谢。

识势与乘势

公司研究国有企业所处的国内外环境，认识到天津电力发展之势在于中国特色社会主义新征程的全面开启。乘势而上，才能在百年未有之大变局背景下化危机为新机，于变局中开先局。《孙子兵法》里讲："故善战人之势，如转圆石于千仞之山者，势也。"势来不可止，势去不可遏。唯有识势且能乘势而上者，才能应对自如，方得始终。

识中央加强国有企业党的建设之势。国有企业党的建设会议召开，习近平总书记作了重要讲话精神，提出一系列重要要求；党的十九大召开，习近平新时代中国特色社会主义思想被确立为全党必须长期坚持的指导思想，这为国有企业党建引领提供了根本遵循。天津电力党委认识到：要做好党建引领，一是坚定立场，把准方向。班子旗帜鲜明讲政治，自觉同党的基本理论、基本路线、基本方略对标对表，党中央的决策部署要坚决响应，坚决照办。二是在落实党中央重大决策部署和上级党组织的各项工作要求上，班子态度坚决，行动自觉，始终坚定理想信念，增强"四个意识"，坚定"四个自信"，做到两个"维护"，在具体工作中落实中央精神、贯彻天津市委、国家电网公司党组的决策部署。三是以党史学习教育活动的开展为契机，推进"不忘初心、牢记使命"主题教育常态化，以教育成效引导党员干部自觉用习近平新时代中国特色社会主义思想武装头脑，切实做到学思用贯通、知信行合一。四是跟进学习习近平总书记最新重要讲话和指示批示精神，结合企业中心工作定期开展研讨，努力实现成果转化。公司不断丰富学习内容、创新学习形式，采取专题党课、现场体验、互动教学等方式开展，不断增强政治自觉、理论自信和情感融入。五是坚持和加强党的全面领导，落实重大问题党委会前置研究讨论的要求，优化完善前置事项清单，提高前置审议质量，落实"三重一大"事项，坚决按制度规范执行。

乘国家领导人关怀视察之势。2019 年春天，习近平总书记视察天津。1 月 17 日，习近平总书记来到天津滨海—中关村协同创新展示中心，仔细观看天津电力人工智能配电网带电作业机器人、无人机集群智能控制系统等产品展示。"时代楷模""改革先锋"张黎明向习近平总书记汇报了人工智能配电网带电作业机器人研发情况及智慧电网、车联网建设情况。习近平总书记关心带电作业机器人产业化前景，认为该技术取代人工作业，"能保证安全，这很好"；他充分认可智慧电网支撑引领智慧城市建设，对零能耗智慧建筑项目表现出浓厚兴趣，对公司坚持可复制、可推广理念建设惠风溪智慧能源小镇感到十分欣慰，询问了惠风溪小镇人口等情况；他关注车联网平台发展，指出要大力发展充电桩网络。创新是国策，创新驱动发展，驱动高质量发展，特别要注意自主创新，不光物质创新，精神方面也要创新；高质量发展要靠创新，国家再往前发展也要靠自主创新；党和政府都在研究各种政策，创造良好氛围，营造优质环境，让有创新梦想的人能够心无旁骛、有信心又有激情地投入到创新事业中。

天津电力党委跟进研究部署贯彻落实总书记的指示精神和要求。经过认真分析国内外形势和电力企业所处的竞争态势，公司领导层认识到，要完成建设具有中国特色国际领先的能源互联网企业的历史重任，最为要紧的一条是要以更大的格局、更宽的视野、更高的标准，在谋划推动习近平总书记视察指示精神和对能源电力发展系列批示指示精神要求落实落地中争当先锋。

公司深刻地认识到：争当先锋是落实习近平总书记视察指示精神的具体化、实践化措施，是牢记初心使命，以绝对忠诚践行"六个力量"的主动抉择；是贯彻能源安全战略、把握能源革命与数字革命融合趋势，开辟向能源互联网企业转型发展新境界的主动抉择；是作为驻津能源央企，进一步发挥在保障能源安全、引领能源行业转型、带动产业升级、助力营商环境优化、支撑智慧城市建设等方面价值作用的主动抉择；是积极培育新业态新经济，进一步共享发展成果的主动抉择。

公司重构了争当先锋的丰富内涵，为个体先进到群体先进指明了前进路径。2020年，公司提出，要以习近平新时代中国特色社会主义思想为指导，以落实能源安全新战略为主线，以全面深化改革为路径，以一流队伍为保障，率先闯出一条能源互联网企业高质量发展之路。

为此，公司要求全体干部员工要争当四类先锋。一是争当学懂弄通做实习近平新时代中国特色社会主义思想的先锋，就是要把这一思想作为一切工作的根本指针，转化为坚决贯彻党中央决策部署、践行"六个力量"的生动实践，切实增强"四个意识"，坚定"四个自信"，做到"两个维护"，成为绝对忠诚、服务大局的典范。二是争当落实能源安全新战略的先锋，就是把新发展理念贯穿始终，在天津打造能源革命先锋城市中发挥主体作用，在技术创新、商业模式、产业带动等方面形成引领

天津电力坚持党建引领，推动国家电网公司战略目标率先在津落地

态势。三是争当全面深化改革的先锋，就是聚焦全社会经济高效用能，围绕"激发活力、释放红利、解放生产力"，在内外部改革上强力突破，用改革发展成效支撑提高综合能效、降低用能成本、服务逆周期调节大局，让人民群众有更多获得感。四是争当打造高素质专业化一流队伍的先锋，就是坚持张黎明、王娅等典型引领，造就一支信念、政治、责任、能力、作风全面过硬的干部员工队伍，实现"个体先进"向"群体先进"转变，"队伍素质"向"企业素质"转变。

整合与统领

天津电力党委整合企业内部党建引领相关资源，统领群团组织开展一系列利于个体先进到群体先进的工作。自中央对群团组织提出"增三性""去四化"的改革目标以来，天津电力群团组织在改革上下大力气，推出各项改革措施，切实"增三性""去四化"，群团组织紧密团结在党组织周围，整合了各自优势，推出多项举措，在推动个体先进到群体先进方面作出了重要的贡献。

发挥工会的作用。建设具有中国特色国际领先的能源互联网企业，充分体现了国家电网公司"央企姓党"的政治本色和使命担当，是习近平新时代中国特色主义思想和国有企业"六个力量"在国家电网落地实践的必然要求。战略目标的实现，需要一支听党话、跟党走、敢打硬仗、善战善赢的高素质产业工人队伍。围绕深入贯彻落实《新时期产业工人队伍建设改革方案》，天津电力工会提出，新时代常态化抓实做好"三大工程"，发挥工会组织凝聚人、培养人、成就人的引领带动作用，助力职工成长成才，踊跃投身国网战略实践和改革发展。

工会助力职工身心健康。干事创业需要广大职工，广大职工干事创业首先需要有个好身体和昂扬向上的精气神。天津电力工会始终将关心职工生活和身心健康摆在工作首位，在为广大职工干实事、办好事、解难事的同时，努力为大家锻炼体魄创造机会提供舞台，让职工心无旁骛干工作、精力旺盛谋发展。

天津电力工会成立 12 个职工文体活动协会，包含长跑、球类、书画、歌舞，等等。以协会为抓手开展职工喜闻乐见的职工文化体育活动，鼓励动员广大职工主动参与体育锻炼，强健体魄，培养积极健康的兴趣爱好，提升文化素养，增强干事创业的精气神。关心职工身体健康的同时，关注职工的心理健康，通过多种方式了解职工内心的困惑、困顿，并通过多种方法帮助他们养成积极向上的阳光心态。

工会围绕职工生活需要开展全方位帮扶。推动"爱心妈咪之家"与和美家庭建设，通过"七夕友约""筑梦高考"等丰富活动载体，关心单身职工婚恋和职工子女教育问题。关注弱势职工群体，落实中央脱贫攻坚工作要求，在做好相对困难建档职工脱贫解困工作的同时，加大对各类病困职工的帮扶力度，根据实际情况发放慰问金，并积极开展职工帮困帮医助学互助，努力做到推动全面小康不少一户、不落一人。

工会围绕职工成长需要，提供文化服务与技能提升服务。工会实施"学习成长工程"，增强职工建功发展的能力本领。天津电力工会经过调研，发现广大职工特别是青年职工尤为关注自身成长成才，有着增强文化素质、业务能力和技能本领迫切需要。工会深入贯彻落实《关于加强和改进新时代产业工人队伍思想政治工作的意见》要求，用优秀文化培养传承优良作风，用过硬技术培养造就硬核队伍，聚力打造知识型、技能型、创新型产业工人队伍。一是坚持繁荣职工文化生活，用文化牵引力来凝聚企业发展合力。制定实施新时代公司职工文化建设纲要，每年分春秋两季组织开展读书节阅读活动，常态化开展文化知识讲座和"班组微讲堂""职工大讲堂"等学习活动，培养职工终身学习良好习惯。公司系统内职工书屋全部实现"双认证"（即同时是国网书屋和天津市示范书屋）。大力弘扬劳模精神、劳动精神、工匠精神，通过劳模事迹报告会、网络宣传等方式广泛宣扬劳模事迹，激励广大职工，特别是青年职工对标先进，营造学习先进、争当先进的浓厚氛围。创作《讲好中国故事——榜样力量》，宣传时代楷模、改革先锋张黎明，"中国好人"王娅等一批重大先进典型，用他们的事迹感染带动更多人建功奉献。该书通过全总发布，面向全国职工书屋推广发行。编辑出版《海河潮》系列丛书，用职工的视角和笔锋，通过图文并茂的形式，记录展现一个上下同心同欲、实干进取、勇当先锋的企业形象。二是深化职工技术创新，交流切磋业务技能本领。落实"双创"精神，出台《鼓励职工技术创新十项措施》，优化职工技术创新资金使用、创新成果评比和转化流程，充分发挥职工技术创新协会、创新联盟作用，以"从生产中来到生产中去"为宗旨，组织做好职工技术创新成果评选、孵化、推广工作，解决公司生产工作中重难点问题。高质量实用化建设公司职工创新基地，加强"两级"劳模创新工作室管理，整合创新资源，坚持实际实用实效，动员广大职工岗位革新、技术创新。发挥"职工创客""优秀创新成果"的辐射带动和示范引领作用，将"五小"活动（小发明、小创造、小革新、小设计、小建议）引向深入，真正落实到基层、下沉到一线，建立形成长效机制。针对基层管理岗、一线班组长、技术带头人和业务骨干等不同职工群体，举办技能培训、交流等活动，引导职工立足岗位钻研技术，练就过硬本领。

共青团工作助力青年职工成长成才，为先进典型的培育选树提供源源不断的后备力量。天津电力团委牢记初心使命，贯彻中央党的群团工作会议精神，以争当"五型四强、全国示范"企业共青团先锋为目标，坚持"服务大局、服务青年"工作主线，突出高点站位、价值创造、榜样引领、固本强基，在青马工程、青年建功、典型培育、基层团建等方面取得突出成效，在率先打造国网战略落地综合示范、建设能源革命先锋城市中当先锋、干精彩。这些工作提高了青年团员职工思想政治素质，提升了技术本领和服务能力，使得一批批青年团员职工在各自岗位上发挥党的后备军力量作用。他们中的佼佼者已经是天津电力先进典型选树的候选对象，天津电力广大青年团员职工在公司团委的带领下，坚决听党话、跟党走，立足本岗位，建功新时代。

以"青马工程"成功试点为契机，突出高点站位，强化青年思想政治引领。天津电力团委始终坚持共青团的政治性，将共青团政治组织职能放在首位。高质量完成国家电网公司系统和天津市企业首家青马工程试点任务，形成典型范式，试点做法和经验得到了共青团中央领导的批示肯定。相关成果在《中国青年报》头版、《企业文明》杂志等媒体平台发表，形成国有企业实施青马工程规范化指南，在天津市企业推广。两期88名"青马"学员发挥火种作用，传承红色基因。带动理论学习，围绕党的十九届五中全会精神、习近平总书记五四寄语、《习近平谈治国理政》(第三卷)、"四史"等内容，开展主题团日、团课等活动，掀起青年大学习热潮。深化政治锻造，组建以"青马"学员为骨干的青年讲师团，开展巡回宣讲；依托"文化融城"主题活动，赴天津市红色教育基地参

天津电力第二期青年马克思主义培养工程开班

观学习；用青言青语阐释科学理论、红色文化和国家电网公司战略，5 名先进典型入选天津市青年讲师团。传播青马薪火，形成省公司、地市公司上下联建、师资共享、体系共建的青马育人机制，各基层单位培育"小青马"学员 1000 余人，三级单位实施"青马培训"经验获评国家电网公司统战团青专业工作标杆，星星之火渐成燎原之势。

以在"大战大考"中青春建功为重点，突出价值创造，服务公司改革发展大局。天津电力团委始终坚持围绕中心工作设计丰富的"共青团+"活动，提高团青专业的价值感和贡献度。在第五届中国青年志愿服务项目大赛中，天津电力斩获 1 金 1 银 4 铜，获奖数量名列国网系统第一，其中产生于决战脱贫攻坚重点任务的"电力红马甲　山路带货人"乡村助农青年志愿服务项目获得天津市唯一金奖，并作为优秀项目代表在全国志交会展示，现场直播带货。这成为天津电力青年担当作为、创造价值的典型和缩影。在战略落地的前端，围绕落实天津市与国家电网公司战略合作框架协议，开展主题实践行动，举办"当先锋干精彩"青年知识竞赛，成立"新基建"、优化营商环境、智慧能源小镇、工程外协、"十四五"规划编制等专项青年建功团队 136 支，让团旗高高飘扬在重点任务现场。在安全生产的一线，举办"安全生产青年当先"系列活动，建立"学安全、助安全、见安全、话安全、保安全"机制，近两年，公司 1 个集体获评全国青年安全生产示范岗，25 个集体获评天津市青年安全生产示范岗，创历史新高。在青年创新的前沿，在黎明"百宝书"的基础上牵头研发黎明配电巡检 APP，为专业发展助力。利用国网线上双创平台，对公司优秀青创项目进行转化推介。4 个青年创新项目在第七届"创青春"中国青年创新创业大赛中获奖。

以推进"个体先进"迈向"群体先进"为导向，突出榜样引领，促进青年成长成才。天津电力团委始终坚持以榜样带动青年，为青年成长搭梯，为青年发展助力。在"时代楷模""改革先锋"张黎明的感召下，国家电网公司青年五四奖章获得者、全国劳动模范黄旭脱颖而出，仅

"智慧城市的守望者"项目荣获国家电网公司第五届青年创新创意大赛金奖

2020 年，公司 35 个青年集体、22 个青年项目、16 名先进青年获得省部级及以上团青先进荣誉，创历史新高。坚持典型带动青年，举办"奋斗的青春最美丽"主题事迹分享会、展示会、交流会，带动青年创先争优。坚持全力托举青年，协同人资部、科技部试点实施青年政治人才培养、青年技能人才培养、青年创新人才培养，系统规划推进青年成长。坚持真情服务青年，组织开展"大学习、大走访、大调研"活动，推进团干部"走遍支部"联系服务青年。服务外地青年、单身青年、新入职青年等群体社会融入、婚恋交友、心理疏导，拓展"云团建"方式，将青年力量凝聚起来。

在天津电力党委的统领下，工会和共青团组织尽锐出战，为公司员工素质的全面提升而同向发力，为个体先进和群体先进的出现打下了厚实的基础。

忠诚与担当

天津电力强调队伍的忠诚与担当。面对艰巨繁重任务，亟须锻造一支高素质专业化干部员工队伍。而这个队伍第一位的是要"讲政治"。"讲政治"，就是要忠于党、忠于人民。在部署 2020 年工作时，提出要持续加强党的建设，用好学习教育创新载体，持续推动习近平新时代中国特色社会主义思想走深走实走心，牢固树立"四个意识"，坚定"四个自信"，做到"两个维护"。打造一支忠诚和担当的党员干部职工队伍，营造风清气正的经营发展环境，是天津电力党委班子抓党的建设的成效之一。党风带动民风，民风清朗，人心就爽朗，就会激发人干事创业的冲劲，各方面人员的积极性才能得到最大程度的调动。在天津电力党委看来，忠诚就是忠于党的事业、忠于人民、自觉与以习近平同志为核心的党中央保持高度一致，任何时候都不动摇为了人民的幸福而奋斗的决心与信心。担当是以前所未有的勇气，不计较个人得失，不在乎一时之名利，不畏首畏尾，不拈轻怕重，创造性地出色落实好上级部门提出的工作任务，完成相关目标。

忠诚和担当，党员干部率先垂范，先进典型发挥表率作用。落实"1001 工程"过程中种种感人事例，应该最能说明天津电力党委以及各级组织、党员干部的忠诚担当。

为推动党中央决策部署、国网公司战略在津落地，加快公司和电网高质量发展，国网公司增加了"十三五"规划在津投资，并与天津市签订了《加快美丽天津建设战略合作框架协议》。为了推动协议落地，天津电力启动"1001 工程"，其含义是到建党 100 周年初步建成具有中国特色世界一流的能源互联网。党的十九大报告提出，全面建成小康社会，要统筹推进乡村振兴、区域协同发展等战略，提高和改善民生水平，推进能源生产和消费革命，构建清洁低碳、安全高效的能源体系。而在2018 年天津市政府工作报告中提出，加快推进"五个现代化天津"建设，加快经济结构优化升级，持续用力推进创新型城市建设，扎实推动乡村全面振兴，加强营商环境建设，就这样，"1001 工程"与国家战略需求、天津市发展的规划不谋而合，从而成为天津电力发展的新的增长点。

"1001 工程"有具体的指标任务。"1001 工程"全部任务分为主网架完善提升、世界一流配电网建设、农村电网升级改造、"煤改电"配套电网建设、助推营商环境优化、绿色出行保障、能源绿色发展保障、"互联网 +"服务水平提升、智慧园区和智慧小镇九大工程。工程目标是主要包括以下几项：建成 500 千伏双环网结构，天津电网外受电比例提升至 35% 以上，可再生能源装机占比达到 9%，清洁能源消纳比例 100%，完成冬季清洁取暖 32 万户"煤改电"改造，推动天津市能源结构持续优化；加大城乡配电网建设改造力度，城市地区供电可靠率达到 99.99%，农村电网户均容量提升至 4 千伏安，配电自动化、配电通信网、智能电表覆盖率达到 100%，电网发展核心指标达到国际先进水平；建成全市"0.9、3、5"充电服务网络，"电十条"措施落地实施，实现全业务线上办理，用户接电效率提高 20% 以上，平均接电成本下降 30% 以上，供电服务水平持续提升。

"1001 工程"实施 3 年来，主体工程基本完成，目标成效显著。主网建设任务基本完成，助力城市能源绿色转型"碳中和"。提升乡村电气化水平，助力乡村振兴战略。全面完成"煤改电"任务，取暖节能两不误。推动长期受阻项目建设，服务地方经济社会建设。

在"1001 工程"实施过程中，党员干部率先垂范，先进典型模范带头，广大职工跟进奉献，无不彰显天津电力干部职工队伍的忠诚与担当。在助力和服务天津的发展中，天津电力主动作为，作风扎实，2020 年 7 月 20 日上午，天津市领导到天津电力调研指导工作，他认为天津公司对天津经济社会发展的贡献都是实打实的，一件事儿一件事儿的，像"推土机"似的一步步往前推，蕴含其中的担当精神、拼搏劲头让人印象十分深刻，并要求天津市各级干部学习国网天津电力这种"推土机"的劲头。

"推土机"精神成为天津电力各级职工齐心协力拼搏担当的现实写照。

战疫情，促生产，优化农网结构

自 2018 年以来，天津电力下属的武清公司、宝坻公司、宁河公司、蓟州公司、静海公司共按期投产 67 项"1001"农网升级改造工程，农村电网得到有效加强，到 2020 年农村地区供电可靠率达到 99.934%，农网综合电压合格率达到 99.97%，农网改造升级载入天津电力发展史册。

2020 年 3 月 27 日，天津电力下层的武清公司郑楼 110 千伏变电站扩建工程顺利竣工。该工程将为天津京城投资开发有限公司、天津市武清医院二期、福源万达广场等重点用户提供电源支撑，在提高武清开发区用电可靠性的同时，为服务武清营商环境优化、助力武清区企业复工复产奠定坚实电网基础。

武清公司"1001 工程"电网建设工程数量多、任务重，业主项目经理齐礼锐接到郑楼 110 千伏变电站扩建工程建设任务后，立即着手工程初步设计、施工招标、设备招施工图审核等工作。由于郑楼 110 千伏变电站属于运行站，需要停电进行施工，齐礼锐加班加点编写郑楼变电站 10 千伏出线停电切改施工方案，多次组织调度、运检、营销等专业部室进行停电方案研究会，最终形成一套安全可行的停电施工方案。并亲自走访大客户进行工程建设重要性及停电切改方案的安全性讲解，协商郑楼变电站 10 千伏线路停电切改时间，在确保不影响大客户经营生产活动的情况下，全部客户同意配合郑楼变电站 10 千伏切改工程的实施，为工程顺利实施打下了坚实的基础。

在新冠肺炎疫情期间，武清公司建设部及业主项目部高度重视该工程的安全管控和进度推动，部门上下超前谋划，积极协调，周密推进，确保该工程实现疫情期间如期投产。为确保疫情防控和工程推进"两手抓、两不误"，齐礼锐认真学习领会市、区两级防疫工作指挥部发布的政策性文件，提取具体支撑性政策条文；对照要求扎实做好工程复工各项准备工作并细致准备工程复工材料，主动对接请示区防疫指挥部、工信局、开发区管委会，以上级复工要求为导向，以政策性文件为支撑，通过反复沟通协调、现场进件、实地检查，最终打通电网基建工程"复工复产"政策道路。

为切实推进工程防疫及复工进度，业主项目经理齐礼锐加班加点，制定现场疫情防控方案及应急预案，建立以现场项目部为支撑的疫情防控工作小组，各项目部积极配合，严格按照"复工五项基本条件"，落实疫情防控及安全生产各项要求，对返津人员排查、进场隔离安置、防疫物资配置、现场封闭管理、人员实名管理、现场消毒管理等工作环节进行严格把关，加强工程现场复工和防疫工作落实检查，全力保障该工程安全有序复工。

郑楼110千伏变电站在工程停电施工前，武清公司陆续接到主变压器、开关柜厂家因产能紧张要供货延期的函，业主项目经理齐礼锐针对设备供应问题全力协调物资公司，逐级约谈设备厂家，并亲自到访设备厂家进行协商、催货，最终全部设备如期到站开展安装作业。新冠肺炎疫情期间，武清公司接到主变压器厂家因防空要求而延期送货的函，齐礼锐立即研究国家及地方防疫政策，组织召开工程防疫协调会，最终确定了无接触配送方案，在满足当时疫情防控要求的前题下，保障了主变压器及时到场安装。

齐礼锐在"1001工程"建设中积极发扬"推土机"精神，发挥党员模范带头作用，攻坚克难、奋勇突破，使郑楼110千伏变电站扩建工程成为新冠肺炎疫情期间天津市第一个竣工投产的电网基建工程项目，为服务乡村振兴战略、推动京津冀协同发展提供可靠电力保障。

科技创新显担当

天津电力建设部为响应公司科技创新工作要求，依托"1001"电网基建工程建设，持续推进基建全过程综合数字化管理平台建设与应用，推动基建领域数字化转型。以滨海公司的腾讯一号 110 千伏变电站新建工程建设为依托，开展基建全过程数字化管理试点工作，推动"三维建管""智慧工地""辅助电子化结算"等应用落地。深化基建各专业应用建设，初步建成具备开放、共建、共享能力的工作平台。

在管理创新方面以基建全过程综合数字化管理平台建设为基础，利用三维设计成果，建设电网工程数字化中心，实现基建数字化成果的深化应用，构建数据共享、业务协同的三维建管示范工程，探索开展"一个精准、两个贯通"管理与实践；结合物联感知技术，建设天津首个智慧工地，实现"人机料法环"要素有效管控应用；以"三维设计成果 + 智慧工地"为核心，实现工程实体数字化和生产要素数字化。

在技术创新方面腾讯一号变电站工程在国网系统内首家采用免檩条一体化内外墙板，探索大规模栓接应用，深入开展钢结构二次深化设计和一体化墙板三维建模，实现了全过程二次管线、建筑设施模型的碰撞检验。

通过对现场各视频布置点位上传的数据信息的监管和查看，项目部管理人员可同时掌控不同施工现场的安全、质量、进度情况，实现快速沟通、信息共享、作业流程管理等功能。

通过对进出场施工人员进行人脸识别、人员车辆管理系统 RFID 刷卡等手段来强化管理生产施工现场作业人员的出入和考勤，有效推进施工现场人员管理，实施劳务精细化管理，做到施工现场人员底数清、基本情况清、出勤记录清、进出项目时间清等目标，确保管理人员能够实现"到岗到位"的监管，确保本工程建设的和谐与稳定。

通过为现场作业人员配备具有实时定位功能的可穿戴式定位设备，实现人员场区位置、行动轨迹等信息的实时采集和记录，结合工地分片地图，形成人员实施监测分布图，显示各水平面人员数目及所在的相对位置信息等，可为工程人员到岗到位情况统计、自动识别和记录违章作业和违章人员、安全事故应急处理等提供帮助，促进现场安全管理水平的提升。

天津电力召开创新成果推介会

勇于担当、不负使命的青工潘光

作为青年党员，在"1001工程"的号召下，2018年，潘光自告奋勇，担起了万年桥220千伏输变电工程业主项目经理这项重任。

2019年7月，工程在津南区与现有35千伏官五线垂直交叉。在交叉区域，板万线路径位于长深高速与蓟港铁路之间，高度受限，无法跨越官五线。而官五线跨越铁路、高速以及南侧的大沽排污河，改造空间受限严重，按照常规方法难以实施。潘光带领业主项目部积极组织设计、勘察、施工单位开展的党建联建共建，以解决现场技术问题为目的组成党员突击队，踏勘现场，群策群力，在现场研究了三种不同的改造方案。同时积极对接蓟港铁路相关人员，耐心汇报解释方案，党员突击队的担当精神也得到了铁路部门认可。

2020年6月板万线C8-C12段跨越津晋高速、长深高速、葛万公路以及葛府一二220千伏线路，每一档线下都有重要跨越物。由于涉及贝壳堤古海岸保护区，该段路径采用高跨越方式，塔高均百米左右。但连续跨越施工实属罕见，为此，建设单位组织参建单位研究出连续主绳封网保护方案，对线下跨越物进行保护。安全完成施工任务。酷暑6月，大家坚守在自己的岗位上，起早贪黑、汗流浃背，只为完成任务。2021年4月7日至4月21日，板万220千伏线路工程线A18-A21放线施工，该段A19-A20跨越蓟港铁路、西南环进港铁路、港塘公路以及琦晟物流、凌花涂料等6处厂院。为突破外协难点，建设单位组织设计研究了大跨越方案，推翻原有在厂院内立塔的常规方案，使工程得以推进。该段档距750米，给施工带来极大难度。跨越档下除铁路外，有大量厂房、料场、鱼池，且与公路交叉，地形条件极为复杂，可利用空间狭窄，施工难度高。为此建设公司多次踏勘现场、充分论证完善跨越架搭设、封网施工专项施工方案。放线期间铁路时间是刚性的，必须在4月21日前完成。而且施工期间遇到多次风雨天气。为此，建设公司组织各单位守住现场、筑牢安全防线，只争朝夕，终于把活儿在规定时间内抢了出来，啃下了工程投运前的最后一块硬骨头。

2021年5月3日，潘光同志组织运行、施工等单位对线路本体、走廊进行最后一次复验，确认所有人员均已下塔、接地线全部拆除，板万线开始线路参数测试。

此外，忠诚与担当同样体现在其他"战场"上。2020年，在疫情防控的战场上，天津电力团委开展"战疫情、促发展、青建功"十项行动，建立团组织战"疫"网格151个，强势保障可靠供电，推进复工复产。3名青年获评国网公司抗疫先进个人。

第二节　牢不可破的堡垒

习近平总书记指出：坚持建强国有企业基层党组织不放松，确保企业发展到哪里、党的建设就跟进到哪里、党支部的战斗堡垒作用就体现在哪里,为做强做优做大国有企业提供坚强组织保证。

天津电力党委高度重视基层党组织的建设工作,不断压实党建责任,完善党建绩效考核标准和方式,建立领导班子基层党支部工作联系点,严格落实《中国共产党国有企业基层组织工作条例(试行)》等党内制度条例,实施"基层党建巩固提升年",并消除了无党员班组,推进"党建+"工程等。这些强基础的措施,使得基层党组织成为牢不可破的堡垒,进而为先进典型的培育选树营造了良好的政治基础、组织基础、作风基础。

使命与责任

进入新时代,天津电力对基层组织特别是支部建设提出一系列举措,使基层组织认识到自己的使命与责任,自觉成为在国有企业中贯彻党的路线方针政策的战斗堡垒。

明确党支部的职责。根据新颁布的《中国共产党国有企业基层组织工作条例(实行)》的规定,公司党委组织各级党组织包括支部在内的党员干部学习了新规下的党支部的职责,进一步明确了责任边界。天津电力党委对《中国共产党国有企业基层组织工作条例(实行)》(以下简称《条例》)作了专门的学习培训,让每一个党务工作者、每一位党员都了解《条例》的内容,进而在工作中不折不扣地落实。

抓管理建强党支部,亮旗帜提升战斗力

天津电力党委围绕提升基层党支部建设水平推出多项举措,不断细化压实各级党建责任,把党支部建设融入基层单位各项工作中,以推动党建高质量发展为目标,引导党员在各项重点工作中当先锋、做表率。

2020 年 7 月中旬，天津电力党委印发《关于进一步提升基层党支部建设质量的实施意见》。天津电力党委通过创新制度机制、工作载体和管理方式，深入落实国家电网有限公司"基层党建巩固提升年"工作部署，确保抓在实处、抓出实效，持续提升党建引领价值创造能力。各支部以及支部之间的建设活动新招不断，效果凸显。

建立党建部和党校工作人员联合列席基层党建例会机制，眼睛向下，掌握实情，解决难题。2020 年，天津电力建立党建部和党校工作人员联合列席基层党建例会机制，由党建部派员参加基层公司的党建例会，近距离"望闻问切"。2020 年 7 月 16 日下午，静海供电公司召开7 月份的党建工作例会，天津电力党建部专责程欣欣和天津电力党校专责贾惠雯到会，她们在会场听得很认真。"这已经是我们列席的第 43 场会议，要通过参会把基层党委、党支部落实党建主体责任的亮点和不足带回去，也要摸一摸党支部书记履责能力。"程欣欣介绍，每次列席后，他们都当场组织与会党支部书记进行党建应知应会闭卷测试，党校则会根据测试结果优化后期党支部书记培训课程设置。

基层党委在行动。天津电力党委建立基层党委书记手写季度党建工作报告机制，常态开展"党组织书记大讲堂"活动，动态梳理分析基层党委（总支）书记作为抓党建第一责任人履责情况，同时逐一开展基层党支部书记党建述职报告分析，定期反馈标准化规范化建设、制度规范细化落实等巩固提升的意见建议。

建立完善责任体系。目前，天津电力已形成覆盖党委、党支部、党小组、党员的四级党建责任体系。2020 年 7 月，天津电力东丽公司党支部标准化创新管理模式——《基于"创、评、管、进"的全流程控制的基层党支部评星定级管理》获评第五届全国基层党建创新优秀案例。"单位出台的一系列方案为我们提供了业务指导，把党建工作该干什么、怎么干、干成什么样布置得全面细致。"国网天津东丽公司党建部主任张亚颖说。

临时党支部发挥特殊作用

天津电力党委结合业务需要，组织党建部门与业务部门联合开展了"党建＋基建七个一活动"、工程一线临时党支部建功行动等一系列活动。通过实施"党建"工程落地示范项目和"一支部一项目"省公司级重点项目，最终形成专业联动的三级联创实施体系。临时党支部同样有其责任与使命，在日常工作中，临时党支部发挥了特殊的作用，作出了骄人的成绩，成为党建引领先进的重要抓手。

2020年7月1日，西藏日喀则市定日县其尺村小伙旦增代表村委会和村民，专程赶到天津，送上一面写着"攻坚送光明、帮扶照前路"的锦旗，感谢临时党支部对工程沿线村开展的扶贫攻坚、爱心助学等活动。

目前，天津电力党委对各项党建融入中心项目实施跟踪推进，加强过程督导和动态优化，推动安全生产、工程建设、优质服务等重点工作高质量开展。

天津送变电公司党员在张北—雄安1000千伏特高压施工现场开展《习近平谈治国理政（第三卷）》学习活动，强化基层党组织建设

用人与成事

要完成艰巨繁重的任务，必须锻造一支高素质专业化干部员工队伍。这支队伍要在争当先进的进程中做到脱颖而出，必须做到一流的水准。做到一流水准的前提是按照一流的条件去落实队伍建设。公司明确地提出，一流的政治素质是一流干部员工队伍的根本。

2018年以来，天津电力党委高度重视，积极落实改革主体责任，本着与时俱进、改革创新的精神，持续深化三项制度改革，把"敢不敢扛事、愿不愿意做事、能不能成事"作为能上能下的重要评价标准，树立担当作为的鲜明导向，全面激发队伍活力创造力，为建设具有中国特色国际领先的能源互联网企业提供坚强保障和支撑。

2020年4月3日，天津电力党校完成部门负责人全体起立、公开竞聘、任期三年的竞选聘工作，跨单位聘任3人，本单位提任5人、交流12人、退出5人，打破岗位"终身制"，真正实现"能上能下"，激发干部员工干事创业的强大动力。

"感谢公司给我们青年人这么好的机会，通过这次竞聘，让我看到很多优秀的同龄人，也感受到了竞争的压力，今后我将在新的工作岗位上，履好职、站好岗，做好服务，决不辜负组织的期望。"在这次竞聘中脱颖而出，新提任部门负责人的青年骨干激动地说。"逆水行舟，不进则退"，聘任制改革促进部门负责人不断提升能力、强化责任，真正做到干在实处、走在前列。

公开竞聘吸引了9家单位的11名员工报名，拓宽了人才选拔视野，有效补充了现场经验丰富的人员，注入新鲜血液力量，并强化了专家型人才队伍建设，提升了队伍的整体效能，实现了人岗匹配的最优化。本次跨单位竞聘进一步强化了大人力资源格局，打破部门负责人只能在本单位提拔的传统观念，将部门负责人岗位视为全公司"公共资源"，真正提拔公司系统内有丰富经验的优秀员工，有效实现"体内循环"变"内外循环"，盘活了公司人才存量，为各级各类人才施展才华搭建了平台、创造了条件。来自调控中心的成功应聘者表示："感谢公司能够搭建这样一个平台，提供这样一个跨单位招聘的机会，让我们在更广阔的舞台上锻炼本领、展示自我、实现价值。我会尽快融入新环境，利用在调控运行专业的工作经验，做好培训开发和精品课程体系建设，为教育培训工作带来专业视角"。

竞聘期间，同步开展职员职级推荐选拔工作，通过部门推荐、组织考察等方式选聘业务能力优秀、勤勉肯干、广泛认可的员工，按照聘任条件，根据实际情况，择优聘任 8 名员工为职员，与岗位晋升共同形成双通道发展路径，营造踏实肯干、拼搏进取的工作氛围，让青年有希望，中年有价值。一名工作 30 多年，兢兢业业，始终保持着饱满的工作热情的培训师被聘为五级职员，她表示："一直以来，我都是踏踏实实地做好本职工作，我是真没想到，我这么大年纪还能被聘为职员。工作中只要肯付出、肯努力，就能得到组织和同事的肯定，我会一如既往地努力，不辜负这份信任。"

天津电力各级党组织结合自身所在单位业务特点，开展各种为民服务，为民服务所取得成绩，足以说明用对了人，便能"成事"，青年党员和职工在实践为民服务的过程中，技能获得了提升，境界获得了提高，在迈向先进典型的路上又前进了坚实的一步。

2018 年 6 月，国网天津城南公司首次实行岗位聘任制的 15 名班长收到了班长"聘书"，如期上岗。这是一次从"无"到"有"的全新尝试，一纸聘书是"军令状"，也是给年轻人打的一针"强心剂"，激励他们工作要尽全力、做更好，班组逐渐呈现"斗志更强、干劲更足，成才意愿更强烈"的活跃氛围。

"作为一名共产党员，不能只关注自己的绩效，更要带动班组其他员工，让整个班组业绩更上层楼！竞聘上岗的机会十分不易，马上要进行年底指标考核了，如果完不成聘期协议的目标任务，不仅班组员工的绩效收入受影响，我都可能坐不住这个位子，必须努力工作，争取最好的结果。"通过竞聘走上电气试验班班长岗位两年多的李倩感慨地说。自从竞聘当上班长之后，李倩同志无时无刻不在提醒自己肩上的责任，带领组员积极探索主动创新，班组青年员工业务技能飞速提高，年轻人均获得工作负责人资格，可以挑大梁负责现场试验工作。该班组主导的 QC 项目进行了国际发布，获得了一等奖的好成绩，实现了国网天津城南公司 QC 项目国际奖项零突破。

变革强企，成事为要。把合适的人用在需要的岗位上，在需要的岗位上作出不同的业绩。随着近年来国家环保政策日趋严格，废变压器油、废铅蓄电池等电网危险废物的存放和处置风险愈加突出，各单位因运维、改造产生的处置需求和以往按周期处置方式之间的矛盾日益突出。为此公司科技部张双瑞同志牵头危废处置工作，带领环保处长周长新、刘桂华同志亲力亲为，积极与天津市生态环境局相关部门沟通，邀请专家为各单位相关人员培训固废法及天津市危废处置流程及要求，并组织电科院及各相关单位开展危废专项监督，跑遍基层各个危废暂存场地，了解各单位在危废处置过程中存在的实际困难，对发现的问题及时进行指导和纠正，并形成公司危废专项监督分析报告，为全面解决现存问题提供了重要依据。

对于当时现存的 275 吨废油，在固废法的约束下，本可以回收的有残余价值的物资变成需要花钱处置的危废，一时很难让人接受，不少同志担心公司利益受损。但是法律的设置自有深远意义，个体必须服从国家大局，理念要及时转变。张双瑞同志亲自带队，与周长新、刘桂华等一起到三一朗重等厂家调研，了解对方危废处置资质、处置实力、处置流程及收费情况等，在当年没有危废专项处置经费的情况下，向天津市生态环境局说明企业的困难和诉求，以及作为央企一直以来在各项环保工作中所做出的不懈努力，得到有关领导和工作人员充分理解和支持，得以免费实现废油处置。检修公司先试先为，在大家共同努力下，终于顺利解决了废油这个历史难题。

同时，对于本单位废铅蓄电池处置的各个环节进行梳理，分析找到可以提升改进的节点，尽量缩短时间，避免容易引起环保法律风险的暂存环节。张双瑞组织物资部、设备部、互联网部、调控中心、财务部、经法部、审计部等相关部门，与变革强企办公室一起，对各单位梳理出的流程进行分析讨论，将废铅蓄电池处置流程进行了优化，并由周长新同志主笔起草发布了《国网天津市电力公司关于下发加快废铅蓄电池报废处置意见的通知》，提出关键环节要求、相关规范要求及铅蓄电池退役报废处置流程优化意见，对基层单位危废处置工作给出了明确方向。公司物资部供应质量处王伟同志在市场调研的基础上，充分吸取以往经验教训，经过严谨的分析论证，拿出具体可行的变革举措：一是以电池单位容量作为计价单元，代替了原来以电池重量计价的方式，由于电池容量均标注于产品名牌上，所以这种做法利于基层单位有效防范了称重带来的争议风险，同时又简便易行；二是由于 2V 和 12V 蓄电池含铅量不同，所以市场价值不同，因此采用按照电压等级划分标包的方式进行单价竞拍，完全解决了竞拍报价的问题；三是与国网物资部和拍卖公司协调，修改了国网电子商务平台（ECP）的竞拍计价规则，以适应这种单价竞拍的框架处置需求；四是联合相关部门，采取优化办理鉴定报废流程、编制 ERP 系统操作手册等方式完善配套措施；五是选取电池处置需求急迫的基层单位先行先试，及时总结经验、解决问题，并在全公司推广普及。至此，公司废铅蓄电池的处置实现了"随产生随处置"的目标，大大降低了暂存环节带来的环保风险隐患。

在此过程中，张双瑞同志带领着团队成员始终冲在危废处置工作的第一线，凡事亲力亲为，积极思考、担当作为，用自己的实际行动践行"绿水青山就是金山银山"的理念，用锲而不舍的创新精神和专业精神为基层单位办实事、解难题，为公司危废处置做出了积极贡献，牢牢守住了公司环保安全底线。

成效与经验

党支部的战斗堡垒作用充分体现，为做强做优做大国有企业提供坚强组织保证。尤其是在急难险重任务面前，支部在任何时候都能带得出来，冲得上去，打得了胜仗。

党支部领衔战冰雪。2020年11月21日，天津市迎来入冬以来首场"雨雪＋大风"恶劣天气，气温大幅下降。天津电力迅速响应积极行动，采取有力措施应对雨雪天气给电网带来的威胁，全力保障电网安全可靠运行，保障人民群众生产生活用电。天津电力高度重视低温雨雪冰冻灾害防范工作，密切关注电网运行情况，根据天气情况合理安排电网运行方式，重点防控恶劣天气可能造成的电力设备故障。加强电网设备运行维护和监测预警，组织工作人员加大设备巡视力度，对重要线路、变电站进行不间断安全巡视和监控检查，及时消除异常情况，同时加强检修和工程现场安全管理，做好应急处置和抢修复电准备工作，提前做好应急抢修人员、装备、物资、车辆和后勤保障安排，严格执行24小时值班制度，保持信息报送24小时畅通。天津电力党委坚决落实天津市委市政府对疫情防控工作总体部署，制定并发布疫情防控"双十条"，把做好供电保障和供电服务作为首要任务，加强保暖保供与疫情防控有机结合，全力守护铁塔银线，保障天津市疫情防控重点单位及"煤改电"用户等用电需求。同时，天津电力滨海公司各级党组织充分发挥党支部战斗堡垒作用，领导靠前指挥，按照重要防疫供电保障设备专项应急预案，生产运行部门取消周末休假，从2020年11月21日起投入156人、72台车辆对73座变电站、96条输电线路、102条配电线路开展设备特巡，全力以赴助力新区打赢疫情防控阻击战。2020年11月22日，为应对津城首场降雪，天津电力未雨绸缪，提前一周要求公司生产系统全员上岗，累计组织投入人员2063人次，出动车辆785辆次，完成1477条输电线路、1311条配电线路、374座变电站特巡工作，全面确保了电网安全稳定运行。

临时支部助力决胜"1001工程"。2021年是"十四五"的开局之年、"1001工程"收官之年，工程外协难度大，依法合规要求严，安全管控压力大。为落实公司"两会"和国网公司基建工作会精神，在基建战线开展"党建＋基建"专项活动，弘扬"支部建在连上"光荣传统，强化党建引领，发挥党支部战斗堡垒作用和党员先锋模范作用，突破建设难题，推进基建创新，促进人才成长，把党的政治优势和组织优势转化为推进电网高质量建设的强大动力。

国网天津城东公司在建"1001工程"任务数60项，北辰区作为西部电网建设的主战场，共涉及27项电网工程建设任务，其中220千伏及以上西部电网建设工程14项，110千伏及以下自建工程13项，总任务量为基础182基，组塔204基，新建输电电缆线路约160千米。城东公司高度重视西部电网建设攻坚任务，西部电网建设任务的完成是"1001工程"决战胜利的关键。为此，城东公司成立北辰电网建设临时党支部，组建电网建设外协小组及党员突击队、驻扎嵌入属地工信局办公，接办涉电任务。在北辰区工信局成立"1001工程"联合办公室的基础上，城东公司进一步优化组织架构，成立北辰西部电网建设攻坚办公室，下设三个攻坚小组，各组按工程进度及重难点任务明确职责，协调各参建单位、部门及相关人员挂图作战，发挥优势，攻坚克难，每周总结反馈任务完成情况，跟进重难点事项进展，积极推动各项工作落实落地。

北辰电网建设临时党支部成立以来，进一步加强政企共谋，保持多方联动，坚守责任使命，勇于攻坚克难，深化沟通协调，协同工程建设、施工单位，紧密联系区政府相关部门、单位以及属地街道（镇）政府，以只争朝夕的干劲和滴水穿石的韧劲，聚力攻坚，担当作为，推动工程快速、顺利进展，为决胜西部电网建设贡献城东力量。

民主与公开

习近平总书记指出，坚持全心全意依靠工人阶级的方针，是坚持党对国有企业领导的内在要求。要健全以职工代表大会为基本形式的民主管理制度，推进厂务公开、业务公开，落实职工群众知情权、参与权、表达权、监督权，充分调动工人阶级的积极性、主动性、创造性。

坚持全心全意依靠工人阶级，是坚持党对国有企业领导的要求。天津电力班子全心全意依靠职工队伍，诚心诚意信赖职工队伍。加强制度建设，班子分工负责，确保工人阶级的相关权益的实现。推进厂务公开、业务公开，落实职工群众知情权、参与权、表达权、监督权方面的各项具体制度、举措和效果。

开好职工代表大会。通过公司负责人在职工代表大会年度会议上汇报工作的形式，请职代会代表审议，通过此种方式落实职工群众民主管理权、知情权、参与权、表达权和监督权。公司主要领导在职代会上所作的报告都按照正式文件的形式印发并予以公开，职工都可以查阅。

公司高度重视厂务公开工作，对不涉及机密的厂务和业务都按程序通过规定的方式向全体职工以及社会发布。公司的采购信息按照规定完成招投标的程序，招标前后都进行公告，让相关人员知晓，避免黑箱操作的猜疑。公司内部的各种评比程序和结果，都在相应范围内公开公示。由于规范和出色的工作，2020年天津电力获评全国厂务公开民主管理示范单位。

健全渠道丰富形式，组织职工为企业发展建言献策。企业要发展，必须紧紧依靠广大职工集思广益、众志成城。每个职工都是新时代国家电网战略发展实践的亲历者、奋斗者，都有权利和义务为战略落地实践和国家电网做强做优建言献策，贡献智慧力量。天津电力工会近年来依托"金蚂蚁奖""金点子""一句话建言献策"等行之有效的合理化建议征集活动，在董事长联络员、职工代表、一线班组长等不同职工群体中建立了常态化建议征集渠道，搭建了党委联系职工群众的桥梁纽带。对职工提出的可行性建议和好想法，根据内容分类采纳，通过提案、意见等不同形式进行督办落实，做到事事有反馈、件件有回音。

正是这些落实到位的措施，让全体员工深切感受到主人翁的地位。激发他们更加自觉地忠诚于企业、献身于事业，从而不断创造出先进的业绩。

小我与大我

习近平总书记视察天津的时候讲到：只有把小我融入大我，才会有海一样的胸怀，山一样的崇高。党建引领让党员正确认识到个人与集体的关系、个人发展与公司发展的关系，公司发展与国家发展的关系。从而主动将小我融入大我，把个人奋斗和集体目标统一起来，把个人利益和集体利益国家利益统一起来，在实现国家电网公司的战略目标中体现个人先进。

日夜兼程，完成"煤改电"攻坚

2019 年是静海区"煤改电"工程的攻坚之年，面对 11 项 35 千伏及以上涉及 131 基础、58 公里的电网线路建设任务，靳文礼创新性地提出了"挂图作战"的方法，以工程全过程节点计划为依据，统筹施工各个环节需要各部门配合的诸如物资供货、停电计划安排、设备新投、工程验收等内部协调事项，制定了工程内控节点，并以内控节点为依据组织绘制了"工程进度曲线图"，以工程单体为单位分别绘制了计划曲线和实际进度曲线，结合工程进度曲线进行周计划管控，充分分析各项工程进度和计划的偏差，协调各相关部门共同推进工程进度，及时协调施工、物资、运行等方面的问题，保证了静海公司各项基建工程全部提前或按期竣工投产，也保证了静海区煤改电项目的正常供电。

面对各种困难，靳文礼同志牢记自己是一名共产党员，不怕苦不怕累，不计较个人得失，时间不充裕就加班加点开展工作，自从"1001工程"实施以来，不管是周末还是工作日，靳文礼同志始终日夜兼程地坚守在工作岗位，他自己已经分不清工作时间还是休息时间，也分不清工作日还是休息日了。

2020年是"1001工程"的决战之年。特别是新冠疫情爆发以来，作为静王路35千伏线路切改工程和静王路110千伏电源线工程业主项目经理，靳文礼同志全方位开展工程建设过程管控，提前审核并落实停电施工方案、工作票、安全施工作业票、现场施工防疫方案等工作，落实现场防疫及安全措施，落实防疫物资到位情况，严格加强人员进出场管理，加强电网风险和作业风险管控。静王路35千伏线路切改工程停电施工长达4天时间，每天停电施工时间均超过了14个小时，每天均涉及线路挑火搭火、电缆头制作、电缆对接等多处施工内容；为保证工程顺利实施，靳文礼同志披星戴月、日夜兼程地奔波于施工现场，每天只睡4个小时，针对每天停电作业涉及的多个施工现场，合理安排总包及分包人员力量及施工次序，确保了每个作业现场作业层班组人员配备充足、施工项目部关键人员以及核心分包人员到岗到位，通过一系列措施消除了事故隐患，实现了工程安全顺利投产。面对成绩，靳文礼说，我个人不算啥，天津电力里有千万个同志和我一样为了"煤改电"工程的完成日夜辛劳。

跟着黎明，就感受到一片光芒

2021年2月4日中午，一辆辆金黄色发电车在警车的护送下驶入位于天津市武清区的天津电力城市供电网第三应急抢修中心，"时代楷模""改革先锋"张黎明以及天津电力支援河北抗疫保供电突击队圆满完成河北省防疫电力保障任务，返回天津。按照国家电网公司统一部署，2021年1月17日，天津电力第一时间组建支援队伍，安排5台发电车、2 台发电机组，抽调 17 名技术骨干驰援石家庄。在冀支援的 19 个日夜，支援队严守防疫纪律，车辆物品定时消杀，优化完善现场保电方案，完善现场保电标准化作业指导书，深入火眼实验室开展延伸服务，在核酸检测场所、集中隔离点等重点场所开展用户设备联合特巡，逐项核实 20 多个电力检查要点，实现工作日清日结、重要点位电力供应稳定可靠，得到河北省委省政府、社会各界和广大人民群众的广泛赞誉。"我们落实国家电网公司要求，发扬电网铁军精神，招之能来、来之能战、战之能胜，实现了出征时的誓言，为疫情防控工作贡献力量，倍感光荣。""时代楷模""改革先锋"、天津电力支援河北抗疫保供电突击队临时党支部书记张黎明表示。与张黎明一起奋斗在河北省防疫电力保障任务一线的其他员工则表示，跟着黎明，就能感受一片光芒。每个"小我"都发光，则"大我"就会耀眼而光彩夺目。

"小我"融入"关爱码"

"关爱码"是天津电力营销服务中心党委实施"党建 + 创新"的一项成果。"关爱码"分析独居老人等特殊群体用电大数据，可自动生成红、黄、绿三色码，方便民政部门、基层社区等及时了解空巢老人的用电情况，降低独居老人等特殊群体的安全风险。河东区老龄化程度较高，老人较为集中。"如何服务老龄化社会，发挥好供电企业优势，辅助支撑政府开展智慧养老是我们支部'党建 + 创新'的重要研究课题。"天津电力营销服务中心产品策划部党支部书记李刚介绍。9 月下旬，他带领党支部成员对接河东区政府及民政部门，迅速开展相关技术研究。10 月 21 日，青年马克思主义者培养工程学员与"关爱码"研究团队深入探讨，共同解决了研究中遇到的很多难题。天津电力营销服务中心党委组织"青马工程"学员与"关爱码"研究团队开展科技创新交流，让"青马工程"学员参与创新攻坚，为"关爱码"研发出谋划策，凝聚科技创新攻坚合力。小小"关爱码"，可起了大作用。2020 年 11 月 14 日，天津市河东区和睦西里党群服务中心网格员于敏打开网上国网 APP 查看"关爱码"情况，发现独居老人鲁玉玲的"关爱码"变成了黄色，便立即入户查看。原来是老人新添置并使用了微波炉。看到老人家中用电一切正常后，于敏悬着的心也放了下来。"关爱码"为老年人安全用电增添了一个保护墙。而众多天津电力员工参与"关爱码"的研发，使用者受益者未必知道他们的名字。默默无名的"小我"融入服务老年人的"大我"之中，这正是天津电力党建引领的生动写照。

第二章　先进带动篇

　　从"时代楷模""改革先锋""全国道德模范""最美奋斗者"张黎明,"中国好人"、入围"2019 年度感动中国候选人"已故退休女工王娅,到滨海黎明共产党员服务队,再到如今脱颖而出的一批肩膀宽、作风硬的党员干部员工,天津电力走出了一条先进带先进、先进带员工、先进带团队的先进典型培育模式,从输出"亮点""经验"到输出"人才""精神",公司这片沃土已然成为培育优秀人才的"高地"。习近平总书记在全国劳动模范和先进工作者表彰大会上讲道:"新形势下,我国工人阶级和广大劳动群众要继续学先进赶先进,自觉践行社会主义核心价值观,用劳动模范和先进工作者的崇高精神和高尚品格鞭策自己,焕发劳动热情,厚植工匠文化,恪守职业道德,将辛勤劳动、诚实劳动、创造性劳动作为自觉行为。"天津电力是如何学先进赶先进,先进带动先进的?让我们一起探寻其中密码。

第一节　育沃土植良材，静待花开

选土和育苗

"水之积也不厚，则其负大舟也无力"，这是 2014 年 9 月 9 日，习近平总书记在同北京师范大学师生代表座谈时，引用《逍遥游》里的诗句，意味着如果水不够深，就没有负载一艘大船的力量，强调基础的重要性，天津电力敢先进学先进，首先得益于公司本身基础加固和自身"土壤"的培育。

行业内先进标杆为员工敢先进提供广阔平台。天津电力充分发挥小而全的特点，做到管控效率高、中间环节少，连续 9 年获评国家电网公司业绩 A 级单位，电网优质运行指数、发展投资效率等业绩指标位居前列。国家电网有限公司被国务院国资委纳入首批 10 家创建世界一流示范企业之一，并于 2019 年 4 月发布创建世界一流示范企业行动纲领，选定天津电力等 10 家单位作为创建一流示范企业典型引领单位，要求先行先试，努力实现跨越式发展。天津电力认真贯彻国资委和国家电网有限公司创建世界一流示范企业部署，坚持"四个符合"标准，符合国资委企业改革和创建世界一流示范企业要求，符合国家电网有限公司战略目标定位要求，符合天津能源革命先锋城市发展要求，符合国际标准和企业管理领先趋势标准，这"四个符合"标准为广大员工提供成为先进的机会和平台。

领导集体政治信仰坚定为员工敢先进把准航向。旗帜鲜明讲政治是马克思主义政党的本质特征。习近平新时代中国特色社会主义思想博大精深，是我们战胜一切困难、解决一切问题的"金钥匙"。天津电力领导集体把政治建设放在首位，落实"第一议题"制度，第一时间学习贯彻习近平总书记重要讲话和批示指示精神，增强"四个意识"，坚定"四个自信"，做到"两个维护"，修订"三重一大"决策管理办法，基层党组织实现重大事项前置审核把关，出台《全面提升党员干部政治素质实施意见》。此外，天津电力还开展"发扬推土机精神，打造一流干部队伍"专题讨论，激发全员创业热情；制订《加强优秀年轻干部跟踪培养实施意见》，创新"双百·双青"联合培养模式；落实意识形态责任制，坚持正确舆论导向，在中央电视台等央媒发稿量同比增长 70%。领导集体作为党内的关键少数，在加强顶层设计方面，坚定政治信仰，为广大员工敢先进提供正确航向。

以"钉钉子"精神为民做实事是员工敢先进的关键。天津电力领导班子始终胸怀"两个大局"，始终顾全大局、服务大局，自觉把党的要求、人民需求转化为企业追求，国企姓党，党组织心系人民，这样就把企业、国家、人民三者联系起来，在中国共产党领导的社会主义国家里，个人、集体和国家利益具有根本一致性，就是为了实现中华民族伟大复兴，为了维护好最广大人民的根本利益。天津电力正是明白这一对根本关系，坚持以"钉钉子"精神落实中央部署，从人民根本利益出发做到件件有落实、事事有回音。2020 年面对疫情，闻令而动，出台"三大纪律、八项注意"、防疫"双十条"等 7 批 121 项举措，慎终如始抓好常态化防控，助力打赢滨海、宝坻阻击战，始终保持"双零"。实干托举梦想，奋斗成就未来，正是天津电力领导集体增强大局意识，一线员工干事创业脚踏实地、实事求是，才能在自身本职岗位上有所推陈出新，才能为未来的"碳达峰、碳中和"贡献实质性力量，才能有先进、出先进、敢先进，这是关键。

鼓励创新、宽容失败的良好环境为员工敢先进扫清障碍。十九届五中全会提出要坚定不移贯彻创新、协调、绿色、开放、共享的新发展理念，创新是经济发展的第一动力。天津电力作为直辖市公司，相比其他省级公司，存在体量小、人员少等不利因素，更加需要大力优化科技创新体系模式。根据自身实际情况，集聚人财物等创新资源，建设首个省级公司科技创新中心，打造一流的"技术中心、人才中心、成果中心"，构建科技创新中心委员会、设置科技创新中心办公室和组建科技创新中心柔性创新团队，建立完善的工作会议机制、开放的工作交流机制、重大项目成果运作机制。经过科技创新中心有效资源的整合，公司的科技创新水平迈上了新台阶，建成了一批重大科技示范工程，科技创新成果取得新突破，累计拥有技术标准 150 项、拥有专利超过 3000 件。尊重基层首创精神，灵活利用基层单位"小资金池"，持续加大创新支持力度，深化职工技术创新"四轮驱动"机制，高质量开展总部劳动竞赛管理创新试点任务。同时，天津电力党委旗帜鲜明为敢于担当的干部员工撑腰鼓劲，进一步调动和保护公司广大干部员工干事创业的积极性主动性创造性。2019 年 4 月制定了《天津电力建立容错纠错机制激励担当作为实施意见（试行）》，实施容错纠错机制，就是对在履职担当、改革创新、干事创业中未能按期实现预期目标或出现偏差失误的公司干部员工，经调查核实，对于不违反党的纪律和国家法律法规，勤勉尽责、未谋私利，未造成重大损失或者恶劣影响，能够及时纠错改正的，视情况可不作负面评价，免于责任追究或从轻减轻处理，及时督促整改纠错。该制度的执行为真干事的人提供了敢干事的平台，为员工敢先进扫清了障碍。

争当先锋的文化氛围为员工敢先进提供强大动力。2019 年伊始，习近平总书记视察公司工作，天津电力认为贯彻落实总书记视察指示精神，就必须在能源电力系列批示指示要求落地落实中争当先锋。争当先锋的核心是以习近平新时代中国特色社会主义思想为指导，以落实能源安全新战略为主线，以全面深化改革为路径，以一流队伍为保障，率先闯出一条能源互联网企业高质量发展之路。争当学懂弄通做实习近平新时代中国特色社会主义思想的先锋，争当落实能源安全新战略的先锋，争当全面深化改革的先锋，争当打造高素质专业化一流队伍的先锋，实现"个体先进"向"群体先进"转变、"队伍素质"向"企业素质"转变，公司上下形成争当先锋的浓厚氛围。"十四五"期间要大力弘扬"改革先锋"精神和"推土机"精神，持续推动"个体先进"向"群体先进"拓展升级，率先打造一支与能源互联网企业相适应的队伍。到2025年，职工劳动生产率达到119.97万元/人·年，较2020年增长13%；人才当量密度保持在1.1以上，选树一批"大家""大师""大工匠"。

阳光与雨露

树木的成长不仅需要优质的土壤，而且需要充足的阳光和养分，阳春布德泽，万物生光辉，春天把阳光和希望洒满了大地，万物都呈现出一派繁荣的景象。天津电力注重强根基的同时，也注重对个体先进和集体先进给予战略目标的激励，注重给予"春天的阳光"。

个体先进培育

天津电力首先注重对个体的培育，通过盘活内部人力资源，形成搭平台、练本领、树标杆、强激励、压担子五步先进培育机制，为个人先进的产生提供了正向激励和养分。

搭平台，把合适的人在合适的时候用到合适的地方，用其所长，让人才敢先进、能先进。实行岗位聘任制，让人才流动起来。组合运用岗位竞聘、挂职（岗）锻炼、临时借用等方式，通过"市场化、契约化"聘用人才，大力推进人员流动。2020年，公司本部示范引领，推进公开选拔、竞争上岗，10个管理岗位公开招聘。培训中心科级人员全体起立，面向全员公开竞聘，提任、交流、退出共25人，"能上能下"形成典型示范效应。"十三五"期间，累计盘活存量13345人，员工活力有效激发。优化职员职级聘任制，让人才成长起来。开辟职员职级发展通道，深化"放管服"改革，各级职员首次聘任年限缩短3—9年，晋升年限缩短 1—2 年，建立班组长"双五"职员转聘机制。2018 年以来，公司职员总量增加了 446 人，增幅 53.2%；162 名班组长退出，促进一线青年员工成长。"十三五"末聘任各级职员 1345 人，占长期职工比例 12.1%。

练本领，聚焦技能人才，统筹用好各类培训资源、各类人才开发方式，提高人力资源战斗力，让人才敢先进、能先进。深入推进技能人才培养工程，开展技能人才"画像"，建立跟踪培养机制。深化技能人才竞技比武，完善技能大师工作室管理机制，培育一大批技艺精湛、执着专注"黎明式"人才，激发一线员工队伍成长活力，一批管理人员主动请缨扎根一线。2020 年，公司分级选拔培养 1167 名技能骨干、技能标兵、技能工匠，3 人获评"天津市技术能手"，1 人获评"海河工匠"，18 人获评"全国电力行业技术能手"。拓宽技师及以下技能等级评价渠道。破除技能岗位限制，将参评范围扩大至各类岗位；破除转岗评价需新工种工作 2 年限制；具备助理工程师及以上职称的高级工，技师申报年限缩短为 1 年。鼓励引导各类人才拓展专业领域、提高技能水平，为积极投身一线实践锻炼创造更大可能。2020 年，公司共有 1274 名职工申报技师评审，较前 3 年平均申报人数增长 72.6%，拓宽了技能人才成长通道。

树标杆，明标准、树典型、强宣传，强化先进典型的示范引领，营造赶超先进的浓厚氛围。用好评比表彰的"风向标"。选树一批以"时代楷模"张黎明为代表的杰出产业工人代表，在公司、国网系统以至在全国具有代表性的先进集体和个人。通过在职代会上授奖，利用多种媒体张榜宣传，发挥示范引领作用，营造比先进创先进的浓厚氛围，激发广大干部职工奋勇争先的激情干劲。用好绩效考核"指挥棒"。围绕加快推动战略落地，分类优化考核体系，让重实干、重实绩成为评价先进的标尺。以精准衡量价值贡献为前提，对本部各部室和供电、业务、市场化 3 类基层单位实行差异化考评，深化多元量化考核，各级部门、员工业绩贡献突出的前 20% 评为 A 级。绩效结果与薪酬分配、岗位调整、人才评价、评优评选等挂钩，激发各级组织、员工担当作为协同推动公司高绩效运营、高质量发展。

压担子，紧盯青年人才，加大培养使用力度，着力打造敢先进、能先进的青年人才梯队。实施青年人才托举工程。锚定入职 7 年成长黄金期，建立"成长档案"、注重"精准滴灌"，发挥好"师带徒"的传帮带作用，实施针对性跟踪培养。连续 7 年开展青年人才大赛，培养选拔 122 名技能新星，打造了公司优秀人才队伍的"生力军"。加大创新人才培养力度。在四级四类专家体系中增设科技创新人才序列，择优选拔打造"国网级、省公司级、地市级"三级梯队。与天津大学联合开展在职工程博士培养，聚焦能源互联网重点领域，实施"学研用"相结合创新型人才培养模式。输出国家级人才 3 人，省部级以上人才称号 54 人次，122 人入选天津市"131"创新型人才。畅通职业发展通道。坚持"赛场原则"，加强青年员工生产岗位与轮岗交流，强化青年人才一线实践磨练。取消新员工分配岗位两年调整限制，入职培养期满，优先配置到新兴和缺员专业。缩短非工学专业职工调配管理技术岗位的 3、5、8 年限，缩短 1—2 年一线工作年限，加快非工学专业职工成长。着力推动各单位因地制宜、因人制宜，让青年人才在干事创业中成长发展。

强激励，不让老实人吃亏，树立吃苦的人吃香、实干的人实惠的鲜明导向，让人才想先进。加强组织正向激励。聚焦战略引领，本部部室设置年度突出贡献奖，对坚决贯彻落实公司党委决策部署、改革攻坚表现突出的 8 个部室进行了专项奖励，实现"干多干少不一样"。聚焦提质增效，基层设置专项任务考核激励，与工资总额增幅挂钩，最高挂钩力度达增幅的 25%，让为公司创造效益贡献的组织员工得实惠。聚焦关键事件，围绕战略中心工作常态开展月度过程考核，对推动在战略落地、业绩提升方面取得突破的基层单位和部室，及时奖惩，精准兑现到人，2020 全年实施奖励问责事项 299 项，确保战略落地动态纠偏，层层压实责任。深化团队绩效激励。聚焦客户服务，城南公司小站供电服务中心实行网格责任"双包"制，任务包干至组，组内任务包干至人，绩效薪金倍比最高达到 2.31，助力线损率等核心指标显著提升。聚焦工程建设，送变电基于工程项目贡献精准激励，奖励向新疆、西藏等艰苦地区倾斜，绩优人员奖励达 6.3 万元，10 余名管理人员主动请缨一线，实现"要我干"向"我要干"转变。聚焦科技创新，对牵头获得国家科技进步一等奖及以上、发明奖二等奖及以上的团队，按国家奖金的 2 倍追加奖励；对牵头获得国家其他等级、省部级奖励的团队，按同等水平追加奖励；鼓励各单位分档设立一线职工小发明、小创造专项奖励，引导各级科创团队持续提升自主创新能力。精准实施人才激励。鼓励电力工匠扎根一线，逐级选拔"技能骨干、技能标兵、技能工匠"，给予不同等级的资金奖励，公司首批技能骨干 960 人、技能标兵 186 人、技能工匠 21 人已享受该项奖励。鼓励专家人才投身科技创新，在科技进步奖基础上增设技术标准、实验室等专项奖励，精准奖励到人；对成果转化的将约 10% 净收益精准奖励科研人才，让创新动力为公司与员工共同创收，助力公司科技奖项与商业转化取得新突破。

先进集体培育

充分发挥国企党组织把方向、管大局、促落实的作用。习近平总书记在 2016 年国有企业党建会议上指出，国有企业党组织发挥领导核心和政治核心作用，归结到一点，就是把方向、管大局、促落实。这就意味着国有企业的党组织不是事无巨细，而是有的放矢，党组织在决策、执行、监督各环节发挥着把方向、管大局、促落实的作用，在关键时刻发挥党组织的政治领导作用。滨海黎明共产党员服务队的成立正是一个最有说服力的事例，天津电力党组织发挥着把方向、管大局、促落实的作用，促成滨海黎明共产党员服务队的成立。

滨海黎明共产党员服务队是天津电力集体先进的代表和标志，如何从张黎明同志发展到滨海黎明共产党员服务队，这得益于滨海公司党委的决策。该公司党委根据对形势的判断，扩大张黎明的影响力，带动身边的共产党员同志，希望实现由点及面的发展，提出组建共产党员服务队的设想。基于当时天津市其他系统还没有成熟的共产党员服务队，而国家电网系统全国闻名的服务队有陕西宝鸡供电局赵二宝引领的"二保紧修服务队"和黑龙江哈尔滨电业局李庆长引领的"李庆长共产党员服务队"这两支队伍，该公司党委提出要实地走访这两支服务队，此方案随后得到时任天津电力主要领导的充分肯定。几天后，滨海公司组织7位同志赴陕西宝鸡进行学习，给他们带来了许多灵感和宝贵经验，滨海黎明共产党员服务队正式成立。

从滨海黎明共产党员服务队的成立动机到服务队成立的模式探讨，都得益于党组织领导的方向精准把握，正是由于他们具有把方向、管大局的政治判断力和政治领悟力，才提出构建黎明服务队的设想，正是领导人具有促落实的政治执行力，黎明服务队才能建设得过硬。在从个体先进培育过程中，党组织的领导力是关键，在如今建设群体先进过程中，党组织的领导力是关键，在未来群体先进走向卓越过程中，党组织的领导力是关键，党组织应继续发挥把方向、管大局、促落实的作用，为个体先进和集体先进提供充足的阳光和雨露。

风雪与冰霜

"长风破浪会有时，直挂云帆济沧海。"前进的道路不可能始终一帆风顺，在漫长的事业征途中，充满着各种风险和挑战。有来自外部无法预测的因素，诸如工作过程中遇到恶劣的天气环境，大风大雨暴雪悄然而至，对你的工作环境和工作设施造成困难，你是选择退缩还是迎难而上；也有自身内在的挑战，尤其在2020年疫情防控期间，在春节等节假日期间，是选择回家过节阖家团圆，还是选择坚守工作一线，这是内心的选择和拷问。

渤海湾畔，寒风凛冽，凝雪飘扬，到处一片银装素裹，整个南港工业区都笼罩在狂风暴雪中。2020 年 2 月 14 日，突如其来的风雪席卷滨海新区，新区大港区域瞬时最大风力甚至达到 9 级，最大降雪量达到 10.5 毫米，调控中心电话铃声不断，多条线路掉闸，上午 10 时 40 分，位于滨海新区南港工业区的中石化 LNG 液化天然气站突然全站停电。

这座 LNG 液化天然气站是中石化华北供气网的重要组成部分，日均向外输送天然气 2500 万方以上，承担着向京津冀鲁豫 5 省市冬季生产保供的重任。尤其是当前疫情防控的关键时期，突然的停电严重威胁到华北地区的燃气安全。靠着海边，不仅天气冷、湿度大，而且短时间内出现大量冰凌雨雪，很快在输电线上凝成厚厚的冰甲，狂风吹得线路毫无规律地乱舞。这样恶劣的天气情况和工作环境下，是选择放弃还是迎难而上，鏖战风雪 36 小时这一故事很好地说明了问题。

"你们赶快先对站内电气设备和线路进行巡视，看看站内设备是否有故障，我们已经在路上了，马上就到。"灾害突如其来，公司临危不乱，迅速启动应急预案，用电检查人员边往企业赶，边通过电话指导企业对重点部位进行自查。

11：00，线路巡视同步展开，输电专业人员驾车奔往中石化 LNG 液化天然气站上级电源 110 千伏千气线、飞气线。由于地面湿滑、覆冰严重，抢险车在不断打滑中艰难前行，花近 2 个小时才抵达现场。到达现场后，初步判断为覆冰舞动故障。

1200 千瓦、500 千瓦的 2 台发电车也一刻不耽误，火速驰援。

一场战风雪、抢时间、保供电的战斗迅速打响……

12：20，用电检查人员赶到现场，对中石化 LNG 液化天然气站 1800 千瓦的自备应急发电机和相关设备进行详细排查。"我们站内配备了 UPS，可给仪表和控制系统监测提供电源，但是没有和自备发电机连接，只够维持供电几个小时。"中石化天津液化天然气有限责任公司检维修中心副主任王炯杰紧张地把企业的忧虑告诉了到场的用电检查员王聪。

王炯杰带着王聪冒着狂风雨雪来到码头岸边，"那艘是中能温州号，停电的时候刚刚卸完 LNG 液化天然气，5 条卸料臂已经拆掉了 1 条，还有 4 条挂着，监测仪器需要用电，尤其是缆绳张力监测，不到位的话，船就会撞倒码头上，后果不堪设想。这边也没连接发电机，UPS 已经坚持不了多长时间了。"运检、营销专业人员立刻针对这个突发情况制定发电车接入方案，严密监控 UPS 等设备状态，同时两台发电车接入工作紧张有序的展开。

争分夺秒，每一秒都至关重要，关系到客户设备的安全。15:00，工作人员全力以赴冒雪抢修，两台发电车顺利接入，1200 千瓦发电车接在中控配电室低压侧，保证中控室所有电脑正常供电，另一辆 500 千瓦发电车接在区变 1 配电室低压侧，保证重要仪表设备正常供电。

LNG 液化天然气站，最多的就是储存用的气罐。当时正值冬季用气高峰，罐体内都存放着大量的液化天然气。停电后，这些罐体能否安全运行至关重要。

天气如此恶劣，抢修需要时间，如果企业的自备应急发电机再发生故障，这些罐体失电将十分危险。只能将罐内的液化天然气排掉，这样不仅将给企业带来巨额的损失，也将给冬季保供造成严重影响。

据了解，企业罐体用电是 6 千伏高压电，2 台发电车只能提供低压电，而标准电力系统变压器只能升压到 10 千伏，6 千伏的变压器一时间很难找。情况紧急，需要群策群力、全员发动，全天津市范围内调配资源，搜寻 6 千伏升压变压器。

23:00，好消息传来，大港油田有两台 6 千伏升压变压器。"争取快点租过来，一刻也不能耽误，连夜就去拉。你们把配件也都要准备齐全，要保证拉过来就能用。"张海建一边掏出电话，一边细致安排。

第二天一早，两台升压变压器就被拉到企业发电机房备用间，随时备用，以防万一。"这样既给我们抢修争取时间，也让企业生产万无一失。"张海建说。

"我们会紧密跟踪气象信息，及时掌握风雪变化趋势，随时关注线路状况，每 10 分钟汇总检查结果和线路舞动情况。"陈晓旭紧盯着舞动的输电线路及时进行汇报。

一次不成功、两次不成功、三次不成功……狂风暴雪中，8 个小时内先后对 110 千伏千气线试送 6 次、110 千伏飞气线试送 4 次，均因覆冰舞动未成功。23：44，风势稍小，试送再次进行。"情况良好，供电恢复，继续监测。"成功的信息传来，陈晓旭并没有丝毫放松，他知道与风雪的拉锯还在继续。

凌晨零点 30 分，寒风再次呼啸而起，雪片、冻雨如注而降，线路在狂风的吹打中铮铮作响……千气线、飞气线两条线路再次因故障掉闸。

"战斗"陷入胶着，陈晓旭和几十名同事依然坚守在"最前线"。他们已经在 18.7 公里的线路上连续往返了十几个来回。在这片填海造陆的区域，8 级以上的大风，将近零下 10 度的气温，大家只能靠使劲搓手掌、跺双脚，才能保持身体的温度。

由于线路所在区域没有照明，需要集中强光手电筒的照明，逐基杆塔检查绝缘子、金具等细节，逐段线路监测振动频率。虽然套上了厚厚的棉马甲和棉服，但仍然抵挡不了寒潮的侵袭，即便是有条件驾车巡视的路段，也需打开车窗进行巡视，让监测结果更加准确。

"如果天气一直这么恶劣，再次试送掉闸，有可能造成上级变电站和企业变电站设备故障，扩大停电范围，带来更严重影响。就希望风能够再小下去，那样才能再次试送。所以我们必须在一线盯住了。"陈晓旭和同事们整夜的坚守，并没有换来天气的好转，从黑夜到黎明，不间断巡线，风势不减，线路乱舞，始终没能达到再次试送的条件，而且狂风还导致了飞气线 5 处引线断线。

直到 16 日上午 10 点，风势见小，除冰、抢修等工作具备条件，"战斗"进入了白热化。在短短 3 个小时内集结的近百人抢险队伍，对 110 千伏飞气线 5 处断引线故障同步开展抢修，8 个小时完成修复。

经过 36 个小时不间断奋战，2 月 15 日 19 时 56 分和 20 时 22 分，110 千伏飞气线、千气线成功送电投入运行，中石化 LNG 液化天然气全面恢复生产。

对于电力工作人员来说，大部分作业都是室外工作，天气状况每天不一，工作环境差异也较大，像中石化 LNG 液化天然气这种抢修工作也是常有的事，这些没有"硝烟"的斗争需要我们强烈的责任感和使命感，需要我们在工作中不断地锻炼自我。

2020 年是极不平凡的一年，突如其来的新冠肺炎疫情是新中国成立以来，传播速度最快、感染范围最广、防控难度最大的重大突发公共卫生事件。由于 2020 年新冠肺炎疫情肆虐时正值春节期间，天津电力工作人员许多都是外省籍，回家过年归心似箭。于情，一年都没看见父母双亲，希望过年回家唠唠家常；于理，过年是正常的国家法定节假日，回家也是合理的，没有排班任务的同志可以照常回家，这样看来回家过年是合情合理的。但是电力工作在疫情期间又是非常重要的后勤保障工作，确保电力万无一失是有序开展疫情工作的基本和前提，这时是回家阖家团圆还是坚守一线岗位，这是个两难选择。

腊月三十，国网天津城东公司疫情防控配电党员突击队队长黄旭牺牲回山东老家过年机会，主动请缨一线保电工作。"疫情就是命令，防控就是责任！越是重要任务，党员干部越要坚守岗位，这个时候是彰显党员责任担当的时刻。"自突击队成立以来，黄旭带着所有突击队员 24 小时全天待命，确保第一时间处理疫情防控保电线路突发故障。

2020 年 11 月 20 日晚，天津市滨海新区新冠肺炎疫情防控工作指挥部发布通知，启动"滨城大筛查"全员核酸检测工作，决定自 11 月 21 日上午开始，利用 2—3 天时间，对滨海新区全体居民进行大规模核酸检测筛查。"你好，黎明队长吗？我们明天就要进行大规模核酸检测了。时间紧、任务重，检测点每天要工作到晚上10点以后，目前有些检测点急需安装照明设备，还是得麻烦您啊！"当晚求助电话已经打来。21日7时，张黎明早早来到单位，集结共产党员服务队成员备足器具材料，火速赶往检测点。每个检测点都是一个临时搭建的帐篷，虽然通过插线板从室内引出电源，解决了信息核对等电脑用电问题，但是照明问题却还没有解决。在进行简单现场勘察后，接电方案很快就在张黎明脑子中形成了，服务队队员在他的带领下，迅速分工合作，开展电源引取、线路铺设和灯具安装等工作。半小时后，照明灯安装完毕，投入使用。灯亮了，服务队队员们还是放心不下，分头挨个点位走了一遍。"为防控疫情做好电力保障是我们的职责，我们党员服务队和抢修人员将24小时在线，有需要随时联系，我们将全力做好保电服务，这场'战疫'电力人义不容辞。"

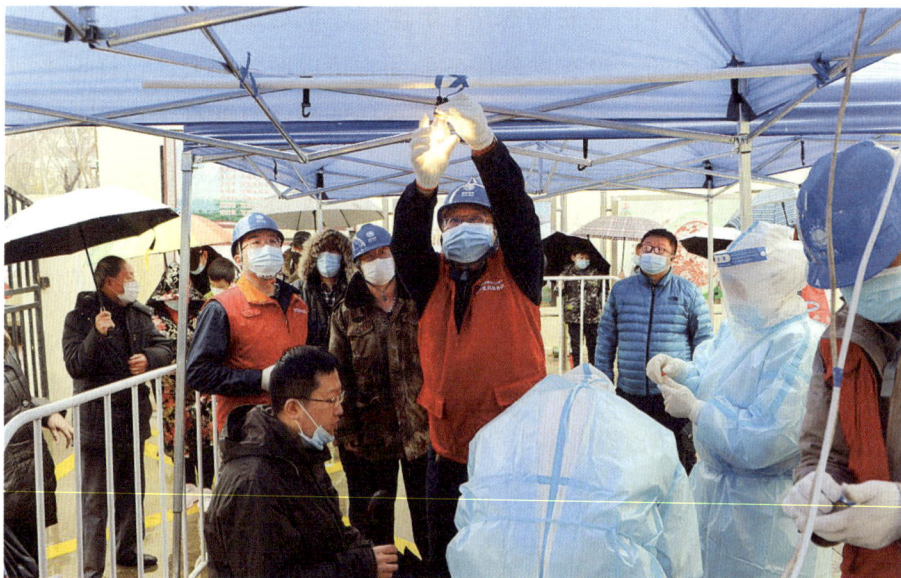

"改革先锋""时代楷模"张黎明带领天津电力"心连心"滨海黎明共产党员服务队队员冒雪为社区核酸检测点安装照明设备，确保夜间核酸检测工作顺利开展

2020 年度劳动模范国网天津滨海公司员工冯春英，在疫情迅速蔓延、人人自危的时候，主动赶赴现场参与到保电工作中，为防疫重要客户提供电气设备排查，自备应急电源检查等服务，指导客户制订保电"一户一案"，并现场模拟应急预案演练，为疫情保障企业的供电平稳提供服务。正是这些先进典型牺牲个人利益，树立大局观，主动坚守工作岗位，确保了本次战"疫"的供电火力，让党旗在防控疫情斗争的第一线高高飘扬！

疫情期间，张黎明、黄旭、冯春英作为部门和岗位的能手和风向标，他们在面对个人休息时间和工作时间发生冲突的时候，第一时间主动请缨，主动牺牲个人休息时间和回家探亲时间，坚守在岗位一线，不仅展现出个人的担当和责任，更加发挥出先进模范的示范引领作用。

天津电力人坚守本职岗位，兢兢业业，在外部困难面前不低头，迎难而上，树立全局观念，把握好小我与大我的关系。新冠肺炎疫情就是一块试金石，证明天津电力人在挫折和困难面前经得起考验，证明天津电力的先进个人和先进集体关键时刻冲得上去，危难关头豁得出来，是经得起时代检验的一支队伍。

花开与风华

"千淘万漉虽辛苦，吹尽狂沙始到金。"淘金要千遍万遍地过滤，虽然辛苦，但只有淘尽了泥沙，才会露出闪亮的黄金，历经挫折和艰辛，静待百花盛开。天津电力的先进集体和个人是经得起实践检验的一个群体，他们是公司最可贵的一笔财富，天津电力重视对先进个人和集体的宣传工作，重视对成果的展示和认可，从而推广成为公司的品牌效应。

习近平总书记在 2018 年 8 月全国宣传思想工作会议上强调，完成新形势下宣传思想工作的使命任务，必须以新时代中国特色社会主义思想和党的十九大精神为指导，增强"四个意识"、坚定"四个自信"，自觉承担起举旗帜、聚民心、育新人、兴文化、展形象的使命任务，坚持正确政治方向，在基础性、战略性工作上下功夫，在关键处、要害处下功夫，在工作质量和水平上下功夫，推动宣传思想工作不断强起来，促进全体人民在理想信念、价值理念、道德观念上紧紧团结在一起，为服务党和国家事业全局作出更大贡献。同时他还强调，宣传思想工作是做人的工作的，要把培养担当民族复兴大任的时代新人作为重要职责。要广泛开展先进模范学习宣传活动，营造崇尚英雄、学习英雄、捍卫英雄、关爱英雄的浓厚氛围。天津电力坚决贯彻执行习近平总书记2018年全国宣传工作会议精神，通过固根本扬优势补短板强弱项，走出一条特色的宣传道路，全方位展示了先进集体和个人的状态和风貌。

在宣传渠道上，切实发挥"两微一端"主阵地，加强报纸电视媒体等媒介的宣传作用。紧跟大势、紧盯大事，充分发挥"两微一端"主渠道作用，搭建战略感知"云"体验系统，2020年度策划战略宣贯专题8次、专栏7个、专版7个。充分利用报纸和电视媒体，尤其是高水平权威性的媒体对先进人物和集体进行报道，2018年在中央媒体发稿270篇，2019年在中央媒体发稿251篇，2020年在中央媒体发稿490篇，其中对先进典范的报道超过50%，从2018年5月4日《经济日报》发表的《黎明出发，点亮万家》、2019年12月6日央广网的"人物 | 孙惠忠：用担当实干践行'人民电业为人民'"到2020年5月2日人民日报客户端的"【岗位上的假期】'时代楷模'张黎明的'劳动节'"，从2018年5月2日新华网报道的"敬业奉献"中国好人全国劳动模范张黎明和电力一线职工、2019年12月2日《科技日报》报道的《新时代电力工人要勇于创新》，到2020年7月3日央广网报道的"天津电力：楷模引领汇聚磅礴力量"，在权威报纸上，我们实现了从个人先进到群体先进全方位的报道，也实现了先进模范的持续性报道，形成了宣传报道的强大辐射效应。

从创新创效、为民服务、抗疫保电等维度持续传播"时代楷模""改革先锋"张黎明事迹，首次实现中央电视台 9 分钟现场直播"黎明牌"配网带电作业机器人工作实况，把科技创新服务社会发展的新成效传递给社会大众。创新建立"上下联动、内外联通、信息共享、价值共赢"的"两联两共"工作机制，带动整体宣传工作水平提升。

在宣传内容上，以日常表彰先进模范专题版块为主，以打造品牌故事为辅。日常工作中，天津电力围绕天津电力青年五四奖章获得者、青年人才比武、技能标兵、职工技术创新优秀成果、"变革强企工程"先进集体、"最美国网人"、"黎明式员工"等表彰工作开展专项宣传，在全公司营造敢先进、学先进的宣传氛围，号召广大员工向这些理想信念、保持崇高境界、坚守初心使命、敢于担当作为的先锋模范学习。

同时，天津电力基于一线员工真实感人敬业的故事，致力于打造品牌，制作专题视频，并适时拍摄成微电影，通过影视艺术手段呈现天津电力这批典型人物和集体的优秀事迹。其中，品牌故事《泥好新生活》和品牌建设管理案例获评国务院国资委优秀奖项，获奖级别和数量位列国网系统首位；"黎明出发点亮万家"品牌建设实践案例入选 2020 年企业可持续影响力品牌十大案例，全国仅 2 家央企品牌获奖，也是国网系统唯一入选品牌。全面加强公司品牌视觉宣传力度，拍摄制作 60 部专题视频，其中影视作品《这都不叫事儿》获第八届亚洲微电影艺术节最佳公益作品、《美丽心灵》首获广电总局公益广告二等奖、《坚守》获中央企业践行社会主义核心价值观主题微视频优秀奖、《守望》获第三届中国电力工程奖十佳新媒体奖。

在新闻报道的采集上，实施定期网格式调查研究。深入贯彻总书记关于增强"脚力、眼力、脑力、笔力"的重要论述，强化宣传队伍建设，全方位培养"一专多能"全媒体人才。定期实施网格式调查研究，深入生产一线、田间地头，形成大量"有温度""带露珠"的作品，2020 年组织基层一线采风 20 次，发布基层动态 2448 篇，制作聚焦一线员工风采的风采录 5 期，专栏 26 期，其中《电力物联网助力天津华丽转身》

获第三届中国电力工程奖文字类作品二等奖。基层通讯员 10 人次到天津电力宣传部锻炼，培养可塑性强、潜力大的青年宣传后备人才。选派 2 名同志参与国网战略研究、2 名同志赴天津市委宣传部挂职，以点带面提升理论思维、战略思维。

天津电力目前由"党建 +"向"党建芯"升级，充分发挥党建"根""魂"引领作用和"心脏"赋能作用。坚持价值导向，创造性开展党建"内嵌""融入"工作，激发人的主观能动性，打造"红色引擎""精神经济学"，为生产经营赋能。宣传工作应以"党建芯"为契机，解放思想，锐意进取，将天津电力涌现出的先进个人和先进群体很好地展现出来，使这些典型成为天津电力亮丽的明信片。

第二节　从一枝独秀到满园春色

信念与坚守

我们党从成立之初就重视思想建设，重视理想信念的重要作用，习近平总书记形象地把理想信念称之为"精神上的钙"，如果缺"钙"，就会得软骨病。2021 年 4 月 25 日上午，正在广西考察调研的习近平总书记，来到位于桂林市全州县才湾镇的红军长征湘江战役纪念园，向湘江战役红军烈士敬献花篮，并参观红军长征湘江战役纪念馆。他指出，湘江战役是红军长征的壮烈一战，是决定中国革命生死存亡的重要历史事件。红军将士视死如归、向死而生、一往无前，靠的是理想信念。为什么中国革命能成功？奥秘就是革命理想高于天，在最困难的时候坚持下去，这样才能不断取得奇迹般的胜利。我们对实现下一个百年奋斗目标、实现中华民族伟大复兴就应该抱有这样的必胜信念。困难再大，想想红军长征，想想湘江血战。2021 年是中国共产党成立 100 周年，我们党始终坚持中国特色社会主义共同理想和共产主义崇高理想，百年风华，初心不变，坚守信念，从党的百年历程中能够看出理想信念的重要作用。

理想信念是内在的精神支柱，那这些典型在通往先进的道路上，是什么样的信念在支撑着他们一往无前？通过深挖典型事例，我们发现了，他们具有爱岗敬业，始终坚守"人民电业为人民"的企业宗旨，我们分别从老中青三位不同年龄层次的先进典范进行分享。

谈到"中国好人""天津好人"王娅，大家谈及最多的就是她用生命之光点亮寒门学子求学的道路，她倾其一生，即使是生命后期身患重病，依然把治疗费用节省下来，用于资助贫困学生。但是王娅的事迹远不止捐资助学这些感人故事，她本人首先是一名非常优秀的电力员工，她是爱岗敬业的典范，她秉着"人民电业为人民"的企业宗旨，26 年如一日，扎根一线工作。在业务上，她对自己极其"苛刻"，在 26 年的工作时间里，王娅执行操作票 3100 多张，票面合格率达到 97.9%，累计完成"千项操作无差错"766 次，实现整整 26 年个人安全无责任事故，为千家万户送去光明。

王娅，1952 年出生于天津，当过知青，做过民办教师，农村艰苦的生活环境、繁重的田间劳作，磨炼了她的意志品格。1986 年，她调入原天津高压供电公司（现国网天津检修公司）工作。1986 年 11 月至 1991 年 9 月，在 220 千伏红旗路变电站变电运行岗位历练，由于作风硬朗、业务熟练，1991 年 9 月开始担任天津北郊 500 千伏变电工区北郊 220 千伏站值长。北郊 500 千伏站是当时天津电网投运的第一座 500 千伏站，承担天津地区一半的用电负荷，且有一条 500 千伏供电线路负责北京供电，是当时京津唐电网的一个重要枢纽。其间，北郊 500 千伏变电站参加当时的"华北局十佳班组"评比，由于接到通知时距离专家组来站考评的时间非常紧，从操作票的规范到环境整治，全站人都在加班加点，大家的情绪有些焦虑。王娅带头投入，不放过工作上的每一个细节。

时任北郊 500 千伏站站长邵连生回想起来还是十分激动，因为王娅工作非常细心，在迎检准备工作中经常给同事"挑刺儿"，一会儿说这样不行，一会儿说那块儿得改，弄得全站人员都对她有意见。有时，为了某项工作，她公开"顶撞"站长，和工区主任"掰扯"，但当大家看到她干起活儿来比男同事都快，心里也都服了她。在全站人员的共同努力下，北郊 500 千伏变电站以规范的管理、完善的基础资料、整洁的环境等软硬件顺利通过了"十佳班组"的评比验收。

王娅和受资助的学生在一起

王娅对安全的要求是异常严格的。作为值长，王娅要求运行人员从设备原理的掌握到操作票的填写，从实际倒闸操作到工作结束后的验收，都不能有丝毫的差错。在海光寺站正式验收时，经她手绘的图纸纠正了很多潜在的错误，提高了验收效率，也为变电站投运后的安全运行奠定了基础。为确保海光寺站投运后的正常运行，王娅组织大家编写事故预案。当写到假设 10 千伏—51 母线故障失压后如何处理时，她发现此时如果全站停电就无法恢复。于是，王娅找出图纸查看并到现场实际核对，发现变电站当初的设计存在缺陷。变电站两台站用变压器同时接到了同一条母线上，且设备已经按照图纸完成了实际接线，这就为日后的变电站安全供电埋下了重大隐患。王娅立即向上级汇报，通过与设计人员的沟通，最终修改了设计图和实际接线方式，避免了变电站投产后主变压器全停的恶性事故。

在编写海光寺站《现场运行规程》时，王娅和班组的同事们又发现，海光寺 10 千伏中性点采用小电阻直接接地系统，一旦经旁路母线带路，则零序保护失去作用，会越级到总开关，引起主变保护、10 千伏小电阻接地保护动作。她发现的这一重大缺陷引起了公司的高度重视，经设计部门和研究人员分析得出结论：如果出现这种情况，可能会因单相接地引发越级跳闸的大面积停电事故，会减少输入电量 2600 千瓦时 / 分钟至 5000 千瓦时 / 分钟，其经济损失约含 3600 元 / 分钟，由于王娅发现得早，设计部门改正及时，从而避免了可能造成的经济损失和因停电引发的社会舆情。

2001 年 4 月 14 日，检修公司（原高压供电公司）成立集控中心，主要监控天津市内海光寺和利民道两座重要的 220 千伏变电站，那时，集中监控技术在国内刚兴起不久，如何进行管理在技术上还是一片空白。当时，王娅还有一年的时间就要退休，她没有选择清闲，没有提前进入退休状态，相反，凭着对业务工作的那份热爱和对岗位的那份坚守，她毅然接受了新技术带来的新挑战，同站里年轻人一道学习信息采集、监视控制知识。

2020 年 11 月习近平总书记在全国劳动模范和先进工作者表彰大会上强调，要大力弘扬劳模精神、劳动精神、工匠精神。"不惰者，众善之师也。"在长期实践中，我们培育形成了爱岗敬业、争创一流、艰苦奋斗、勇于创新、淡泊名利、甘于奉献的劳模精神，崇尚劳动、热爱劳动、辛勤劳动、诚实劳动的劳动精神，执着专注、精益求精、一丝不苟、追求卓越的工匠精神。"中国好人""天津好人"王娅，她首先是一名天津电力的员工，其次才是一名捐资助学的慈善人士，她在平凡的工作岗位上，爱岗敬业，始终坚守"人民电业为人民"的企业宗旨。所以对于工作，她一如既往地认真，对于一线电力工作，她敢于发现问题，敢于讲真话，敢于解决问题。正是源于对工作的坚守与热爱，她与时俱进，学海无涯，善于学习新知识，不断提高自身的工作能力。

2008 年参加工作以来，黄旭十几年如一日扎根配电运检生产一线，在四千多个日日夜夜里，他用担当守护着电网安全可靠运行，用真诚点亮百姓一盏盏心灯，用责任书写着不平凡的业绩，获得全国劳动模范、全国五一劳动奖章、全国电力行业技术能手、天津市劳动模范、天津市道德模范和国网公司生产技能专家、国网工匠等荣誉称号。

干一行，爱一行，精一行。黄旭的职业生涯起步于带电作业专业，他常说："如果让我选择一个我想一辈子从事的专业，那我一定会选带电作业。"工作多年来，无论严寒酷暑，急难险重任务磨砺出他一身好本领。

黄旭是山东大学电气工程学院硕士研究生毕业，是人们口中的"秀才学生"、高材生，但是他却扎根一线，苦干、实干、巧干，在平凡的工作岗位上默默耕耘、甘于奉献，迅速成长为一名践行社会主义价值观的优秀电力员工。

常言道，基础不牢地动山摇。黄旭深知要做颗永不生锈的螺丝钉在岗位建功，做一个扎根一线的硕士"钉钉人"，就要夯实基础，学好专业，具有特长。白天，黄旭认真向师傅们学习专业技能并反复练习，先带上线手套练习，线手套磨破了不知道多少副，熟练了再戴上绝缘手套练习，娴熟了再戴上羊皮手套练习。慢慢地，双手的老茧一点点磨了出来，慢慢地，专业操作技能也一点点练了出来。晚上，黄旭在单位、在宿舍学习专业相关的操作规程和专业知识，废寝忘食、通宵达旦是经常

国网天津城东公司黄旭带领保电人员为天津市第五十七中高考考点接入应急发电车，保障可靠电力供应

的事。至今黄旭还有一个习惯，办公室必须有1箱方便面和1箱瓶装水。半年的努力，黄旭积累了丰富的专业财富——12本厚厚的学习笔记。

黄旭扎根一线电力生产，吸吮着基层一线的营养，自愿付出、奉献，克服重重困难，经过不懈努力，迅速成长为一名优秀的业务骨干。2012年的一个冬天，铁东路工业院内一家生产精密仪器的重要用户因跌落式熔断器保险熔断导致停电。由于带电作业队环境的严苛要求，当时的带电班组从未在夜间开展过带电作业工作。为了迅速解决厂方面临的困难，黄旭和班组成员一起迅速到现场进行细致勘查，找出了工作的隐患和薄弱点，并结合天气预报情况，迅速制定出采用应急照明实施带电处理的解决方案。方案经过上级领导同意后，黄旭亲自操刀。呼啸的北风中，摇曳的灯光下，厂方企盼的目光中，黄旭娴熟精湛地操作着。黄旭回忆到："整个刀闸带电更换仅耗时55分钟，比平时用时快了近20分钟，看到用户满意的笑容，我自己也感到骄傲和自豪！"。就这样，无论是在三伏炎炎烈日下,还是在三九刺骨寒风中,带电专业工黄旭一干就是 11 年,他带领团队累计开展 10 千伏配电带电作业 3200 余次,提升供电量 2000 多万度,为企业创造经济效益 1000 余万元。

黄旭作为高材生,并没有自恃清高,而是扎根一线配电行业,从配电工最基础的工作做起,在平凡的岗位上甘于奉献自己,在平凡的岗位上不断地提升自我,在平凡中不甘于平凡,不断提升自己的动手能力和专业知识,做到干一行爱一行,这种踏实肯定的精神值得我们所有劳动者去学习。

电力工作大部分都是一线作业,都具有很高的专业性和技术性,如今"90 后"、"00 后"也走上了电力岗位,青年一代能否担当民族复兴大任,青年一代能否完成全球竞争力的世界一流目标,企业青年一代的内心坚守又是什么?我们来分享下青年骨干陈文涛的故事。

"对于 110kV 电缆剥切操作,一是要注重积累,厚积薄发;二是要注重细节,磨练匠心;三是要实际运用,总结提高。"在刚刚过去的电缆公司技能大练兵中,获得检修组状元的陈文涛这样分享经验。陈文涛是电缆公司青年骨干中的代表,2020 年荣获公司技能标兵称号。在电缆公司成立后,以陈文涛为典型的电缆青年始终冲锋在紧急抢修、重要工程迁改、重大保电工作的第一线,他们立足岗位、练就扎实技艺,不怕吃苦、在现场磨练本领,耐得住寂寞,用汗水书写青春的光彩。

"干一行、爱一行,这是我们电缆人的品质。电缆专业性极强,良好的理论水平和实际操作能力显得尤为重要。"脸上的汗水遮不住他晒伤的痕迹,也击不退他工作的热情,胸前的党徽在阳光下闪耀,仿佛也洋溢着他对技能的自信与热爱。电缆公司立足高技能人才培养,以电缆附件安装和带电检测为核心技能,组织开展各类技能比武,80% 以上青年员工参与竞技比练,营造出尊重技能、追求匠心的积极氛围,培养出一批高技能青年骨干。在电缆人共同努力下,2020 年 4 月 9 日,在对 220kV 兰光线电缆中间接头更换中,电缆公司首次采用自主安装方式开展，打响了高压电缆附件自主安装第一枪。全年完成带电检测 6264 次，发现并处理危急及严重缺陷 17 处，缺陷检出率较 2019 年提升 65%。

我们不难发现，无论是王娅、黄旭还是陈文涛，他们身上都有一种对于工作的执着和追求，都有一种对于工作的热爱和坚守，这都源于他们内心深处对于电力行业的热爱，都源于他们深知电力行业就是为民服务的行业，都源于他们对电力工作宗旨的践行，这一信念形成强大的内在动力，支撑他们勇往直前，敢于创新，敢于拼搏，在自己工作岗位上发光发热。

慷慨和责任

先进人物缘何不顾忌汹涌的"后浪"，慷慨地分享他们的工作经验，他们的这种责任感来自哪里，什么东西支撑他们不怕稀释自己的先进，不怕自己的先进被取代，为了更多人的先进而慷慨奉献，他们都做了哪些工作，产生了哪些效果，何以能如此慷慨。

翻开词典，对于"先进"的解释是"位于前列，可为表率"。先进的含义应当有两个，一是自身能力出色，在工作中出类拔萃，成为大家争先模仿和学习的对象；二是先进的人不吝啬，敢于分享，敢于提携后人，不顾忌"后浪"的汹涌，在指导别人先进的同时永葆个人先进，这是双方互相成长的一个过程。在先进典范成为先进的过程中，不仅个人努力进步，而且努力带动身边的工作人员，这与天津电力提供良好奋勇先进的沃土紧密有关，也跟先进集体本身具有的爱岗敬业、无私奉献个人品质有关，更与天津电力良好的师徒结对子这一优良传统息息相关。先进的沃土和先进个人的优良品质为后浪的涌现奠定了良好的基础和前提，师徒结对子这一形式只是催化剂，是先进慷慨和责任的外在机制。

天津电力师徒结对子硕果累累。为给天津电力发展提供坚强的人才支撑，使青年员工快速转变角色，适应岗位要求，掌握岗位必备的专业知识，努力成长为胜任本岗工作的专业技术技能骨干人才，对入职不满3年的青年员工实施"师带徒"培养方式，为每位培养对象配置导师。新入职员工培养期限为3年。

各单位开展了丰富多彩、卓有成效的师徒结对培养，以电缆公司为例，新员工入职后，各部门为培养对象配置导师，签订师带徒协议，天津电力公司每年组织一次拜师仪式。导师应具有良好政治素养和职业道德，作风正派、爱岗敬业、业绩突出、严于律己，通过言传身教，传递正能量；导师应工作经验丰富，专业技术能力突出，能够充分发挥"传、帮、带"作用，原则上应具有8年以上工作经历或技师及以上技能等级，技能骨干及各级各类专家人才优先选用；各部门负责人对青年员工培养工作负有指导和管理职责，但原则上不直接担任青年员工导师；根据具体工作需要，可联系外部专家担任导师（或第二导师）。

在导师配置上，各部门根据实际情况，按照个人自愿与部门选配相结合的原则，做好培养对象和导师选拔配置工作；导师与培养对象应尽量固定，每名导师指导的培养对象不超过2人；在培养过程中，因导师或培养对象工作变动等原因不能履行师徒关系时，应及时调整。在培养工作具体实施阶段，培养工作应以培养方案为基础，结合工作现场安排进行：导师和培养对象根据培养方案中所列知识要点，按讲授、实践不同实施阶段特点，策划实施步骤和进度；结合工作实际，导师可采取现场讲解、课堂指导、提供资料等灵活多样的指导方式，切实解决培养对象遇到的问题；培养对象应及时进行自我总结和知识梳理，对应知识要点要求的掌握程度（了解、掌握、精通），进行学习完善；培养过程实行联系单制度；除专业技术指导外，导师还应加强为人做事、工作态度、敬业精神引导，使青年员工增强大局意识和使命感，建立正确的人生观和价值观；导师应定期对培养对象的知识和技能掌握状况提出指导意见。

师徒结对是天津电力的优良传统。师徒结对是许多国企和学校行之有效的一种制度，天津电力也通过这一制度培养出了优秀的人才，其中"时代楷模"张黎明、全国劳动模范李卫卿都是这一制度的产物，真可谓名师出高徒。"时代楷模"张黎明的成功不仅源于个人的优良品质，也有赖于老师傅们的言传身教。他自己在不同的场合都讲过老师傅搭建"人桥"的故事，也正是这一"人桥"坚定了张黎明扎根一线为民服务的信念。

1989 年初冬，张黎明刚参加工作的第三个年头，一场大雷雨后，"韩大线"219 铁塔绝缘子遭雷击，造成严重缺陷。寒风中，张黎明和几位老师傅前去抢修，由于暴雨，故障铁塔下原先的小水坑变成了一个大池塘，要想越过去爬上铁塔，他们所带的梯子长度根本不够。就在大家面面相觑、束手无策的时候，两位 50 多岁的老师傅二话没说就跳进结了一层薄冰的水塘里，踉踉跄跄地向水塘中央走去。北方的低温下，站在岸上都觉得寒风凛冽，在水里更是冰冷刺骨，只见两位老师傅，扎稳重心，硬是用肩膀扛住梯子架起了一座"人桥"，让张黎明他们几个年轻人能够带着工具箱从"人桥"上快速地通过……爬过这条颤巍巍的"人桥"，张黎明感觉到了老师傅们传递给他的精神力量。从此他就暗下决心，要向师傅们学习，兢兢业业干好自己的工作，为更多的人民群众送去光明。

全国劳动模范李卫卿，她的师傅是时任红旗路变电站站长、天津市劳动模范李锡亭，李锡亭站长有个外号叫"李大拿"，他是一个平易近人随和的人，具有很强的专业素养，在当时的天津电力变电专业绝对称得上数一数二的专家。跟随师傅每天按部就班地工作，李卫卿从没有想过能在这个专业做到出类拔萃。她的想法很简单，既然干，就把工作干好。严谨的性格、认真的工作态度，干什么都不甘落后于人后，凭借这种好强的性格，她很快将红旗路站的大大小小设备揣摩了个一清二楚。

1976 年唐山大地震，天津市受到严重影响。那天，李卫卿在变电站里值班，面对突如其来的地震，师傅"李大拿"临危不乱，立即用电话不停沟通站里的情况，按照规程操作，最大限度保证供电。年轻的李卫卿第一次经历这种危急情况，脑袋里面一片空白。她和师傅们并肩作战，红旗路变电站的损失被控制在可控范围内，仅仅影响了不到30%的供电，在大地震时创造了一个奇迹。震后是一段漫长的恢复期，恢复设备，紧急抢修，还要随时堤防着余震，那段时间，她每天都跟在师傅身边，不时拿出笔记本，把学到的知识详细记录下来，不论是刀闸开关的原理图，还是站在消防布置的关键点，不论是主控室操作的心得，还是变压器运行应注意的种种细节，这几个本子无比详细。此次经历后，李卫卿打心眼里佩服师傅们的工作水平，更加坚定了她的信心和决心。就这样日复一日，她认真学习理论知识，把每天遇到的问题都详细地记录下来，短短一年时间，她就由学员成长为变电站副值。

师徒结对子实现了国网电力先进精神的延续。2014年才入职的王立国是幸运的，因为他的师傅是张黎明，是"时代楷模""改革先锋"、全国劳动模范张黎明，在师傅的带领下他获得了国家电网公司青年创新创业大赛的金牌，闪闪的金牌和王立国眼中的光一样，那么耀眼，这是师傅带领他们得到的，也是他人生中的第一块奖牌。王立国大学毕业后来到国网天津滨海公司工作，进班组前就听说师傅张黎明是"电力名人"，他特别好奇，也有点不服气，一个学历不高的班组老师傅，怎么就成为了名人？到班组的第一天，满墙的锦旗、感谢信和专利证书，当时就把他震住了！

第一次跟师傅进社区抢修，很多居民围过来，像围着明星一样，和师傅拉手说话唠家常，顿时王立国觉得师傅的气场好强大。有一天晚上，王立国和张黎明去一个巷子排除故障，送上电时已是半夜，此时突然下起大雨，看他穿得单薄，张黎明脱下上衣披在王立国身上，冒雨骑着自行车先送他到宿舍，自己才回家去。当初老师傅搭起"人桥"让张黎明通过，去抢修电路，如今，他也把这种精神续写，危难关头，先人后己。望着大雨中师傅艰难骑行的身影，王立国落泪了，默默立下誓言，他跟定张黎明师傅了。在张黎明的带领下，依托张黎明工作室，滨海公司累计开展技术革新 500 余项，获国家专利 200 余项。

李卫卿在师傅"李大拿"身上学到的精神在今天传递给了下一代电力工人。1988 年，副值郑凯和新入场的学徒王招智进入了李卫卿的运行班。别看郑凯人年轻，但是他却十分沉稳，在运行班上很少见他聊几句闲话，只有对着设备时，他那份专注才体现出来。郑凯对自己高标准严要求，很快成为了站里的工作骨干。他踏实肯干的工作作风得到了李卫卿的高度评价，并很快成为她运行班上的得力助手。多年以后，郑凯回忆道："没有当年在红旗路站和李姐的合作，我也不可能成长得如此迅速。我这个人不爱说，干得好不好全在工作上，我感觉李姐就是这样的人。"说这话时，郑凯已经是天津市劳动模范，劳模精神早已植入他的血液里。

除了郑凯，李卫卿还有个小徒弟叫王招智，师傅们都很喜欢他。他是个热情好动的小青年，动手能力特别强，站里有一些可以自行处理的缺陷，师傅们总喜欢带着他干。当大家都在夸奖这孩子聪明能干、一点就透的时候，他的师傅李卫卿却批评了他。有一次王招智在进行一项操作，旁边李卫卿问他你为什么要这样操作？年轻的王招智回道："大家都是这么操作的。"李卫卿又问："可你知道这么操作是为什么？"随后，师傅李卫卿又说道："招智，你学得快，脑子活，手也快，这点我很高兴，但是咱们干运行专业，不仅要知其然还要知其所以然。如果内部原理不清楚，仅仅停留在机械地重复劳动，那干多少也就只能停留在学徒水平。你真想成为专家，就得加强学习，把理论掌握好。你不是一直想当'李大拿'李站长那样的人吗？背后不下苦功，不流下个三船五车的汗水，恐怕是不成的。当你的师傅，我真是欣慰，因为你是个难得的好材料，我真心希望你以后能成才！"

这一番话打动了王招智，从此以后，他开始了理论与实践并重的工作形式。李卫卿也将她干运行这些年来记的满满三大本笔记交给了他。

笔记本上工整的字体，详细记录了运行工作中的各项细节。这份第一手资料，一直伴随着王招智的成长。后来他成为单位里运行检修专业中最强的技术骨干，并担任了具有 1000 千伏天津市最强电压等级的天津南特高压变电运维站检修班班长，这都与当年李卫卿的指导分不开的。

青，出之于蓝而胜于蓝，冰，水为之而寒于水，这是天津电力先进代表的心声，他们希望天津电力的未来在更多的先进手中发展得更好。天津电力人在师傅们的言传身教下成长起来，在这片沃土里发展壮大，依靠着师徒协议这一成功的制度，他们耐心指导、毫无保留、不遗余力，分享他们工作过程中的感悟与经验，培养出一代代优秀的电力员工，他们不怕超越，反而希望越来越多的徒弟超越师傅，成为天津电力的中流砥柱，这是一代又一代电力人的历史传承，也是一代又一代电力人的历史延续。

黎明与光芒

黎明是微光，黎明带来希望。只有黎明的放大，才会给广袤大地带来一片又一片光芒。黎明就是以张黎明为代表的先进个体，广袤大地就是天津电力的各条战线，从晨曦到日出，从日出到日落，"黎明"们坚守一线岗位，不改为人民服务初心，用手中的"金刚钻儿"点亮万家灯火。

扎根电力一线事业，努力增强工作能力。无论是时代楷模张黎明还是全国劳模黄旭，以及在国网电力涌现出的"黎明式"的先进个人，他们是一线产业工人，他们生活在尊重劳动、崇尚劳动的时代，他们扎根一线电力事业，他们在日复一日中、年复一年中夯实自身技艺，努力提高工作水平。

"时代楷模"张黎明的事迹中，被人津津乐道的就是他过硬的专业能力，他被同事们形象地称为"抢修活地图"，他是抢修一线的尖兵。他常常挂在嘴边的一句话：抢修任务中，抢的是时间，修的靠技术，时间加上技术，抢修的活就能干好。电力抢修本身就是一件十分枯燥、辛苦，甚至危险的工作，每次抢修都要穿上厚重的绝缘服，无论天气如何，他们都要登高作业。但是张黎明却不以为然，看似平凡和枯燥，但是工作意义却重大。

从老式 28 自行车到电动自行车再到抢修汽车，从草路到土路再到柏油路，每次巡线，张黎明都带着笔记本，沿着不同的电力线路走，还不时掏出小本，记录所辖线路的沿途地理位置及周边环境。每次回家，他都把一条条线路图精确地绘制下来，并弄清所有配电线路所带的用户及用点性质。慢慢地，他对单位所辖线路的全部参数指标、安全状况、沿线环境及用户特点等情况了然于胸。

张黎明的爱人李海春曾经讲过一个故事，一天深夜，张黎明正在打呼噜，突然手机响了，是班里同事打的，说有个故障点比较偏，抢修人员找了半天没有找到，只能向他"求援"。只听张黎明说："往东走，300 多米，旁边有个养鱼池。"电话一撂，呼噜声又响起来了。李海春很担心睡梦中的指导能说对吗？没想到电话没有再次响起，抢修人员按照张黎明师傅说的，很快就找到了故障点。

简单的事情重复做，重复的事情用心做。慢慢地，当时区域内的 8 条 220 千伏、8 条 110 千伏、32 条 35 千伏、58 条 10 千伏线路，都装在了他的脑子里。结合长期抢修实践，他还练就一手事故诊断的绝活儿，根据停电范围、故障周围环境、天气情况、线路设备健康状况以及线路保护动作情况等，迅速判断出事故的基本性质和位置，甚至能准确判断出故障成因和故障点，为高效完成抢修任务赢得宝贵时间。

张黎明是这样，黄旭、王娅、闫崇松、曹利慧、张春丽、张宪华、庞明芳等先进个人也是这样，他们长期扎根一线，简单的事情重复做，重复的事情用心做，用心用情做好自身本职工作，练就过硬的基本功。

刻苦钻研，实现由技能型人才向创新型人才的转变。党的十九大报告指出，要"建设知识型、技能型、创新型劳动者大军，弘扬劳模精神和工匠精神，营造劳动光荣的社会风尚和精益求精的敬业风气"。2020年10月召开的十九届五中全会提出，在新的发展阶段我们要贯彻新发展理念，实现创新、协调、绿色、开放、共享的发展，创新是社会发展的动力。

张黎明不仅是一名新时代的产业工人，也是一名新时代的蓝领创客，在实践中实现技术创新，用技术创新来反哺实践，解决实践问题。早年间，电力维修工作条件艰苦，三伏天爬杆作业，电杆温度达到四五十摄氏度，遇到雨天，工人们手和脚都能泡到发白，冬天干活儿满头大汗，风一吹冻得直打哆嗦。但是这些艰苦都不算什么，最关键要解决电力人员的安全保障问题。张黎明说："可以说，在维修期间每出一次小问题，都有可能是血的教训，造成人员伤亡。"

张黎明创新阵地就是他自己的工作场所，他总是随时随地想，随时随地试，随时随地工作，用心琢磨，时刻留心工作中、服务中的"疑难杂症"，他发明的可摘取式的刀闸既能保障工作人员的作业安全，又能缩短时间，安全又省时。每次遇到暴雨雷电天气，线路变压器就容易发生保险片短路烧毁故障，这个时候需要作业人员爬到电线杆上临近带电更换保险片，正常维修需要45分钟，而一台变压器出故障，起码会影响150户居民正常用电。张黎明反复思考，对刀闸进行优化改造，利用物理学重力跌落原理巧妙地将刀闸设计成可摘取式，让抢修队员不用爬电杆，在地面就能摘取更换，修复时间缩短至8分钟。该成果获得国家专利并得到广泛推广，仅这一项小创新每年就减少因停电带来的超过300万元的损失。

国网天津城南公司运检部配电二次运检班班长闫崇松，大家习惯性称其为"老闫"。虽然大家都叫他老闫，但他是十足的"80后"，他是较早分配到配电工区的硕士研究生。他不仅技术过硬，还是工区的创新带头人。有一段时间，10千伏开关日常倒闸操作经常出现遥控操作不成功、开关不能正确动作的情况，查找故障过程中，需要调度部门和现场运维人员配合查找，不但查找速度慢，还存在开关误动的风险。老闫一听说这个情况，就去现场勘查，回到工区又组织大伙儿分头在网上查找技术资料，绘制接线图，在他的"匠新班组创新工作室"反复试验，个把月工夫就研发出一个叫"继电器批量检测器"的小装置，不仅便于携带，而且还能在现场快速地批量检测继电器是否存在故障。

正是长期扎根一线练就的过硬本领为先进们创新奠定了基础，打开了技术创新的大门，而创新也是为了更好的工作，缩短抢修时间的同时保障工人的安全，这两个方面是相辅相成的。

即使功成名就，依然坚守为民服务初心。天津电力涌现出的一批批先进典型，即使他们已经功成名就，各种荣誉加身，各种赞美络绎不绝，但是他们依然选择坚守一线，因为这是电业人的初心——为人民服务。

张黎明，是全国优秀共产党员，是"改革先锋"，是"时代楷模"，也是"第七届全国道德模范""最美奋斗者"。这些年来，他获得了多项国家级荣誉称号，随之而来的是许多人的疑问："张黎明还会是以前那个'张黎明'吗？"每当这个时候，张黎明总是淡然一笑："这些荣誉很崇高，也让我自豪，但是我不会因此骄傲，更不会因此改变，我依然是我，否则，对不起党员这个身份，对不起自己 30 多年来的岗位付出，对不起同事、百姓的期望，更对不起组织的关心培养。人总是要坚守一些情怀的，喜欢抢修、喜欢创新、喜欢为百姓服务，扎根在一线，干最接地气的事儿是我坚定的信念，也是我快乐的源泉，更是我不变的初心。无论何时何地，这份初心都不会改变。"张黎明是这么说的，也是这么做的。

在天津滨海新区，在社区敬老助残服务卡、街道市民服务手册和便民爱心卡上，是张黎明的手机号码出现最多的地方，广大人民群众看到党员徽章，看到电力公司的共产党员，他们就心里踏实，他们是人民贴心的"红马甲"，也是一道亮丽的风景线。2007 年以张黎明命名的"滨

"时代楷模""改革先锋"张黎明带领共产党员突击队坚守在"两会"保电一线，并在现场收听收看全国政协十三届三次会议闭幕会

海黎明共产党员服务队"成立了。十余年的时间，张黎明和他的队员走进石化企业、"大火箭"基地等，安全检查保供电；走进乡村，推行节约用电小窍门，增加电力设备让农村告别低电压；走进校园，向学生们宣传安全用电常识；走进医院，检修线路保安全；走进社区保民生。张黎明及其服务队坚持"你用电，我用心"的服务理念，开展"三式一约"差异化服务，主动为政府提供"参谋式"服务、为企业打造"伙伴式"服务、为重点项目实施"订单式"服务，对百姓民生履行"公益之约"，实施24小时服务热线联动应急机制，确保快速响应，做到对待百姓有求必应、有难必帮，成为百姓好用、爱用的"电保姆"。

独秀与众芳

一枝独秀花争艳，众芳簇拥果飘香。在天津电力这块沃土上，在

"黎明"们师傅的带领下，天津电力已经由点及面，由个人到群体，在不同公司不同工种不同年龄段，均涌现出先进人物和先进集体，呈现出百花齐放的良好局面，为天津电力"十四五"率先基本建成具有中国特色国际领先的能源互联网企业助力。

齐头并进，不同分公司的先进典型。张黎明是国网天津滨海公司的职工，黄旭是国网天津城东公司的职工，王娅曾是天津高压供电公司（现检修公司）的职工，刘勇是宁河公司的职工。翻开天津电力众多的表彰花名册，不难看出天津电力的先进典型已经遍布。天津电力国网天津滨海公司、国网天津城东公司等基层单位，每家基层单位均有先进集体，实现先进个人和集体的全覆盖。

以 2019 年天津电力先进典型事迹为例，就有国网天津滨海公司的张黎明、刘慧芳，国网天津城东公司的黄旭，国网天津城南公司的闫崇松，国网天津城西公司的曹利慧，国网天津东丽公司的张春丽，国网天津蓟州公司的张宪华，国网天津宁河公司的庞明芳，国网天津宝坻公司的杨景勇，国网天津武清公司的张宏伟，国网天津经研院的张来、王楠、贾利虎，国网天津电科院的马世乾，国网天津检修公司的王学军，国网天津电缆公司的张华，国网天津建设公司的崔荣坤，国网天津信通公司的吴凯和"国网安全"铁军，国网天津物资公司的邢长有、张娟，送变电公司的杨金铸，国网天津营销服务中心的钱靖，国网天津培训中心的张淑琴，路灯处的王斌，三源综合公司的赵洪宝，每个分公司涌现出的优秀代表也必将推动各分公司的快速发展，形成比学赶超的良好局面，最终推动天津电力跨越式向前发展。

术业有专攻，各专业涌现的先进典型。电力行业有电力抢修工、运维工，也有市场营销员、客服人员，每个人都利用专业所长，发挥个人优势和特长，在不同领域为人民群众筑牢安全防线，他们是新时代真正的工匠。

国网天津城南公司配电二次运维工闫崇松，从援建蓟州"煤改电"

到加入 19006 支援保障突击队，从配电自动化试点改造到"1001 工程"攻坚，哪里需要就把自己往哪里搬，他是公司"先进个人""优秀共产党员""津电工匠"，他也是"匠新班组代言人"。2009 年，闫崇松从东北电力大学研究生毕业，入职到城南配电工区，不管是运维、检修、抢修哪个班组有任务，小闫都抢着跟师傅们出去看一看、学一学，回来后自己还要记一记、想一想。有时忙到太晚，他干脆就睡在值班室了，他的公寓舍友调侃他说："你硬是把我们双人间变成我自己的单人间了。"很快，小闫迎来第一次大考：2010 年国网公司配电自动化试点改造。其间，他走遍了 1300 多座配电站，实现 375 座智能配电站改造，助力城南公司首批通过国网验收并获评 A 级。10 年来，他累计完成 1396 座站房的配电自动化调试，消除 430 余处隐患缺陷，核对了近 10 万次信号，实现了城南公司 98% 的配电自动化终端在线率和 97% 的故障自愈率。

今日我们能够拥抱灯火通明的岁月静好，正是因为有像他这样的人替我们负重前行！"边工作边学习，学以致用，学用结合"是闫崇松最显著的特点。伴随着配电自动化改造的浪潮，闫师傅牵头成立了"匠新班组创新工作室"，带动青年员工将创新想法应用于实践，大大提升了配电运检工作效率，累计收获 2 项发明专利、3 项实用新型专利，牵头编制标准 2 项，获得了天津电力"卓越供电服务之星""津电工匠"称号，培养出"技能新星"2 人。

大客户服务部副主任钱靖，她是"9100 行动计划"的践行者和专业带头人。2019 年 8 月 29 日，国网公司与天津市部署启动"9100 行动计划"，推动战略合作协议各项内容落实落地。客服中心积极响应，钱靖迅速带队承接公司工作，开展多项"9100 行动计划"任务。她积极拓宽办电服务渠道，强化电力业务与政务服务联动，打通政务平台与电力系统信息共享渠道，将电力业务纳入天津市"政务一网通"改革中"无人审批"和"一证通办"整体方案。她落实公司部署，整合政、企资源，凝聚广泛合力，主动对接政务办，从群众和企业需求出发，坚决打通信息孤岛，推进数据整合共享，打通数据流转壁垒，对甲、乙类业务实现动态跟踪研判，及时将客户的用电申请传送至营销业务系统，让数据多跑路、客户少跑腿，提升客户的电力获得感，就在于一点一滴的改变。

对于"9100"的重点工作，钱靖也立即采取行动，丝毫没有因为工作的繁杂而产生懈怠心理。即便是在炎热的夏日，她的身上汗水长淌，却使她的工作热情更加高涨。在每个行政许可大厅之间，都可以看到她穿梭的身影。她做每一项工作都是亲力亲为，每到一个行政许可大厅，她都亲自在自助终端上选择办理电力业务。她觉得只有亲力亲为，才能发现工作中容易出错的地方，将工作做到极致，即便是多留一些汗水也是值得的。在工作中细心的她发现，作为用户，在申请办电时，填写办电信息后，并不能将用电申请及时传送到所属区域的电力人员，供电单位的营销人员没有接到办电申请，极大地影响客户办电的便捷性。为了解决这个问题，她更是对每个地区行政许可大厅进行了大量询问考察，不惧繁琐，将所有问题汇总，通过对每个地区行政许可大厅的考察，她将所有问题汇总，进行统计分析，制定解决方案。钱靖，她在营销的战线坚守着，从棚户区改造、保障房建设，到业扩大项目协调、送电，她坚守的是用初心点亮美丽津城。

跨越年龄，不同年龄段涌现的先进典型。这些先进典型遍及各个年龄段，有入行不久的职场新人，也有即将退休的行家里手，虽然他们跨越年龄，分处不同年龄阶段，但是他们都一样地踏实肯干、任劳任怨，他们戒骄戒躁，始终保持为民服务、爱岗敬业的初心。

当一些年轻同志还在纠结于青春何处安放时，一位把青春奉献在电力事业的党员干部给我们树立了榜样，引领我们奋斗，激励我们前行，他就是三源综合公司副总经济师兼业务二部主任赵洪宝。1995 年，赵洪宝从吉林大学毕业，进入局总务部成为一名电力职工，之后各种工作调动，这一干已是 26 个年头。赵洪宝始终保持"本领恐慌"意识，不断强化实践学习，补齐短板，做到业务能力过硬，以更好地适应各项工作带来的挑战。他是个干事认真的人，不把一件事"干好"决不罢休，在原三源制造公司主持工作时，他迎难而上创新工作方法，注重提升研发水平，带领公司完成了多项技术研发项目，取得多项实用新型专利、发明专利，"智能免维护直流电源系统"被认定为天津市"杀手锏"产品，2016年被聘为市公司职工创新工作专业职称专家。

赵洪宝用实际行动诠释着一名共产党人应有的信念、保持初心，在本真的平凡中彰显不凡。他说："我没做过惊天动地的大事，只是做了工作中应该做的事。我打心里珍惜这个职业，我愿意为推动电力行业发展贡献自己的力量。"在多年如一日的工作中，他用自己的坚守助力电网改革，不遗余力地创造不平凡的业绩，获得了天津市劳动模范、天津市五一劳动奖章、天津市第21届优秀企业家、天津电力先进个人、优秀党员、职业道德榜样等多项荣誉。来到三源综合公司他始终坚持主动服务、精准服务、品质服务，研究探索发展的新思路，真情的付出也有了回报，市场开拓取得显著成效，他以自己的模范言行凝心聚力，带领并激励全体员工为打响三源综合的品牌不断努力着。这条路，他走得辛苦，却依旧坚定。

2019年8月14日，国家电网公司与天津市政府签署战略合作框架协议，共同打造全球首个能源革命先锋城市。为落实战略合作协议，天津电力决定实施"9100行动计划"。2019年实现创新突破，2020年实现示范引领，到2021年建党100周年时实现全面领先。滨海公司在天津公司党委坚强领导下，不折不扣贯彻执行天津电力整体工作部署，上下贯通、合力攻坚，真抓实干、敢闯敢试，高质量实施"9100行动计划"，推动滨海负责的55项任务加快落地。刘慧芳是公司电力物联网重点项目之一的"营配贯通"优化提升项目的一员，助力公司世界一流配电物联网示范区建设。她的工作虽然平凡、忙碌，但平凡并非平庸，默默地为公司深化加强智能电网建设、营造一流电力营商环境、保障城市能源安全贡献自己的力量。

天津电力从各分公司、各工种各行业、各年龄段实现了先进个人的遍地开花，实现了由 1 到 100 的突破，实现了先进个人的跨越式发展，实现了从一枝独秀到百花盛开的转变。

第三节 "先进之我"带动"我之集体"

团结就是力量，众人拾柴火焰高。正如中国现代作家、诗人冰心所言，一朵孤芳自赏的花只是美丽，一片互相依偎着而怒放的锦绣才会灿烂。先进个人只能起到引领示范的作用，我们必须形成先进集体，充分发挥集体的凝聚作用和团队作用，形成强大合力。

跟随与感动

在先进集体中，必定有先进个人。先进个人在促进先进集体成长过程中有不可或缺的作用，很多时候他们是灵魂，是核心，是领头羊，其他人则是追随者，追随者缘何追随，先进之我如何感动追随者，让我们把思绪拉回到 2014 年，先进个人和集体的培育是一个持续动态的过程，让我们回望过去，去感受曾经的汗水与感动。

技术过硬是先进者先进、追随者追随的最大底气。先进集体中的核心和灵魂首先是技术过硬的实干家。无论是运检维修还是高压试验，无论是人力资源还是市场营销，这些先进个人在各自岗位上都是行家里手，都是技术过硬的实干家，这也是对追随者的最大吸引力。习近平总书记说"空谈误国，实干兴邦"，"人世间的美好梦想，只有通过诚实劳动才能实现；发展中的各种难题，只有通过诚实劳动才能破解；生命里的一切辉煌，只有通过诚实劳动才能铸就。"

都说"打虎亲兄弟，上阵父子兵"，在天津电力，有这样一对母女，她们先后在各自的工作岗位上，为万家灯火而默默付出，他们就是杨玉霞和皮曦楠。母亲杨玉霞获得过天津市劳动模范、天津电力优秀领导干部等荣誉称号，皮曦楠是2014年度天津市五一劳动奖章获得者，也是时任国网天津东丽公司营业一班的班长，2017年更是以天津公司第一名的成绩获得国网公司竞赛参赛资格，并以优异成绩获得第六届国网公司供电"服务之星"的荣誉称号。

母亲杨玉霞现在已经退休，她的大半辈子都奉献给了电力事业。在当时的市区供电公司河北大街营业站担任站长的时候，杨玉霞经常会遇到用户的无理诉求，有时甚至遭到无端打骂，她从未退缩，也从未喊过委屈，她都是先安抚好用户的情绪，和用户摆事实讲道理，尽力满足用户的用电需求，每次都能把问题圆满解决。

后来，杨玉霞走上领导岗位，她始终没有忘记"为人民服务"的宗旨信念。担任东丽公司总经理后，她坚持"身为东电员工，心系东丽人民"的服务理念，以身作则。虽然身为一名女同志，无论寒暑，在组织落实天津市重点工程、城网改造工程以及解决辖区企事业单位和居民用电困难等工作中，总能看到她的身影。在她的带领下，为东丽区解决低压网改造79片，增添变压器360台，配合重点工程进行迁移和解决用电56处。那几年东丽区的电网建设实现了新发展，以每年2—3座变电站建设速度，确保东丽区快速发展的用电需求，确保东丽区人民安全可靠的优质用电。

为了让东丽区的人民过得舒适，她在工作岗位上无私奉献了一个又一个节假日；为了区域的经济建设，她经常走访企业客户，重视与政府及各乡、镇、街的联系，发现问题及时解决，使优质服务更加科学化、系统化。在东丽公司工作期间，她为东丽区的经济建设、社会稳定和广大居民的安全用电作出突出贡献，多次被评为天津电力优秀领导干部和受表扬领导干部。

皮曦楠参加工作后也走上了面对客户的"一线"岗位。母亲曾对她说，"服务无小事，窗口服务就是要为人民服务、让人民满意。"她也始终牢记着这句话。在担任东丽公司营销部营业一班班长的时候，她主动从服务意识、服务态度、服务质量、服务技能上找差距，把优质服务工作标准每年更新。她温言细语，不急不躁，每天忙碌着客户的各种需求，只为客户满意的笑容，她所在的班组一直保持"零投诉"的优异成绩。她深知，在"一线"搞好服务不仅事关电力企业的社会形象，更有衔接企业与客户"最后一公里"的丰富内涵和历史责任。

同事生病，她主动替班；同事在业务上遇到难题，她帮忙解决……她的"热心肠"时时感染着周围的人。作为班组负责人，从适用于新人的"30分钟上岗手册"到具有营业厅指导意义的《"新连心"服务手册》，空港营业厅的服务水平缓步提高。她带领东丽公司营业一班的这一群年轻人先后获得天津市"三八红旗集体""全国工人先锋号"等诸多荣誉，她个人也先后获得全国用户服务满意之星、天津市五一劳动奖章、国网天津电力先进标兵等诸多荣誉称号，2017年更是以天津电力第一名的成绩获得国网公司竞赛参赛资格，并以优异成绩获得第六届国网公司供电"服务之星"的荣誉称号。

进入供电服务中心担任主任后，皮曦楠更是为提升优质服务水平而不懈努力。她深知，从某种角度上来讲，供电服务中心工作人员的服务形象基本就奠定了企业在客户心中的形象。因此，她加强所有前端业务服务人员的培训和管理，细化奖惩措施，从服务前、服务中、服务后全过程提升服务水平，杜绝因人员态度、能力等方面出现的投诉问题，树立以客户为中心的理念，强化优质服务意识，通过全维度监控、绩效考核等方式进一步提升优质服务水平。

"母亲脚踏实地、身系百姓的工作作风始终感染着我，我会一直以母亲为榜样，尽心尽力做好自己的每一项工作。"正是这股精神的传承，让皮曦楠不断成长、努力向上。

"事事用心、事事走心"是国网天津东丽公司营销部营业一班的工作准则，作为分公司的标杆窗口，营业一班的环境建设集亲情化、科技化于一体，处处洋溢着温馨，处处体现着文明风尚。舒适的环境，真诚的笑脸，让每位来营业厅办理业务的客户都感到春天般的温暖，感受到家人般的亲情服务。在骄阳似火的夏季，用电高峰到来之际，前来营业厅办理新装申请、业扩增容等各项业务的用户会徒然增加，面对这种情况，营业厅的工作人员耐心分析、一一解答，周到耐心的服务犹如阵阵清风为顾客送去清凉。在皮曦楠的带领下，她所在的国网天津东丽公司营销部营业及电费室营业一班荣获 2013 年天津市"三八红旗集体"、2014 年"全国工人先锋号"等荣誉称号。

切实以促进员工良好成长发展为目标是先进者先进、追随者追随的动力。在天津电力创新联盟中，这样一群心无旁骛的追梦人引起人们的关注。2019 年 9 月 17 日，《国网天津市电力公司鼓励职工技术创新十项举措》发布，承载着电力工人创新梦想的天津电力"职工技术创新协会"揭牌成立。周志强是国网天津电缆公司副总工程师，他也曾经是上天入地的电缆工人、一支守护光明的"海河护卫队"，他曾经说过："你要是敢铲电缆就先铲了我！"这位人称"电缆工区黑铁塔"的天津大汉从此多了一个"电力电缆"的宝贝疙瘩，他通过创新对电缆这个"孩子"进行守护，35 千伏开闭站简易五防闭锁装置、新型放到电缆标识牌、35 千伏电缆单相接地故障快速抢修处理方法，"周志强创新工作室"推出一项又一项的创新成果，他负责区域的电缆外力事故发生率逐年降低。

张华是周志强的得意弟子，是全国五一劳动奖章获得者、央企劳模、华北电力技术院天津院生产技能专家、国网天津电缆公司工程管理中心电缆工程班班长，师傅周志强常常教导他"别把电缆不当孩子"，亲自教授他各个电压等级电力电缆的运维与检修技术，并且为他制定个性化的培养方案，鼓励张华结合实际问题进行技术创新，依托周志强创新工作室，天生一双鲁班式的巧手更能把自己和师傅的创新想法迅速付诸实践，并且自己也成立了"张华班组创新工作室"。

师傅周志强从张华个人职业成长的角度出发，为张华制定了详细的职业规划，成为他职业上的领路人。在师傅的带领下，张华迅速成长，他凭借多年来积累的电缆一线工作经验，充分发扬劳模精神、劳动精神、工匠精神，围绕实际工作中的重难点问题，先后研制了新型防盗检修井盖，35 千伏电缆内锥直插式电缆终端头专用胀钳、夹钳等 20 余项创新成果，均获得了业内人士的高度认可，极大地提升了电缆专业生产力，其中十余项获评天津电力及以上级别优秀成果，取得国家实用新型专利 16 项；"张华试验车三件套试验工作法"被评为天津电力"先进操作法"。他带头研发的创新项目高效务实、简明易用，在天津市范围内转化应用，年创效益上千万元，有效确保了电网安全，为推动天津市经济社会高质量发展贡献了智慧和力量。

在天津市 2020 年"奋战新征程建功新基建"劳动竞赛重点工程中，他攻坚克难，组织成立攻坚小组，带头协调解决物资送货延迟、外协受阻、遇恶劣天气、施工单位承载力不足等多项问题，扎实有序高效推动地铁 7 号线、10 号线、11 号线等 7 项重大迁改工程，为整体建设节约了宝贵工期。他细致于微，带领团队累计完成现场勘查 100 余次，施工技术措施及作业方案审定 31 项、工程验收 80 余次，覆盖全部环节，全力保障施工质量，助推项目高质量推进。他开拓创新，围绕生产实际，主动应用自己发明研制的中压电力电缆加强防水型牵引头等创新成果，突破性地解决了电缆外护套敷设渗水、施工过程中外护套受损、有限空间内电缆试验距离不足等实际问题，极大地提升了工程施工效率，节省了人力物力，降低了后续电缆运行隐患，提高了电缆敷设施工效率。他带领团队以解决实际问题为导向，扎实提升施工效率，全力保障施工质量，为天津市建设社会主义现代化大都市作出了积极贡献。

当前，张华已然成为别人的师傅，在师带徒的传统模式下，他依靠师傅周志强的经验，也切实为自己所带员工制定详细规划，从员工个人实际情况和职业发展出发，并适时提供良好的创新发展环境，当前培养出的徒弟中有两人斩获天津电力青年人才技能大赛电力电缆专业"技能新星"称号，10余名"80后""90后"青年员工成为高级工乃至技师。

注重解决员工工作和生活中的双重问题是先进者先进、追随者追随的基础。在先进个人和先进群体中，他们注重解决班组成员工作和生活中的问题，在促进工作快速发展的同时，力所能及地帮助组内员工，为其工作解除后顾之忧。先进个人既是工作中的领航者，也是员工生活中的帮助者。

曹军是时任国网天津检修公司高压试验室试验二班班长，是2013年度天津市五一劳动奖章获得者，他作为一名共产党员，在工作和生活中起到模范带头作用。他强调"做事，不只是人家要我做才做，而是人家没要我做也争着去做。这样，才做得有趣味，也就会有收获。"他所在的国网天津检修公司高压试验室试验二班班组成员有15个，负责吴庄1座500千伏变电站的试验工作，还负责利民道、海光寺、卫国道、中心桥、迎丰等220千伏变电站的试验工作，供电范围涵盖天津市整个地区。2013年二班以勤恳、踏实的工作态度创造了安全生产5000余天，工作票和作业指导卡使用合格率达到100%的非凡成绩。

在二班这个大家庭中，在曹军的带领下，他们相互关爱，一起共建和谐班组。试验工作常常要加班，有时无法照顾家庭，多年来，试验二班始终坚持并发扬"三必到"的传统，职工家中出现突发情况，班内总是第一时间派人前去帮忙，解除了班组成员的后顾之忧。共同关爱，无私友情，不仅提升了员工的工作质量和效率，更增强了班内的凝聚力和向心力，国网天津检修公司高压试验二班也被评为2013年度全国工人先锋号。

分享与奖掖

赠人玫瑰，手有余香。幸福越与人共享，它的价值就越高。分享，是心与心的交换；分享，是情与情的传递。先进之我对于追随者，首先必定是分享，通过分享让人人享有在新时代出彩的机会，让人人享有成为先进和赶超先进的机会，分享包括组织行为和个人行为。先进之我分享经验之后，得到奖掖提携的后进者如今已然成为劳模和楷模，已经可以独当一面，成为天津电力发展的中坚力量。

个人行为的分享主要通过师徒结对子来体现。个人行为的分享有时体现在日常工作过程中不经意间的帮助和互动，但更多地还是通过师徒结对子这一形式体现。导师在进行指导的过程中，随时随地、时时刻刻都在进行分享，不仅包括技术技能知识，也包括职业道德和职业操守，导师亦师亦友，是指引员工前行中的一盏明灯。师徒结对子在前边从"一枝独秀到满园春色"中的慷慨和责任中进行了具体介绍，在此就不一一赘述。但是在分享这一部分，师徒结对这一形式是极其重要的一部分，有必要在此提出。师徒结对是中国传统教学模式中的一种，是中国古代学徒学技艺、学手艺活的重要途径，是我们应该坚守的教学模式。天津电力依托师徒结对这一形式，并依靠机制体制形成有效的制度体系，也无形中促使导师更多的分享自身经验。

组织行为主要通过特色专题会议形式来体现。除了日常结对子形式，从企业层面来看，主要通过专题会议的形式进行集中分享和探讨。为了凝聚广大干部员工岗位建功的工作热情，城西公司策划开展了"城西三问"（你爱城西吗？你是城西人吗？你愿意城西好吗？）系列活动，重点弘扬爱党、爱国、爱企正能量，厚植企业文化底蕴，树立个体先进典型，持续加强宣传思想工作，深入挖掘先进典型事迹，用好身边的"活教材"，从思想上推进构建群体先进，以"城西三问"凝聚员工"心"动力。

"企业就是我的第二个家，我希望它好，我虽然已经退休了，但我依然感谢这个企业，感恩这个'家'。"在"城西人城西事城西情"座谈分享会上，退休职工顾玉妹分享着自身与企业的故事，情到深处，不禁激动落泪，引起了现场观众的广泛共鸣。

配合系列活动和年终冲刺工作，城西公司还组织开展了"冲刺全年目标，榜样在我身边"主题宣传活动，用一个个鲜活的案例鼓舞广大干部职工立足岗位、卓越建功，用个体的先进事迹激励群体持续争先。

"你们这次去发布，不是代表你们自己，是代表城西公司，代表天津电力，所以一定要谨记，要把最好的状态拿出来，一定要为企业争取最高荣誉。"城西公司 QC 小组成果"缩短负荷批量控制工作的时间"获得参加第 45 届国际质量管理（ICQCC）小组会议机会，在出征之前，国网特等劳模仝新宇对小组成员进行着动员。在"城西三问"系列活动感召下，城西公司全体员都增强了对企业的认同感、责任感，这份情感驱使着每一名企业员工奋勇前进、逆风前行。在之后的比赛中，城西公司的三名队员现场完美发布，最终为天津电力赢回了最高奖项"铂金奖"。

在为企业荣誉而战的精神感召下，城西公司干部员工队伍实践"变革强企工程"，岗位建功热情不断高涨，不惧艰难、永不放弃的"蚂蚁啃骨头"精神面貌持续向好，学习先进、对标先进、争当先进的氛围逐渐浓郁。在高质量完成本辖区煤改电任务后，全力支援蓟州煤改电工程，率先完成全部 50.35 公里线路的送电任务，在公司"1001 工程"建设中，已完成投产 35 千伏及以上项目 21 项、220 千伏主网属地化项目 11 项，总结管理经验形成的"电网建设工程项目施工管理的现状探究"项目获得国家科技进步二等奖。西青垃圾电厂工程按期投运，为"碳达峰、碳中和"再立新功。

天津电力为贯彻习近平总书记关于科技创新重要论述，特别是来津视察调研时关于自主创新指示精神，落实国网公司科技创新大会和天津市科技工作会议要求，支持一线职工创新创造，2020 年 9 月天津电力职工创新基地开始启动投运。职工创新基地依托公司职工技术创新协会，面向全体职工提供更加便捷、高效、智能化的技术创新服务，让技术创新效率更高、效果更佳、成果更多，更加聚焦"实用化""可转化"要求，更加注重"劳模精神、劳动精神、工匠精神"和创新意志品质的传承。通过这里，职工创客可以开展联合创新攻关和孵化转化，可以与各基层单位劳模创新工作室实时连线互动，形成"内部高效耦合联动，外部实用转化输出"的工作格局，既能"攀高峰"又可"接地气"，充分发挥职工技术创新工作更大作用，助力国网战略加快落地实施、开花结果。

2020 年 9 月 30 日，公司在职工创新基地举办"对话楷模创想未来"青年创新沙龙暨基层单位职工技术创新项目成果转化洽谈活动，贯彻落实国家电网公司党组科技创新部署和"五个全面"工作要求，扎实推进公司科技创新"新双八举措"落地见效，传承创新基因，激发创新活力，全面实施好"新跨越行动计划"，推进国家电网公司第六届"青创赛"项目储备和孵化培育，促进职工技术创新成果转化推广，为推进国网战略率先在津落地、打造能源革命先锋城市贡献力量。"时代楷模""改革先锋"、公司专家咨询委员会成员张黎明出席活动，为 4 个青年创新攻关团队代表授旗。

城东公司、城南公司、电科院、营销服务中心青年创新团队依次对"黎明配电巡检 APP"等四个项目进行发布。张黎明在项目点评中分享了自己的创新经验，介绍了"保障人身安全、降低劳动强度、标准化作业、为人民服务"的创新工作初心，并勉励青年创客积极投身创新实践，立足岗位，聚焦前沿技术、关键问题开展技术攻关，培育高水平创新成果，为公司发展立新功，在国家电网公司青创赛中创佳绩。在随后进行的基层单位职工技术创新项目成果转化洽谈活动上，"主变压器排油注氮系统排油阀渗油报警装置的研究与应用"等 6 个项目作了精彩展示，并与制造厂商深入对接交流下一步合作意向。活动中，青年创客参观了公司职工创新基地，感受基地建设成果和职工创新风采。下一步，天津电力将继续做好国家电网公司青创赛项目储备培育工作，加强指导、注重协同，推进科技创新成果转化运用，营造青年创新氛围，激发青年创新热情，培育青年创新人才。

后进者的奖励和职业前途发展。先进个人通过多种方式进行分享，后进者勇于赶超，天津电力注重物质激励和精神激励，通过设立奖金和促进个人职业成长，为后进者提供学习先进的强大动力。2020年9月为大力弘扬"创新型一线劳动者的优秀代表"——张黎明同志的创新精神，去年首届职工创新月期间，公司设立了"黎明"创新奖励基金，张黎明同志将个人所获海河工匠奖金全部捐出，用于引导、激励公司广大青年职工积极学习和传承创新精神，立足岗位、钻研业务、增长本领，踊跃投身技术创新，为公司发展贡献才智和力量。根据《"黎明"创新奖励基金管理办法》，公司工会前期组织公司职工技术创新联盟、相关专业部室共同评审研究，从基层单位上报的候选人中，综合考虑学习传承"张黎明同志创新精神"、岗位创新创效情况等各方面因素，通过两轮评比筛选，并经公司工会常委会审议通过，最终遴选出5名表现突出的35周岁以下青年一线职工，首次颁发"黎明"创新奖励基金，给予每人物质奖励，城东公司供电服务指挥中心李博彤、宝坻公司运维检修部变电运检室孟圆、武清公司运维检修部配电运检室刘洪双、静海公司蔡公庄供电服务中心副主任张长胜、送变电公司输电运检分公司副班长朱春雷五名同志被授予年度"黎明创新新星"称号。

在黎明精神引领和人才培养机制的激励下，各专业"创新工作坊"如雨后春笋般纷纷成立，形成了覆盖公司全部专业的十个创新工作坊，培养了一批高素质人才队伍。"以前跨部门开展创新工作难度不小，现在有专门的创新团队运行机制，又有公司重点工作任务作依托，工作协同性立马提升了，几个部门的同事联合起来搞创新项目不再是难事，"创客团队负责人闫龙有感而发，"就拿生态城惠风溪智慧能源小镇建设来说，我们汇集了公司各专业的骨干力量，充分发挥团队成员各自的专业优势，打造了包括虚拟电厂、智慧无人公交充电机器人在内的一系列创新成果，培养了一支优秀的创新团队。"目前，仅滨海公司就有 120 人次荣获省部级及以上荣誉，9 人获得天津市五一劳动奖章，1000 余人次提升技能、职称等级。员工实现自我提升，公司收获高素质人才，创新精神遍地开花，人才柔性培养机制的建立打开了企业员工"双赢"的可喜局面。

在培养创新人才的同时，滨海公司高度重视建立机制，鼓励科技创新成果的转化应用，以"能用、好用、实用"为导向，立足创新成果"能复制、可推广"，新增滨海公司科技进步成果评选，设立专项奖励基金，对于在滨海公司范围内推广应用的科技成果，按照成果级别、成效等级的区别，促进成果转化落地、开展应用。"在咱们公司搞创新工作，有黎明师傅做榜样、有创新基地做平台、还有奖励政策做激励，团队成员劲头都很足，工作号召力也非常强！"创客团队成员乐坤说。虽然入职只有短短 5 年时间，但在公司科技创新人才激励机制下，创客团队成员的创新热情空前高涨，一批年轻员工脱颖而出，团队的"基于物联网的电缆运检全过程精益化管理"研发了新型智能井盖、工井内低功率数据传输终端及国内首个智能电缆警示桩，并成功完成科技成果转化。除此之外，滨海公司"智慧变电站与变电作业智能管控"项目实现国内首次应用 5G 智能 VR 变电巡检机器人；110kV 游乐港站实现"一键顺控"，成为国网首座隔离开关三种"双确认"方式全部应用的变电站；"基于缺陷自动识别的输电线路状态全面感知体系"项目实现国网内首次应用 5G 无人机进行线路巡检；"主动交互式供电服务指挥系统"完成国网系统内首个供电可靠性提级管控和异动流程线上提示功能模块开发，并率先开展试运行……一系列创新激励措施为滨海公司的创新工作带来了强劲动力，越来越多的创新成果真正应用到了实际工作当中。2019 年，多个创新项目实现"国内首秀"或填补行业空白，在多个专业打造了能复制、可推广的"滨海范式",实现了创新成果从"1"到"100"的推广应用。

汗水与微笑

用汗水浇灌收获,以实干笃定前行。先进之我用心血和汗水浇灌着后进者,用实干为后进者引领前进的路。在这一路过程中,有付出也有收获,有艰辛也有微笑。在个体先进带动之下,涌现出一批批先进的个人和群体,他们当时在哪些方面受益于先进之我的带动作用。

故事的主人公是赵颖,她的师傅是王娅,王娅毫无保留地将自己的工作技能传授给赵颖,她俩不仅是同事,更是师徒,也是朋友;赵颖不仅收获了工作本领,在工作中学会一丝不苟,而且在生活中学会了精打细算和分享,这些收获都得益于她的师傅王娅。在王娅眼中,师傅的严厉和母爱般的关怀相得益彰,爱的深沉又扎根心底。在几次报告会上,她都潸然泪下,她的心里早已迸发出同王娅一样的爱心。

1991年,赵颖从天津电力技校毕业,18岁的她来到北郊220千伏站,成为王娅年龄相差20岁的徒弟。王娅让赵颖从写作线路操作票这一简单的基本功练起,逐步加大难度到填写母线倒停、变压器倒停的操作票。让赵颖感到有压力的是,有个王师傅一有时间就"追"着她讲,而且不时考她一两道题。赵颖看到其他班次的新学员也没有师傅主动地给徒弟交代过什么,这种差别让赵颖感到不解。当她把票写错了的时候,一句"不长记性"的话马上从师傅那儿扔了过来,让她感到既羞愧又很没有面子。指导连续半年,在20多名新学员中,当每次赵颖调考都能考到前三名的好成绩时,赵颖才忽然意识到,跟这个师傅学算是跟对了,她也开始喜欢上了这个"说话真狠"的师傅。

"小赵啊,你挣的工资都花在什么地方啊?每月给家里寄钱吗?一年能省多少?""给啊。这一年下来工资加上郊区补助连奖金,也就剩一千来块。"这是师徒二人有一次的对话，见此情况，王娅教赵颖怎么计划着花钱，如何将钱花在刀刃上，这也是师傅带她走入生活的重要一课。王娅在自己身上花一分钱都要"算计"，而当别人遇到困难，自己日子再紧也要伸出温暖的手。在赵颖眼中，师傅就是个对待工作极其严格的人，"她常说，我们做一件事，要么不做，要做就要做好。"一件小事的发生让赵颖看到了师傅的另外一面。

有一年年底，公司有位同事的家被盗了，年货全丢了，大家商量每人拿出点年货帮助她。有一天，晚归的赵颖路过值班室时，看见师傅王娅偷偷把整整一箱年货放进了大家准备第二天送给同事的年货筐里。可当她向师傅求证时，王娅却始终没有承认。从那时起，赵颖就认定了师傅是可以交往一生的人。

王娅和赵颖不仅是亲密的师徒，还是一对"忘年交"。即使是在王娅退休后，赵颖也一直与师傅保持密切的联系。"我到现在还清楚地记得三年前的那天，我去家看她，一开门她便满脸笑容。她拉着我的手说，小颖，我今天联系上了甘肃兴华青少年助学基金会，以后我要尽我所能地帮助西部的孩子们。"赵颖说，不仅因为那天师傅说起这些孩子时笑得像个孩子，更是因为从那天起，师傅的生活质量变得越来越差，她几乎不吃肉，一个鸡架便是一顿奢侈饭，一个月的伙食费只有200块，她常说钱要用到有用的地方。

师徒情深，王娅就像航行中的航标指引着赵颖以及更多的人在传递正能量的过程中感受温暖。对赵颖来说，她也在思考着，这样的资助对一个孩子来说能有多大作用。近几年脱贫攻坚，山村变化很大，能帮孩子的也许不多，但像王娅那样，把捐资助学一直做下去，不多见。和赵颖一样，被王娅故事感动的人还有很多，越来越多的人加入王娅所在的助学基金会，传递王娅这份善良。

当前，虽然王娅已经离开我们，但是赵颖在继续着王娅的爱心事业，致力于要把这份精神留下来，把这份爱传递下去给更多的人，针对孤残儿童、外来务工人员子弟、贫困学子开展"电网之光王娅爱心"青年志愿服务项目，通过三项行动传递王娅爱心正能量。

"光暖稚子心·王娅爱心进校园"，志愿者主动对接天津市儿童福利院、天津市益寿里小学、青海平原小学等帮扶联系点，为师生讲述王娅奶奶爱的故事，向贫困学生资助文具、图书等学习用品，为外来务工人员子弟开展"电力小课堂"，和孩子们一起手绘未来、圆梦童心，建立爱心热线，对特殊儿童从"一般关爱"向"心灵关怀"不断深化。"光照求学路·王娅爱心助成长"，牵头开展"温暖有你奉献接力学习王娅精神"捐款活动，天津电力合计筹得善款 1571800 元。志愿者不远万里重走王娅捐资助学路，前往甘肃平凉灵台一中，亲手将满载电网职工爱心的善款交到受助学生手中，勉励他们勤奋学习、感恩社会。"光耀海河畔·王娅爱心遍津门"，志愿者联合社区残疾人日间照料站等机构，

国网天津检修公司在最美退休女工王娅病逝 36 天之际，组织王娅徒弟赵颖和志愿者们赴甘肃平凉市贫困山区对受助学生进行家访，在灵台一中举办"电网之光"王娅爱心志愿服务

搭建关爱孤残儿童"连心桥"，不仅给予生活资助，还帮助残障人士打破"缺陷界定"，通过合唱歌曲、创作文化作品等形式鼓励他们发现自身价值，强化自我认同。慰问敬老院老人、普及垃圾分类知识、宣传生态环境保护，志愿者们的"红马甲"穿梭在津城的大街小巷，用实际行动赋予王娅精神新的生命力，让爱心之约滋润更多人的心田。王娅若是看到赵颖这种举动，脸上肯定洋溢着幸福和微笑！

荣光与辉煌

个人先进的荣光，集体进步的辉煌。在天津电力众多先进集体中，存在一个特别的现象，先进集体中必定有先进个人，个人先进过程中的荣光也带领这个集体走向辉煌，先进个人与先进集体相辅相成、相得益彰，他们互相成就，共同成长。我们以国网天津电科院计算中心室内检定室设备运维班、国网天津培训中心技术技能培训部两个部门为例，优秀个人是所在部门的中流砥柱，在先进集体中起到先进模范带头作用，起到了先进个人的辐射带动作用，实现由先进个人向先进集体的跨越。

李野是时任国网天津电科院计量中心设备运维班班长，2009年毕业于西北工业大学，自参加工作以来，他一直坚守在基层工作第一线，带领班组完成了"四线一库"设计建设，大大提高自动化设备实用化进行，实现了电能计量装置自动化检定全覆盖。他先后荣获国网公司优秀班组长、天津市科技进步三等奖、天津市五一劳动奖章等荣誉。说起李野，国网天津电科院设备运维班的成员们无不称赞，"遇到困难时班长总是冲在最前面，凡事都亲力亲为，指引着我们的工作方向。"

他脚踏实地、冲锋在前，抓好班组基础性建设。"电能表及低压互感器自动检定仓储系统"是电科院计量基地建设的重要内容。为保证工程进度和质量，李野带领设备运维班从前期方案设计、设备选型及监造再到安装调试，全程跟踪，边学边干。用他自己当时的话说，"压力虽然大，但责任重大使命光荣，即使再苦再累也要精神百倍，拿出年轻人的朝气和干劲，努力完成任务。"为此，在系统建设过程中，李野及其团队没休过节假日，每天工作到深夜，不乏熬通宵。面对系统中大量新技术和自动化程度非常高的新装备，以及团队组建后协调磨合的难题，李野注重抓好班组基础建设。他给每位成员制定以周为单位的适应性技能培训计划，以整理消化系统全部运行维护管理相关标准为行现场操作实践，最终形成了一整套日常巡检维护、生产任务管理机制，使国内首批上线的"电能表及低压互感器自动检定仓储系统"提前45天在天津公司率先通过验收。

"当时，班组有一个怪现象，下班后要集体'失联'一小时。"李野风趣地说，原来在李野的带领下，班组成员拥有一间属于自己的内训室，每天下班后会主动聚集到那里，有时讨论学习新知识，有时比拼操作技能，有时开展"头脑风暴"破解难题。他翻开桌上一摞厚厚的笔记本说："这上面记录着当时提升系统运维效率的30多项合理化建议，都是我们针对白天工作遇到的难点问题碰出的'思想火花'。"搞好班组建设，不仅要向内看，还要"走出去"。班组成立之初，李野就带领成员赴北京、江苏等地兄弟单位参观学习，丰富运维经验，开阔眼界思路。

左手管理、右手实践，提升班组卓越管理。在工作管理上，李野积极深化"五位一体"应用，构建卓越管理体系，充分利用信息系统的数据和资源，切实为班组减压减负。为强化班组绩效管理力度，他创新建立了"人人都能做绩效管理员"的工作机制，确保每位班组成员都能参与到绩效管理工作的各个环节，了解绩效管理流程，激发主动工作热情。他还经常开展"质量信得过"活动的宣传教育，班组成员渐渐形成较强质量意识。2014年智能表自动分拣处理系统正式投入运行，但拆回表分拣系统实际产能并不能满足工作要求。李野回忆道："为了能降低拆回电能表分拣处理时间，我们积极与各部门沟通，按照PDCA循环系统开展改进工作，最终提高了拆回表分拣水平。"这一举措还填补了拆回表回收处理环节的空白，使天津电力率先实现了电能表全寿命周期管理。

凭借个人过硬的专业知识和技术创新能力，李野在2014年科技创新工作中带领班组获得软件著作权2项，发明专利受理和授权实用新型35项。2014年12月2日，在中国质协"全国质量信得过班组经验交流大会"上，李野代表设备运维班领取了"全国质量信得过班组"奖状，他表示："设备运维班的全体成员会继续奋勇向前，用智慧与技术全力支撑计量基地的高效运行，同时也让每位班组成员实现其个人价值。"国网天津电科院设备运维班成立于2012年，主要负责计量检测基地"四线一库"设备的前期安装调试和投运后的日常检定检测、运行维护工作，他们以建设世界一流计量自动化检测基地，争创国网公司工人先锋号班组为愿景，在李野班长的带领下，荣获2015年天津市模范集体称号。

班组夯实基础建设，班组发展迈步实。"班组建立之初，成员来自不同部分，不论是团队协作还是技术操控都处于磨合阶段，同时还要面临四线一库新场地、新硬件及大量复杂新技术带来的压力，班组基础建设一切从零开始。"李野回忆道。在四线一库的自动化检定检测系统建成后，班组负责所有自动化检定检测生产任务。面对新的设备，班组成员在班长李野的带领下开展大量适应性技能培训，制定以每周为单位的月度培训计划，对自动检定区每块线体、设备进行现场操作实践，逐步掌握第一手技术材料，最终形成了一整套日常巡检维护、生产任务管理机制。

实施卓越管理，班组质量信得过。设备运维班积极深化"五位一体"应用，努力构建卓越管理体系。在班长李野带领下，他们充分利用信息系统的数据和资源，实现全部报表自动化生成，切实减少了班组成员负担。李野介绍到：我们还建立了兼职绩效管理员轮值机制，通过定期更换班组绩效管理员，促使组员熟悉掌握每个计量设备的运维流程，并利用工作积分制考核模式，激发大家工作的主观能动性，为班组质量管控打下坚实基础。

组员腾永兴深有体会地说道："班长倡导的人人都做绩效管理员是有益尝试，经过这段时间对绩效管理流程和环节的亲身参与，我认识到了方法的科学性，更加坚定了以细节定成败，把小事做扎实的决心。"此外，班组在李野的带领下经常开展"质量信得过"活动的宣传教育，成员们日益形成较强的质量意识，运用科学管理办法为日常生产工作服务。面对骄傲的数据，李野及其班组成员都认为，他们只是平凡岗位上的普通员工，荣誉只是对他们辛勤付出的回报，他们会继续循着世界一流计量检测基地的建设目标继续努力。除了一线员工和一线班组的感人故事，在天津电力还有一个培训中心这样集体的存在，培训中心以为员工续航充电为目标，是员工精神大餐的驻地，意义非凡。

在专业岗位有先进之我带动先进之集体，在天津电力，还有一个部门非常特殊，他承担着本公司的培训和教育工作，这就是国网天津培训中心技术技能培训部。其中，部门教师张淑琴获得天津电力首届"津电工匠"称号，始终秉承"工匠精神"，三十年如一日，兢兢业业，坚守在电缆培训师的一线岗位，在电缆如此专业的领域，她通过自学让自己由一个门外汉变成了行家里手。

张老师既是带竞赛的赢家，亦是搞创新的专家。她带领天津团队在2018年国网公司举办的电力电缆检测及附件制作技能竞赛中，勇夺团体第五，在2017年输变电工程质量工艺技能竞赛（电缆专业）竞赛中，荣获团体第三、个人第四，在2008年中电联第六届全国电力行业电缆安装工专业技能比武大赛中斩获团体第二。

成绩来之不易，荣誉的背后是张老师的默默付出和辛勤的汗水。张老师将多年的生产实践经验与电缆专业知识相结合，编著教材6册，发表论文10余篇，编写校核的培训教材近百万字。同时，带领电缆教研室团队已先后获得包括"电缆多功能操作平台""电缆护套分离器""电缆试验及故障测寻一体化设备"和"电缆多功能剥切刀"在内的10余项国家专利。这些创新成果累计为公司节省培训经费 400 余万元。

克己奉公，传道解惑是张老师的人生信条。从事培训工作 30 年间，她教过的学员已有上千人，部分学员已成为公司电缆专业骨干和主力军。她先后与 10 名新员工签署"师徒协议"，并根据经验建立了独特的"伙伴制"培养理念和"阶梯式"培养模式，已成功培养出 1 名地市级专家人才后备。其中 1 名徒弟于 2020 年获评公司"津电工匠"。另外两名徒弟在中电联举办的青年培训师竞赛中荣获"全国电力行业技术能手"称号。作为师傅她时刻牵挂着徒弟们的职业生涯发展，用自己的行动诠释着奉献和责任。

张老师常说做好培训是培训师应尽之责，不断提升培训效果是培训师应有之义。首创"三位一体"培训模式，将复杂工序实例化，操作步骤展板化、阶段成品样品化、实操过程课件化。经过不断地探索和改进，目前公司电缆专业培训已经形成了专业基础类课程采取"互联网 +"移动在线学习、技能类课程采取"三位一体"实训、技术类课程采取"案例式体验式教学"的培训模式，充分调动了学员的参培学习热情，成为培训中心培训模式创新的典范。

在国网天津培训中心技术技能培训部，除了张淑琴教师外，还有曾经获得天津市五一劳动奖章的张燕萍和杨旭教师长期坚守一线教学，工作中认真勤奋，全面推进培训理念、培训内容以及培训方式的创新，准确把握公司和电网发展需求，提升培训管理精益化水平，使整个部门形成积极向上的工作氛围，在学先进、敢先进的带动下，该部门获评2015 年天津市模范集体。这支队伍在先进个人的带动下坚持创新，公司实施"一流人才队伍建设"行动计划和"青年英才培育工程"，技术技能培训部紧紧抓住青年员工入职 7 年的"黄金培养期"，细分培训对象，对不同专业、不同技能等级的培训对象设置不同的培训目标和内容，实施模块化教学，开展分级培训，建立了基于岗位的分级分类差异化进阶式技能培训体系。

结合国家电网公司培训规定，他们编制出输电、变电、配电、营销、调控等核心岗位的差异化培训方案33个，全年实施差异化培训项目54期，新的培训方式得到公司人资部和专业部室的高度评价。他们打造品牌，在承担培训业务的同时，技术技能培训部还重点负责公司输配电实训基地培训资源建设，不断完善实训基地培训功能，使实训基地先后具备了国网技术学院合作基地、国网配电带电作业培训基地等培训资质，并依托电缆专业的培训优势，建设公司唯一的国家级技能大师工作室。在先进人物带引下，全体干部、员工的辛勤付出，勇挑重担、追求卓越，技术技能培训部门实现培训质和量的双项提升。

第四节 "先进集体"带动"整个群体"

国优与市优

纵观天津电力涌现的先进集体，已然实现了从单个先进集体到多个先进集体的跨越，形成了星星之火的"燎原"之势。

从获得国家级荣誉的层面来看，从2013年国网天津检修公司高压试验二班到2021年天津送变电工程有限公司变电施工工区，天津电力公司每年均获得全国工人先锋号称号；在国家级比赛中，得奖频率和层次有所提升，团体层次和水平有所增强，涌现出更多的先进集体，2018年获全国能源化学地质工会职工技术创新成果一等奖1项、二等奖4项，获全国电力职工技术创新成果二等奖2项、三等奖4项，国网天津城东公司参赛的智能接线盒的研制与应用、国网天津检修公司参赛的ZS3.2型手车开关柜防脱落手车摇把的研制均是团体参赛，在2020年国家电网有限公司职工技术创新优秀成果评比中荣获金奖1项、铜奖1项的优异成绩。

从获得天津市级荣誉的层面来看，从 2015 年天津电力人资部到 2020 年天津送变电工程有限公司变电施工工区，从 2013 年国网天津滨海公司运检部变电运检室变电二次运检一班到 2021 年滨海公司营销部市场及大客户服务室市场拓展与智能用电班，天津电力公司每年均获得天津市模范集体和天津市工人先锋号称号的集体。2019 年，天津电力与天津市政府达成协议，提出"9100 行动计划"，在 3 年内完成九大行动计划，共涵盖 100 项工程，天津电力在第一时间成立"9100"工作指挥室，充分发挥集体先进的凝聚力量，保证圆满完成任务，为"十四五"开好局、起好步。

从内容上来看，先进集体实现由传统领域向创新领域的跨越。科技是国家强盛之基，创新是民族进步之魂。2020 年天津电力关于强力推动科技创新人才发展八项举措、关于全面强化科技创新工作八项举措，简称为"双八举措"，并全面启动"揭榜挂帅制"，在加强顶层设计的同时，成效进一步凸显。虚拟同步机与配电网交互技术及应用和静止同步串联补偿器关键技术、核心装置及工程应用荣获国家电网公司科技创新一等奖，其中，静止同步串联补偿器关键技术、核心装置及工程应用是在天津 220 千伏石各庄变电站内示范应用，提升供电能力 300 兆瓦，实现了输电线路及输电断面功率均衡、限流等灵活调节功能，解决了高场—石各庄双线潮流分布不均、电力输送能力受限的问题，增加了南蔡—北郊供电分区内 10% 的供电能力。该项目提高了我国在灵活交流输电领域的国际影响力，相关技术在全球范围内推广后，可解决新能源外送消纳及次同步振荡等问题，将带动产业规模超百亿元。

虚拟同步机与配电网交互技术及应用有效提升了分布式电源、电动汽车充电桩接入配电网的适应性，为大规模清洁能源和电动汽车推广、缓解环境污染问题提供了技术支撑；同时可减少因分布式电源消纳和大功率冲击负荷接入附带的电网投资，降本增效和社会效益显著；项目建立的虚拟同步机技术体系，实现虚拟同步机全系列装备的国产化，制订虚拟同步机领域首个国家标准《虚拟同步机技术：总则》，实现了我国新能源并网和多元化负荷接入的技术产业升级和国际引领。

从工种上来看，先进集体遍布各个工种。在全国工人先锋号中，有国网天津城南公司小站供电服务中心、国网天津东丽公司营销部营业及电费室营业一班、国网天津检修公司高压试验二班、送变电公司变电施工工区；全国五一巾帼标兵岗有国网天津滨海公司中新生态城供电营业所营业班、国网天津城东公司营销部营业及电费室营业三班；天津市模范集体有天津电力人资部、国网天津宝坻公司营销部、国网天津电科院计量中心室内检定室设备运维班、国网天津培训中心技术技能培训部；天津市工人先锋号有国网天津滨海公司运检部变电运检室变电二次运检一班、国网天津滨海公司调控中心调控运行班、国网天津城东公司运检部变电运检室变电二次运检一班、国网天津城西公司发展部、国网天津蓟州公司运检部变电运检室变电运维一班、国网天津蓟州公司建设部、国网天津宁河公司营销部专业管理室、国网天津武清公司调控中心调控运行班、国网天津静海公司运检部输电运输室输电运维班、国网天津静海公司财务部、国网天津检修公司变电运维中心变电运维一室变电运维六班、国网天津物资公司物资采购部、国网天津营销服务中心大客户服务部大客户经理班、国网天津信通公司信通调控中心综合保障室、三源综合公司物业一部。无论是国家级先进集体还是市级先进集体，从区域划分来看，都涉及天津电力各个分公司；从工作属性来看，既涉及一线施工单位，也涉及行政机构和管理服务单位；从工种上来看，涵盖变电运检、变电运维、调控运行、营销、培训等各个工种。

从年龄上来看，青年员工在先进集体中的比例有所增加。正如习近平总书记所说，"培养选拔优秀年轻干部是一件大事，关乎党的命运、国家的命运、民族的命运、人民的福祉，是百年大计。"近年来，天津电力以"双青模式"（青干班、青马工程）和"两个100"（100名四级单位领导人员、100 名优秀青年员工）为主要实践载体，依托"两个100""选"一批优秀年轻干部，采取"双青模式""育"一批优秀年轻干部，将"两个 100"和"双青学员"统筹"管"起来，把合适的人"用"在合适的岗位上，进而纵深打通优秀年轻干部"选、育、管、用"全链条各环节，形成系统发力。

其中，天津城西公司输电运维一班是天津电力重视青年干部培养、充分发挥青年生力军创新创造作用的一个真实写照，该班组曾获全国青年安全生产示范岗、天津市青年安全生产示范岗、第十三届全国运动会保电功勋集体、天津电力青年突击队示范标杆等荣誉，国网天津城西公司输电运维一班由 7 名运维生产人员组成，班组负责人 33 岁，全班 35 岁以下青年员工 5 人，其中，1 人获评公司技能工匠，1 人获评公司技能标兵，4 人拥有国家认证 AOPA 无人机驾驶资质。输电运维一班主要负责天津市南开、红桥、西青区域内 35 千伏到 500 千伏架空输电线路运维检修工作，工作中他们始终秉承"安全生产、青年当先"原则，在线路日常运维、重大活动保电、急难险重任务以及各类创新创效工作中，充分发挥了青年生力军作用，为企业安全生产贡献青春力量。

传承和借鉴

创新是一个永无止境的过程，是在传承、借鉴和发展之间不断循环反复的过程。创新是天津电力的优良传统，持续的创新能被继承。

天津电力"1001 工程"是落实天津市人民政府加快美丽天津建设战略合作框架协议，对接"五个现代化天津"建设，围绕电网主网架、现代配电网、乡村电气化、智慧能源、电力公共事业服务和清洁取暖等方面策划实施的。天津电力"9100 行动计划"是为落实国家电网有限公司与天津市战略合作框架协议总体实施方案，即工程建设、管理提升、服务优化、科技创新等 9 大领域共计 100 项任务。两个项目在加强顶层设计、建成内部管理机制、培育创新机制这三个方面具有突出的特点。

加强顶层设计，统筹战略引领。在"1001工程"实施初期，天津电力在深入分析天津电网发展实际并严格可行性论证的基础上，提出了"一个统领，三个定位，四个突破"的模式。以"1001工程"目标为引领，两次召开党委会研究天津目标框架，画好电网蓝图，明确主网架完善提升工程、世界一流城市配电网建设工程、农村电网升级改造工程、"煤改电"配套电网建设工程、能源绿色发展保障工程、绿色出行保障工程、助推营商环境优化工程、"互联网+"服务水平提升工程和智慧园区和智慧小镇示范工程9大工程907项任务，并且明确电网高质量助产业发展、清洁高比例享生态宜居、服务高品质筑未来形态三个目标。在"1001工程"办公室协调下，明确国家电网有限公司和天津市战略创造性落地的任务书、时间表和路线图，形成了突破2018年，以电网新时代发展重难点突破；决战2019，完成9大工程全线攻坚任务；决胜2020，初步建成一流能源互联网的顶层设计。

按照"9100行动计划"启动会要求，天津公司牵头编制完成"9100行动计划"具体任务内容，并通过天津市工业和信息化局向各区人民政府、市级有关部门征求意见。经逐条沟通、协商、研究和完善，最终形成"9100行动计划"任务清单。

清单明确了工作目标，在打造能源革命先锋城市方面，将于2019年实现创新突破，2020年实现示范引领，2021年实现全面领先，"十四五"末全面建成；形成了9项行动计划及100项任务，设定各项行动计划的阶段性目标，并逐项明确任务的主要内容、完成时限、标志性成果、成效、牵头及配合单位等；提出强化组织领导、加强政策支持、严格过程管控、促进合作共赢4方面机制措施，保障"9100行动计划"顺利实施。

建成内部管理机制，确保政策落地。为推进"1001工程"，天津市成立由电力主管副市长挂帅，18个委办局、16个区政府参与的"1001

工程"指挥部，并下设办公室。各区全部成立以区长为组长的专项工作小组。在企业层面，天津电力成立了落实战略合作协议领导小组和"1001工程"办公室，对内，办公室主动服务各供电公司、建设公司、经研院、综合能源服务公司等12家单位，收集政策方面需要解决的问题；对外，办公室成员分头走访各市委办、商讨精简审批流程的方案。走访天津市发改委、市国土局、市规划局，针对"新增建设用地指标紧张""市区内变电站核准""塔基占地""补偿标准""办理用地意见函"等事项，明确在全市范围内统筹变电站建设涉及的新增建设用地指标。天津电力主要领导带队，与市发改委、市规划办和自然资源局、市政务服务办等委办局以及各区政府主要领导开展高层互访，争取政府出台"以函代证、容缺后补、承诺制"、联合并行审批、部分工程免于环评和审批、标准化赔偿等开创性政策，陆续与各区人民政府签订"加快实施1001工程建设合作协议"，将责任压实到村镇、街道，一管到底。

　　为推动战略框架协议内容高效落地，天津电力成立以公司董事长为组长的"9100行动计划"领导小组，由分管副总经理负责全面推进工作，下设10大实施小组，负责重点任务的具体实施。公司内部组织召开任务推动会，开展重点任务拆解，细化管理颗粒度，明确具体职责分工，强化专业协同，实现精准管控；成立"9100行动计划"任务管理柔性团队，设专职人员开展任务协调推动、监督评价和督办考核等工作。编制下发《"9100行动计划"协调推进实施意见》，明确各方责任，建立会议机制、信息协调沟通机制、动态调整机制和问题协调机制，形成"三单四报"管控模式（任务清单、问题清单、督办清单；简报、快报、通报、专报），提高信息沟通和问题协调效率，进一步保障任务有序推进。将"9100行动计划"纳入2020年天津市政府重点工作，每月公司通过专项月报的形式，直接向市政府领导汇报当月任务建设情况，反馈任务实施存在的问题，提出工作建议。建立问题协调和考核督办新机制，编制下发《"9100行动计划"监督考核实施意见》，制定《天津市9100行动计划指挥部办公室工作管理规定》，通过任务清单和问题清单，按月将任务和问题下达各委办局、各区并通报完成情况根据任务推进情况，同时跟踪各委办局配合情况，开展工作评价并将结果纳入市级督办督查体系。2020 年以来，"9100 行动计划"纳入天津市政府重点督办任务，通过定期向市办公厅反馈工作进度和任务推进难题，解决了一系列任务实施痛点、难点，有效保证了各项工作顺利有序开展。

聚焦创新赋能，持续产出成果。"1001 工程"关键指标达到国际先进水平，初步建成 500 千伏"目"字形双环网结构，农村户均容量提升至 4 千伏安，配电自动化、配电通信网、智能电表覆盖率达到 100%。智慧能源和综合能源服务方面，建成天津市"0.9、3、5"（千米）充电服务网络，实现电动汽车京津冀地区城市间无忧出行。研制成功多种型号人工智能配电网带电作业机器人，打造全国首个电力机器人产业化基地，得到习近平总书记肯定。建成首个省级综合能源服务中心，作为第三届世界智能大会的参观定点点位。建设引领未来能源应用形态的"智慧能源小镇"，以智慧能源推动智慧城市建设，把天津打造成能源革命先锋城市。

以"9100 行动计划"为契机，把握第四届世界智能大会在津召开契机，成功举办"数字赋能智慧能源"为主题的城市能源大数据高峰论坛，集聚能源、大数据领域院士、国内外知名专家共话能源数字经济，立体呈现天津市能源大数据中心创新实践成果。天津能源大数据中心汇集水煤电气等各类能源数据，面向政府、企业、居民能源系统提供数据增值服务，推出 4 大类 30 余项大数据产品。联合市委网信办打通产品输出通道，发布"1+10"数据产品等系列大数据产品，被市委主要领导评价为辅助政府治理的"拐杖"。攻克机器人技术难题，开展试点应用，加快机器人产业化步伐，联合南瑞集团和相关领域民营企业，以混合所有制方式，成立国内首家带电作业机器人专业制造公司，年产值达到 5 亿元。

天津电力借鉴以往工作经验，从企业的长远出发，切实调动基层员工建言献策积极性，传承优秀企业案例，创造性的实施"金蚂蚁奖"。2020年12月24日至25日，公司在武清公司、静海公司召开现场会发布2020年度变革强企优秀问题解决"金蚂蚁奖"，总结基层问题协调阶段性成效，表彰主动为公司发展建言献策和积极协调解决问题的员工。

公司实施"变革强企工程"以来，坚持"变革创新、紧盯质量、务求实效"的工作理念，探索形成常态化协调解决基层问题机制，倡导"公司发展员工有责"、发现问题不怕小，鼓励来自基层一线的"民间意见"，2020年共收集公司层面问题建议118项，涉及15个专业领域。

本次"金蚂蚁奖"分为服务一线、提质增效、协同攻坚三个类别，共评选出优秀问题建议20项，涉及14个基层单位和11个本部部门，共计60名员工，包括"勤于思考、敢于发声"的问题提出人和"贴近基层、主动服务""专注专业、务求实效""凝心聚力、勇于担当"的问题解决人，为企业发展凝聚起一股上下联动的力量。

为进一步鼓励基层单位更加主动地参与公司的管理变革工作，多思多想多为企业建言献策，鼓励公司各级部门树立服务基层理念，协同推动管理提质增效，在现场交流环节，分别组织一线员工和本部员工代表就如何有效发现和反馈问题、如何更好地服务基层解难题进行了分享。同时，现场听取了一线员工的诉求，本次线上线下共收集了新一批的问题建议44项。

下一步，公司将设立公司管理服务热线，形成问题受理、研判派发、限时答复、上门服务、回访评价的全链条管控流程，固化基层问题协调解决常态机制。持续弘扬"金蚂蚁"不惧艰难和永不放弃精神，设立金蚂蚁专项奖励基金、颁发金蚂蚁终身成就奖等，鼓励基层员工以助力公司管理能力和管理水平提升为己任，以敏锐的洞察力为公司管理变革建言献策；鼓励公司各级管理人员立情怀、讲担当、增智慧、善管理，协同推动各个层面问题有效解决，以坚定的执行力推动公司发展转型，在建设具有中国特色国际领先的能源互联网企业新征程中持续变革创新、奋勇前进。

单体和全体

单个先进集体和整个优秀集体是部分与整体的关系，当部分有机排列和有机整合，会充分发挥整体的作用，实现 1+1＞2 的效果。当前天津电力已经形成多个优秀集体，优秀集体之间如何实现有效整合，实现相互补充而不是相互挤占，实现相互促进而不是相互抵消，我们可以从天津电力聚精会神抓党建工作、积极营造增强文化凝聚力氛围、出实招实现先进集体与企业共赢三个方面思考。

聚精会神抓党建工作。2016 年 10 月全国国有企业党的建设工作会议在北京召开，习近平总书记指出，坚持党的领导、加强党的建设，是我国国有企业的光荣传统，是国有企业的"根"和"魂"，是我国国有企业的独特优势。天津电力贯彻国资委党委"中央企业党建质量提升年"部署，从 2017 年起深入实施"旗帜领航·三年登高"计划，深化党建工作对标管理。2020 年围绕"基层党建巩固提升年"各项工作部署，推动党建工作高质量发展，其中总体思路是"两个坚持"，即坚持党的全面领导，坚持融入中心、凝聚力量、引领发展为主线，融入中心、凝聚力量、引领发展成为党建工作的核心，为公司先进整体培养把准方向。

巩固政治基础，提高政治站位、强化政治引领。各级党组织和广大党员干部践行"两个维护"更加坚定，贯彻落实习近平总书记重要讲话、指示批示精神和党中央决策部署更加坚决，切实把讲政治要求贯穿落实到各项工作全过程。党的领导融入公司治理各环节，中国特色现代企业制度进一步完善。始终把纪律和规矩挺在前面，使铁的纪律转化为行为习惯，保持风清气正的政治生态。

巩固思想基础，提高指导实践推动工作能力。习近平新时代中国特色社会主义思想武装更加深入，运用创新理论指导实践能力不断提升，切实做到深刻领会学进去、联系实际讲出来、展望未来干精彩。广大党员干部受到深刻的思想政治洗礼，理想信念更加坚定，宗旨意识更加牢固。广大干部职工坚定战略方向、统一思想行动，形成强化战略引领、推动战略落地的广泛共识。

巩固组织基础，提升基层党组织组织力。基层党的组织和工作覆盖率达到 100%，流动党员等全部纳入基层党组织有效管理，力争每个班组、站、所都有党员。基层党委、党支部标准化达标率达到 100%，党组织标准化体系更加健全，总部、各单位本部、境外党建工作进一步加强。党建与业务工作相融并进，党的政治优势、组织优势有效转化为推动公司改革发展优势。

积极营造增强文化凝聚力氛围。文化是根，文化是魂，文化是力，文化是效，文化凝聚力是企业文化软实力的重要组成部分，形成强大的团结合力。天津电力以庆祝中国共产党成立 100 周年为契机，加强舆论宣传和思想引导，积极发挥文化浸润作用，把党员组织起来，把人才聚集起来，把职工动员起来，大力营造共庆百年华诞、共创历史伟业的浓厚氛围，汇聚起团结奋斗的磅礴力量。激发爱党爱国热情。围绕迎接建党 100 周年，精心组织主题活动，集中宣传展示我们新智慧。加强统战人士思想政治引领，不断增进对中国共产党和中国特色社会主义的政治认同、思想认同、理论认同、情感认同。扩大宣传宣贯力度。探索构建基于"三基四力"的意识形态管理体系，拉紧组织链条、责任链条、工作链条，持续加强党对宣传工作全面领导。深化"两联两共"机制，纵深推进媒体融合发展，打造新发展格局下的宣传矩阵，广泛宣传贯彻落实中央决策部署的央企担当和践行国网战略落地的天津范式，增强价值引领力。着力发挥先进典型的号召力、吸引力和感染力，协同打造丰富多样的宣传载体和梯次递进的传播机制，全景展现"个体先进"向"群体先进"良好风貌及工作成效。

队伍凝聚力不断增强。连续 4 年召开作风大会，以"推土机"精神推动"个体先进"向"群体先进"拓展升级，得到天津市委市政府和国家电网公司主要领导同志批示肯定。开展"发扬'推土机'精神打造一流干部队伍"专题讨论，激发全员创业激情。持续整治"上热中温下冷"，锤炼"说了就办、定了就干"的执行力。出台《加强优秀年轻干部跟踪培养实施意见》，创新"双百·双青"联合培养模式。落实意识形态责任制，坚持正确舆论导向，在中央电视台等央媒发稿量同比增长 70%，重点工作首次在央视直播；品牌故事、案例获国务院国资委优秀奖，获奖级别和数量位列系统第一。

出实招实现先进集体与企业共赢。科技创新不能闭门造车，要全方位、多途径开展创新合作，实现合作共赢、共同发展。借外力，"他山之石可以攻玉"，充分发挥专家咨询委员会"高端智囊"作用，在技术布局、质量把控、成果评价等方面建立咨询机制，提升公司科技工作的战略高度和技术深度。用好用足国家电网公司、天津市科技资源和政策，不断延伸创新领域，持续拓展创新链条。强合作，建立以国家级、省部级重大科技项目为依托的协同创新机制，通过共建实验室、共建示范工程、共育科技人才，构建多种形式的创新共同体。用好天津市电力联合项目，加强能互联网等关键技术攻关，提升基础创新能力。加强与高科技企业技术交流走访，积极探索"公司资本＋社会资本"融合多元合作模式，拓展"朋友圈"。

重协同。坚持"一盘棋"，统一思想、统一步调，打破专业壁垒，强化柔性协同，集中资源突破关系电网转型升级和发展提质增效的重大关键问题。加强科研单位与基层单位的协同创新，推动形成"小创意"到"大项目"、"好成果"到"好效果"的闭环结构。依托科创中心，鼓励跨专业、跨部门组建创新团队，承接重大攻关项目。尊重基层首创精神，丰富"职工创新月"活动，建成用好公司职工创新基地，引导支持职工立足岗位创新创效。

光荣与梦想

"我们要继续做下去，让有创新梦想的人能够心无旁骛、有信心又有激情地投入创新事业中，中国的动能转换、高质量发展就一定能够实现。"这是 2019 年 9 月 17 日，天津电力创新联盟专家代表张黎明的发言。这一天，承载着电力工人创新梦想的天津电力"职工技术创新协会"正式揭牌成立，在无数津电创客的见证下，《国网天津市电力公司鼓励职工创新十项举措》正式发布，这是属于天津电力职工创新历史长卷中恒久闪耀的"津"彩时刻。

天津电力职工技术创新协会，是以张黎明为代表，包括杜春阳、周志强、梁刚、李野、张长胜、张华、冯世运、任树清、闫崇松、郝立今、孙沛川 12 名心无旁骛投入创新事业的技能专家及其团队，技术创新协会是天津电力创新技能专家的集合体，也是技能专家所在创新工作室的集合体，是先进整体带动了整个集体，是创新的先进集体带动了整个集体的创新热情。这一切都源于天津电力有关科技创新的双八举措，即《国网天津市电力公司关于进一步完善科技创新激励机制的八项举措》和《国网天津市电力公司关于进一步强化科技创新工作的八项举措》，让有创新梦想的人能心无旁骛、有信心又有激情地投入到创新事业，让谋划创新、推动创新、落实创新成为行动自觉，让创新的个人涌现出来，形成一批批创新的先进集体，不断提升科技创新工作的质量、效率和效益。

天津电力从强化科技创新工作体系、开展重大项目关键技术研究、加强实验室能力建设、加强科技成果管理、加强科技人才队伍建设、加大双创工作力度、加大合作开放共享、健全创新激励机制八个方面加强顶层设计，全面提升企业的科技创新能力。其中在加大双创工作力度方面提出，发挥张黎明"时代楷模""改革先锋"示范作用，开展科技创新、职工创新、青年创新活动，带动全员参与创新。充实劳模工作室设备仪器，建设一流职工创新示范基地，促进双创工作全面发展。做好公司青创赛、津电工匠、QC 等竞赛评比，调动青年员工和一线职工创新积极性。提高群众创新专项经费，占比不低于公司自管研发费投入10%，引导广大职工立足岗位开展革新、发明，创造"接地气、易推广"的创新成果。加强职工创新工作指导，引入高水平专家和机构指导职工创新，提高职工创新成果水平和实用性。增加职工创新奖励的类别和数量，激发基层员工创新创造热情。

此外，天津电力从强化科技创新团队建设、完善科技创新梯队建设、转变科技创新考核模式、扩大科技创新奖励范围、加大科技创新奖励力度、实施科技创新中长期激励、建立成果转化关联机制、积极培育科技创新文化 8 个方面形成创新激励，构建全员创新、开放合作的创新生态。其中在加大创新宣传力度方面提出，扩大高等级创新成果影响力。着力宣传解决生产实际问题的小创新、小发明，营造创新无小事、事事皆可创新的良好氛围。发扬基层首创精神，设立"双创"成果排行榜，将青创赛、群众创新、QC 等成果列入榜单，鼓励广大员工争上排行榜、争当创新先锋。

2020 年，天津电力发布了《关于面向全体员工试点开展科技项目揭榜挂帅制和项目总师制的通知》，把需要的关键核心技术张出榜来，英雄不论出处，谁有本事谁揭榜，从《国网天津市电力公司关于发布2021 年科技指南和组织开展申报工作的通知》中选择 4 个指南项目试行"揭榜挂帅制"，其中 2 个指南项目同步试行"项目总师制"。

2020 年 9 月 3 日，天津电力举办了"揭榜挂帅"项目专家评审会，会上城东公司等 5 家单位围绕"基于数据驱动的重要用户电能质量监测及溯源技术研究"项目展开了激烈的竞争。城东公司申报团队，充分发扬"旭日东升、点亮心灯"黄旭劳模精神，积极筹备、精心答辩，充分展现城东公司三大研究优势：一是黄旭劳模创新工作室创新条件优秀。成立于2015 年 1 月，以全国五一劳动奖章、天津市劳动模范黄旭名字命名，现有技术、服务和管理 3 个专业创新小组，成员 126 名，被授予"天津市十大示范性劳模创新工作室"。二是大张庄智慧能源小镇建设基础雄厚。大张庄智慧能源小镇 2019 年获得市委书记批示 1 次、市长批示 1 次、国网董事长批示 2 次，并于 2020 年 11 月高质量通过专家验收。其中一汽富维本特勒智慧能源工厂项目工程是依托 2018 年国家重点研发项目"面向新型城镇的城市能源互联网关键技术及应用"和天津公司大张庄智慧能源小镇的重要实践工程，是国内首座基于负荷敏感度分级的智慧能源工厂。基于已有成果开展本课题研究研发风险极小、可行性强。三是项目负责人研究经验丰富。主要参与国家重点研发项目"面向新型城镇的城市能源互联网关键技术及应用"等 2 项、国网总部项目"基于分布式移动储能的配电网灵活性提升技术研究及应用"等 3 项、天津公司科技项目"智慧园区和智慧小镇关键技术构架及运营模式研究"等 5 项。获得天津市科技进步奖二等奖 1 项，获得天津电力科技进步奖一等奖 2 项，二等奖 1 项，三等奖 2 项，发表核心期刊论文 5 篇，获批发明专利 1 项，申请发明专利 5 项，申请实用新型专利 3 项。牵头负责的北辰商务中心综合能源示范项目获得国家电网公司 2017 年度电能替代示范工程最佳工程项目奖，并入选国家电网公司电力物联网建设最佳实践案例。最终经过专家打分，城东公司技术、商务得分双双排名第一，成功"揭榜挂帅"。

在创新双八举措和"揭榜挂帅"体制下，天津电力一个个创新工作室不断涌现，推动创新融入天津电力人的血液中，成为一代代相传的基因序列。在创新宣传方面，通过与中央电视台、《人民日报》等 20 余家中央和地方主流媒体通力合作，从预热宣传、主题宣传、深化报道三个层次进行全过程宣传。通过长期"接地气"地成功探索实践，天津电力职工技术创新工作累结硕果，不但及时解决了大量生产实践中出现的难题，促进了生产效率效益提升，还屡屡在国内同行业领域问奖折桂，创造出不少的"攀高峰"创新成果。仅 2018 年至 2019 年，就有 7 项成果获评全国电力职工技术创新优秀成果、有 2 项成果获得全国能源化学地质系统职工技术创新一等奖、1 项成果获得第五届全国职工技术创新优

"时代楷模""改革先锋"张黎明带领团队研发人工智能配网带电作业机器人

秀成果，34 项成果获评天津市优秀技术创新成果，占全市各行业获奖成果总数的三分之一。培养产生了一批以张黎明同志为代表的劳模先进、创新创客，在企业内形成"人人爱创新、人人懂创新、人人搞创新"的良好氛围。

第五节　先进路上永不掉队

危机与先机

党的十九届五中全会通过的《中共中央关于制定国民经济和社会发展第十四个五年规划和二〇三五年远景目标的建议》明确提出要"善于

在危机中育先机、于变局中开新局"。这是以习近平同志为核心的党中央在科学把握我国发展环境深刻复杂变化的基础上对开创中国特色社会主义事业新局面提出的重大战略要求，充分展现出"乱云飞渡仍从容"的战略定力和"无限风光在险峰"的战略视野。　危中有机，是习近平总书记一再强调的重要观点，闪耀着辩证唯物主义的真理光辉。一方面，应把握清楚在危机中能够育什么先机、于变局中能够开什么新局，把育先机、开新局的路子走对、步子走稳；另一方面，先机就是生机，就是先手棋、先发优势；新局就是新生，就是新天地、别开生面。只有不甘于跟在别人后面亦步亦趋的人，才会敢为人先、奋勇争先；只有不安逸于守成、不满足于既有成就的人，才会吐故纳新、推陈出新。应该讲，先机在不同层面、不同领域、不同时段广泛存在，开新局是各层次、各方面、各时段工作能够上台阶的内在要求。公司自启动"变革强企工程"以来，国网天津城南公司坚持问题为导向，为变革创新"助力"，主动求变，在危机中育新机。

刘乃艳，城南公司和平供电服务中心营业班班长，她总是带着问题去工作，带领和平营业厅以问题为导向向公司提供变革"源泉"，不断提升服务水平，连续两年获得变革强企工程"金蚂蚁"奖。

问题作为一种客观存在，也必然会在不同时期反映着不同层面。营业厅是基层业务最前端的触角，面对形形色色的用户，问题自然不会少。

面对问题，大部分人会选择"随大流、屏经验、按套路"来处理，而刘乃艳不同，她的处理方式是正视问题、管理问题、解决问题。

售电是营业厅的主要工作之一，一直以来，拿现金购电似乎成为一种习惯。但随着电子支付的发展，人们口袋里的现金越带越少了。客户来到营业厅，告知的就是只能收现金或者刷卡。这个小小的问题，是营业厅的普遍现象，但刘乃艳并没有放过，她认为客户无法电子支付这个小问题，反映出了公司营销服务的"痛点"，说明内部流程上还有"堵点"。

"变革强企工程"收集的基层一线诉求，她摒弃了"别给上级找麻烦"、担心问题提得没水平等等顾虑，为了电力营销的智能化发展，毅然决然地提出了在窗口和自助机器上增设二维码支付功能的建议。"变革强企工程"办公室作为"问题受理中心"，协同公司营销部，积极协调电费、财务等部门，与对接银行进行合作，克服重重困难，最终实现了电费缴纳业务与银行金融业务的数据对接。现在，用户只需在自助缴费机上选择"微信支付宝购电"，自助缴费终端通过接口向银行发起下单请求，扣款完成后由银行返回扣款结果至终端，通过终端发起交易请求，即可完成电费缴纳，打破了内外网数据交互的壁垒，用户可以享受便捷缴费、安全支付的畅快体验。

面对扫码支付给用户带来的便捷以及用户的称赞，刘乃艳笑了，正是因为她提出的问题，反映出了所有营业人员的心声。营业厅二维码缴费的推广，仅一个月时间就完成扫码支付 4.4 万余笔，使收费效率提升了 50%，她也因此获得了首届"变革强企工程"金蚂蚁奖。

营业厅的问题虽小，却也牵动着公司服务水平和管理质效提升。刘乃艳带着问题去工作，面对问题勇于正视、并跟踪提出解决，以小小蚂蚁的力量，为企业的高质量发展添砖加瓦。有人问过她为什么这么执着，面对问题有"打破砂锅问到底"的决心，因为她爱电力营销工作，爱天津电力事业，爱国家电网。正是凭着这份热爱，她敢于直面问题，不退缩，在面对人们现金越来越少这一现实问题，及时转变思路，向上级积极反映，打破壁垒，解决了缴费不便捷这一现实问题。

在未来的工作过程中，会碰到各种各样的问题，有消极的，也有积极的，有一帆风顺的，也有坎坷荆棘的。面对坎坷和荆棘，我们要敢于发现问题，找准事物的发展规律，利用事物的发展规律，把危机转变为先机。刘乃艳面对问题时，不逃避，不躲避，把握如何为人民群众解决实际用电问题这一宗旨，迎难而上，开辟了新的局面。即使未来道路一帆风顺，我们也应该时刻保持警惕，防止向上向好局面出现逆风翻盘现象，我们也要看到可能存在的风险危险，提前做好防范措施，正确处理好危机与先机的关系。

追随与赶超

在前进的道路上，总是参差不齐，有的已经成为先进，有的成为追随者，有的正在赶超。面对这种局面，天津电力着眼公司实际发展搭建成功合理梯队、形成良性竞争机制，促成良性循环，实现从先进到卓越。

合理加强梯队建设。2018 年 10 月天津电力制定了干部人才队伍建设三年规划，着力打造一支忠诚干净担当的高素质干部队伍，努力建设一支矢志爱企奉献、勇于创新创造的优秀人才队伍，到 2020 年形成与世界一流能源互联网企业相匹配的干部人才队伍，为公司长远发展提供坚强支撑。

关于梯队建设，公司提出要着力打造"四型"干部人才具体要求：一是复合型。知识复合，形成又博又专、推陈出新的知识体系和素养结构。能力复合，同时具有较强的学习、领导、改革创新、科学发展、依法治企、狠抓落实、驾驭风险等能力。思维复合，具备战略、创新、法治、专业思维相统一的思维体系。二是专家型。达到专业知识、能力、作风、精神的相统一要求。视野开阔，业务精湛，专注专长领域，熟悉政策理论、业务管理和实际操作流程，注重调查研究，善于专业疑难问题，工作安排的指导性、针对性、实效性强。三是创新型。具备较好的创新活力和创造潜能，创新自信心强，根据公司发展和实际工作需要，持续推进技术创新、商业模式创新、管理创新、制度创新。四是市场型。善于捕捉和把握市场机遇，主动对市场发展趋势、客户需求进行前瞻分析，聚焦提高业绩，降低管理成本，提升人员效率，实现效益最大化。

2020 年，天津电力深入推进公司"双百工程"，即每年公司党委动态掌握和重点培养优秀青年干部正科 40 人、副科 60 人，优秀青年员工 100 人，加强基层优秀年轻干部梯队建设，推动广大优秀年轻干部以"推土机"精神在各项工作中当先锋、干精彩。建立覆盖处级、科级、青年员工多层级以及生产经营、综合管理等全专业的优秀年轻干部梯队，形成科学合理的年龄结构、专业结构和层级结构，保证使用上有梯队、选择上有空间。

营造合理赶超氛围，形成良性竞争。从 2019 年起，天津电力制定了强化干部担当作为促进干事创业的措施，包括大胆地用，让敢担当善作为的干部有舞台、受褒奖；坚决地调，让不担当不作为的干部让位子、受警醒；严格地管，推动广大干部补钙壮骨、固根守魂共三部分 20 项的措施。

其中，树立了担当作为的鲜明导向。修订《领导人员管理办法》《基层单位中层干部管理办法》，把敢不敢扛事、愿不愿做事、能不能干事作为识别干部、评判优劣、奖惩升降的重要标准，把干部干了什么事、干了多少事、干的事组织和群众认不认可作为选拔干部的根本依据，一切看表现、听口碑、凭实绩、五湖四海、不拘一格。注重在基层一线和艰苦、吃劲地方发现干部，选拔任用敢于负责、勇于担当、善于作为、实绩突出的高素质专业化干部。

天津电力制定《推进能上能下实施细则》，明确领导干部德、能、勤、绩、廉与所任职务要求不符的 5 方面 25 种情形，把不作为、慢作为，作风漂浮、花拳绣腿，消极懈怠、萎靡不振，不愿负责、不敢碰硬的干部作为调整重点，综合考核评价较差或者正职领导干部年度综合考核评价连续 2 年靠后、副职连续 2 年排名末位，经组织分析研判确属不胜任或者不适宜担任现职的，都要坚决处理、果断地调。

公司还坚持严管与厚爱相结合。坚持管人就要管思想、管工作、管作风、管纪律，抓早抓小抓日常，落实谈心谈话、个人有关事项报告、重要情况请示报告、请假等制度，加强全方位约束。落实"三个区分开来"要求，研究制定容错纠错具体措施，对该容的大胆容，为敢于担当的干部撑腰鼓劲。把组织关怀传递到广大干部特别是基层干部心坎上，增强干部的荣誉感、归属感、获得感，在全公司形成鼓励担当作为、崇尚苦干实干的良好氛围。

经过努力，公司已牢固树立公司不让老实人吃亏、有为才有位的鲜明选人用人导向，强化对公司干部人才队伍建设工作的总结，挖掘推广基层单位典型经验与做法，提升理论水平，丰富实践案例，努力打造公司干部人才队伍建设工作品牌。天津电力营造良好用人环境，明确鲜明用人导向，为人才竞争提供了标准和航向，为公司的健康发展奠定良好基础。

选人用人、干事创业成效显著。近年来，公司党委以高度负责的态度、识人之明的眼光和前所未有的魄力，大力发现、培养、储备和选拔一批批敢担当、善作为的领导人员，为"想干事、能干事、干成事"领导人员搭建了广阔舞台，为公司事业长远发展奠定了厚实基础，以选人用人的大格局彰显了干事创业的大担当。坚持公在人心、公在事业，不断拓展用人视野，大力选用敢于负责、勇于担当、善于作为、实绩突出的"猛士""战士"，格外关注和支持那些奋战在重大项目主阵地、疫情防控最前沿、生产服务第一线、改革攻坚桥头堡的"闯将""干将"，以正确用人导向引领了干事创业导向，在大风大浪、大战大考中涵养形成了天津电力人特有的"推土机"精神。

以岗位历练为手段，练就勇挑重担的"铁肩膀"。坚持以事择人、人岗相适，有针对性地安排领导人员到疫情防控、战略落地、电网建设、脱贫攻坚、营商环境优化等岗位中经风雨、壮筋骨、长才干。

先进与卓越

从先进到卓越，不是简单的量的增长，而是带有质变性质的嬗变。

卓越不仅仅是行业的翘楚、地区的领头羊，更是一种自带卓尔不凡目标的自觉追求。何谓卓越，公司层面的战略安排、卓越取得的效果有哪些？

何谓卓越

中华词典对"卓越"的定义是高超出众，意味着杰出的、超出一般的。国家电网有限公司自成立以来，提出了公司价值理念体系。其中，提到国家电网的企业精神是"努力超越、追求卓越"，始终保持强烈的事业心、责任感，向着国际领先水平持续奋进，敢为人先、勇当排头，不断超越过去、超越他人、超越自我，坚持不懈地向更高质量发展、向更高目标迈进，精益求精、臻于完善。在 2020 年《国网党建部关于印发推进"基层党建巩固提升年"工作措施的通知》中，提出强化思想淬炼、政治历练、实践锻炼、专业训练，激励广大党员干部始终保持强烈的事业心和使命感，大力弘扬"努力超越、追求卓越"的企业精神，发扬特别负责任、特别能战斗、特别能吃苦、特别能奉献的优良作风，真正在实践中经受考验、磨砺意志、增长才干，带动全体职工奋勇争先、创造一流。

所谓精益求精，就是要求更加好，就是技艺精湛。例如在落实《关于落实中央新基建部署大力推动新能源汽车充电桩建设的意见》《关于全力推进新兴产业升级专项行动计划落地实施的意见》等文件要求时，天津电力开展智能运维试点，提高精益运维水平。按照"智能运营、经济运维、生态打造"原则，以市场化到导向、客户为中心，以增加充电量、优化运维成本为目标，以单站创效能力、供电保障等级为标准，实施充电站分级管控机制，利用网格化运维基地，打造差异化新运维模式和快速响应客户需求机制。推广智能化运维，制定工单派发和处理标准，实现工单智能化派发。推进标准化运维成本，大幅压降运维支出提升充电业务效益。

措施战略安排

天津电力致力于从先进走向卓越，为此从公司层面，加强了顶层设计，努力用汗水与智慧谱写天津电力跨越发展的壮丽篇章。公司促成自身与天津市签署 3 年三大战略合作协议，携手打造能源革命先锋城市，合作程度之深，合作领域之广，合作成效之大，均创历史之最。我们实施"1001 工程"，"十三五"投资相当于"十一五"与"十二五"之和。特高压从"引进来"到"落得好"，500 千伏从"单环网"到"双环网"，一张崭新的天津电网拔地而起。

打开脑袋上的"津门"，大胆试、勇敢闯，趟出了一条变革强企新路子。增量配电、综合能源等领域混改率先突破，承诺制"放管服"、集体企业"新三板"上市等做法开创历史先河。在顺应潮流中引领潮流，建成首个省级综合能源服务中心、城市能源大数据中心等一批示范项目，形成"电力看经济""蓄热式电采暖""供电＋综合能源"等一批示范模式。勇当创新尖兵，突破体制机制桎梏，引燃创新创造热情，管理创新佳绩不断，青创赛捷报频传，省部级以上科技奖项、发明专利、技术标准分别较"十二五"增长 3.5 倍、4 倍和 7 倍。

公司狠抓作风建设，迎难而上、择难而行，以钢铁般的事业淬炼钢铁般的意志，锻造了一支无往而不胜的电网铁军。在事业发展面前，以"三个不相信"的必胜信念，跨越了一座座"娄山关"、攻克了一个个"腊子口"，让"不可能"变成"可能"，把"无人区"变成"开发区"，无坚不摧的"推土机"精神，感动了城市、引领了风尚。公心处事、公正选人，一批肩膀宽、作风硬的干部脱颖而出，选人用人满意率、新提拔人员认同率大幅提升；多名同志被国网党组提拔重用，市领导多次要求推荐优秀干部到市里更高平台工作。在这片精神沃土上，涌现出了"时代楷模""改革先锋""最美奋斗者"张黎明、"中国好人"王娅等一批先进典型，他们的事迹闪耀津门、感动中国，成为天津电力乃至中国电力行业最鲜明的精神标识；典型引领下，"个体先进"向"群体先进"拓展升级不断迈出新步伐，天津电力正焕发出勃勃生机！

从先进到卓越的效果成就

在国网公司战略指引下，天津电力发展成效显著。2020 年来，天津电力在党委的领导下，秉持"努力超越、追求卓越"的企业精神，工作得到广泛好评。1 名同志获国务院政府特殊津贴。1 名同志获评全国劳动模范，1 名同志获全国五一劳动奖章，2 个集体获评"全国工人先锋号"；11 名同志、1 个集体分获天津市劳动模范、模范集体；1 名同志获评国网工匠、3 名同志获国网公司劳动模范、3 个集体获评国网公司先进集体、3 个集体获评国网公司工人先锋号；9 名同志、2 个集体获天津市和国网公司抗疫表彰。35 个青年集体和 17 名青年获省部级及以上团青先进荣誉。"黎明出发、点亮万家"品牌建设案例入选 2020 年企业可持续影响力品牌十大案例。6 家单位获评全国文明单位，9 家单位获评天津市文明单位。公司荣获中电联先进会员企业、全国厂务公开民主管理示范单位、全国"安康杯"竞赛优胜单位、天津市"榜样十年"社会责任特别贡献企业等荣誉称号。

维护和持续

一次先进不等于永远先进；过去先进不等于将来先进。先进是一个不断迭代的过程，先进是一个永无止境的动态过程，不是静止不变的过程。如何维护好、保持好先进，让先进成为一种可持续的现象，让先进得到维护、持续，防止先进个人和先进集体昙花一现。

健全思想教育机制。思想统一是各项工作的先导，要从讲政治的高度，进一步提高认识。一是要把系统掌握马克思主义基本理论作为看家本领，切实用习近平中国特色社会主义思想武装头脑，要把政治理论学习、理想信念教育等纳入各类培训班、辅导班。二是结合专项工作中优秀员工和团队的贡献情况，精准实施专项奖励，促进企业效率效益和员工能力素质不断提升。三是客观、准确评价优秀员工市场开拓、创新创效等工作业绩，及时兑现薪点积分、绩效薪金等激励，充分调动优秀员工工作积极性。四是关心关爱员工，畅通和拓展员工职业发展通道。推动技能人才通道与职务、职员、专家等职业通道的有机衔接，形成纵向发展、横向贯通、多元并行的网络化职业发展路径。

完善考核评价机制。要发挥好考核评价"指挥棒"作用，引导全体干部职工干事创业。一是充分发挥干部考核评价的激励作用。修订综合考核评价办法，改进年度考核，推进平时考核，突出政治考核、作风考核、实绩考核，引导干部想实招、办实事、出实绩。加强对重点工作任务和部署贯彻执行情况的考核，扩展考核主体，丰富360度互评维度，改进考核方法，注重日常信息收集、工作状态写实，全面了解班子、干部和队伍情况。二是充分发挥绩效管理的支撑保障作用。以公司本部为引领，把公司重点任务融入组织和员工绩效管理，围绕职责进行分解，将任务目标在纵向、横向和时序上分解到各层次、各部门以及各岗位，实现量化考核评价，促进责任落实，形成目标保障体系。三是充分发挥月度过程考核的过程管控作用。将重点任务列入月度过程考核主要评价内容，针对过程节点和里程碑，制定直接认定评价标准，用考核强化过程追踪跟进，不断改进提升，推动国家电网公司战略有效落地。

构建关爱激励机制。诸如"1001工程""9100行动计划"等工程时间紧、任务重，要以人为本，全力做好优秀员工的综合激励。一是完善干部发掘、选任激励机制。选好人、用对人，是最有效最直接的激励，鲜明树立重实干、重实绩的用人导向，坚持好干部标准，突出"五个过硬"，大力选拔在推动专项工作中敢于负责、勇于担当、善于作为、实绩突出的干部。二是结合专项工作中优秀员工和团队的贡献情况，精准实施专项奖励，促进企业效率效益和员工能力素质不断提升。三是客观、准确评价优秀员工市场开拓、创新创效等工作业绩，及时兑现绩效奖金等当期激励和薪点积分等长期激励，充分调动优秀员工工作积极性。四是关心关爱员工，畅通和拓展员工职业发展通道。推动技能人才通道与职务、职员、专家等职业通道的有机衔接，形成纵向发展、横向贯通、多元并行的网络化职业发展路径。

坚持以事业留人、感情留人、适当的待遇留人、环境留人，让人才出得来、用得好、留得住。把握好干部使用导向，注重事上练、事中看，让实干者受益、吃苦者吃香、有为者有位。充分发挥职员职级序列的通道作用，有效激发干部担当作为的内生动力。加大精神激励力度，对模范履行职责、事迹突出、群众认可的个人和集体，及时予以表彰激励。注重发挥榜样的激励作用，教育引导全体干部向时代楷模张黎明学习、看齐。

建立容错纠错机制。天津电力努力为真正干事创业创造良好的客观环境。公司推动重点工程和专项工程，尤其需要公司全体干部员工特别是领导干部勇于担当、敢于负责、积极有为。大量开拓性的工作没有先例可循、探索过程难免有所失误。一是建立健全容错纠错机制，努力营造宽容失误的良好环境，给敢担当、善创新、不谋私的干部撑腰鼓劲，让干部打消顾虑、卸下包袱、轻装上阵。二是落实"三个区分开来"要求，认真吸取在巡视巡察和内外部审计中的经验和教训，努力做到"六看"，从问题性质、工作依据、主观动机、决策过程、履职取向、纠错态度六个方面，严格区分失误与失职、敢为与乱为、民主与专断、为公和为私的界限，画好"容和不容"的红线。三是在全公司树立"为负责者负责、为担当者担当"的鲜明导向，让干事创业者有想头。容错纠错机制，就是为争先创优的个体和集体扫除后顾之忧，让其放下包袱轻装上阵。

建立常态联络沟通机制。党的建设、人才培养、重点工程实施相互促进，相辅相成。一是结合公司加强党的建设和人才培养工作现有机构和程序，定期研究工作中实施中党的建设和人才培养工作，及时调整工作思路，切实解决工作实施中的困难和问题。二是党的建设和人才培养相关部门要认真参加工程中领导机构和各个工作组的会议，及时掌握工作动态，切实做好各项任务的对接，推动公司上下形成合力，凝聚起推动公司发展的强大力量。

第三章　改革催生篇

第一节　对标世界一流的改革

中国与世界

2013 年 5 月 14 日，在中新天津生态城智能电网综合工程演示厅讲解的滨海公司员工秦丽杰迎来了一位特殊的访客，他"个子高高的，步伐稳健，始终面带微笑，比在电视中看到的更真切、更亲民、更和蔼"。这位客人就是中共中央总书记、国家主席、中央军委主席习近平。习近平总书记温厚的笑容化解了秦丽杰激动而紧张的情绪。秦丽杰向习近平总书记演示了与百姓生活密切相关的智能家居。习近平总书记认真地听完讲解并亲自体验，给予以充分肯定与鼓励，指出生态城要兼顾好先进性、高端化和能复制、可推广两个方面。中新天津生态城的建设是天津电力贯彻新发展理念，对标世界一流持续深化改革的一个缩影。

　　对标世界一流的改革核心是提高企业的竞争力。党的十九大提出，加快培育具有全球竞争力的世界一流企业。这也成为新一轮国有企业改革的重点任务。2019年1月，国务院国资委明确了10家中央企业为创建世界一流示范企业，将在未来3年左右的时间有针对性地铺开多领域综合性改革举措，重点探索培育具有全球竞争力的世界一流企业的有效途径。国家电网公司入选第一批10家示范企业。随后，国家电网公司确定了天津等10家典型引领单位，并要求天津公司发挥创新探索和先行先试作用，加大重点领域、关键环节攻坚力度，努力实现跨越式发展。面对新时代提出的新任务，如何才能实现有效对标、不负党中央和人民的殷切期待，是天津电力党委必须作答并且要答好的新课题。问题是，怎样与世界一流对标？以硬指标"对标"可能导致死板僵化甚至会令企业陷入畸形发展的陷阱，以软指标"对标"又可能陷入"空洞"的口号而丧失激励企业成长的动力因素。天津电力党委经过反复讨论，决定以提高竞争力为核心，抓住鉴定世界一流企业通用管理标准和要素，攫取他们的本质特点，将之融入公司的管理当中。天津电力制定了对标能力框架图，内容包括12个一级要素和34个二级要素，形成对标的框架体系。同时，为切实补齐自身的不足，对标能力体系还聚焦于战略管理、科技创新、数字转型等几个明显短板。天津电力党委从正反两个方面入手对标世界一流的改革也得到了国资委和国家电网公司的肯定，成为试点企业中的一个亮点。

　　对标世界一流的改革关键是找准发展重点。天津电力党委提出推进改革要扬长避短，前提是对自己要有一个清醒的认识。与行业内、系统内其他公司相比，天津电力有着体量小、人员少等比较明显局限性，但同时也有着整个团队政治信仰忠诚度比较高、干部队伍素质与创新能力比较强、战略发展视野比较广的鲜明特点。基于这样的自我认知，天津电力党委有机结合党中央、天津市委与国家电网公司党组的要求，找准自身工作与天津市加快建设创新发展、开放包容、生态宜居、民主法治、文明幸福的"五个现代化天津"之间的契合点，选准自身工作服务于国家基本实现社会主义现代化建设远景目标以及建设社会主义现代化强国战略目标的着力点。沿着这一思路，天津电力党委敢为人先，在国家电网公司系统内首家成立战略执行委员会，下设策划与执行办公室两个小组。前者主要职责是提出战略落实的具体方案，分解战略为具体任务，细化专业职责与分工。后者则是从闭环执行管控的角度考虑，具体负责督促、落实前者作出的规划。副总经理、党委常委陈竟成打了一个形象的比方，前者是"设计师"，后者是"施工队"，没有好的设计则无章法可循，没有好的施工再好的设计也只能是空中楼阁。战略执行委员会的成立本身就是天津电力党委对标世界一流进行改革的生动实践，也切实发挥了为公司"把准脉"、找准发展重点的重要作用。

对标世界一流的改革的立足点必须是中国国情。中国的改革发展证明，国有企业要成长壮大必须加强党的领导，坚持党的领导是国有企业砥砺前行的政治保障，也是国有企业的特殊优势。习近平总书记指出："中国特色现代国有企业制度，'特'就特在把党的领导融入公司治理各环节，把企业党组织内嵌到公司治理结构之中，明确和落实党组织在公司法人治理结构中的法定地位，做到组织落实、干部到位、职责明确、监督严格。"天津电力党委将具体贯彻落实习近平总书记关于国有企业必须具备"六个力量"作为改革的根本指针，主动适应新阶段、新理念、新格局的需要，从制度、效率、作用方式着手加强党的建设，以加强党的建设作为立足中国国情深化改革推动公司对标中央要求，进而迈向一流、走向卓越的根本一招。

具体来说，天津电力党委将完成好政治使命与经济使命的"双重使命"作为改革催生先进的题中之义：一方面，作为推进国家现代化、保障人民共同利益的重要力量，旗帜鲜明地坚持党的领导，牢牢把准企业改革发展的社会主义前进方向；另一方面，强调党组织的建设服务于企业追求一流、改善生产经营，坚持服务生产经营不偏离，把提高企业效益、增强企业竞争力、实现国有资产保值增值作为国有企业党组织工作的出发点和落脚点。

外来与本土

2016 年，从美国凯斯西储大学毕业的杜颖康加入了天津电力，她只是天津电力招聘的众多归国留学人员之一。与本土培养的人才相比，留学归国人员具有着开阔的国际视野、活跃的创新思维等优势。同时，他们身上也存在着对中国国情尤其是企业文化欠缺了解等不足。正所谓"瑕瑜互见，长短并存"，一大批留学归国人员的录用，使得"外来与本土"之间的关系成为天津电力必须加以用心应对的一个重要问题。

鲁迅先生曾以嬉笑怒骂的口吻说中国人必须学会"拿来主义"："总之，我们要拿来。我们要或使用，或存放，或毁灭。那么，主人是新主人，宅子也就会成为新宅子。然而首先要这人沉着，勇猛，有辨别，不自私。没有拿来的，人不能自成为新人，没有拿来的，文艺不能自成为新文艺。"① 鲁迅的"拿来主义"主旨思想就在于在坚持不丢失本民族特色的前提下，向西方国家学习先进理念、技术等各个方面。天津电力奉行 21 世纪的"拿来主义"，鉴于"外来与本土"人才的各有所长先想一步、想深一层，提出根据国内国际成才成长的不同特点来改革人力资源管理机制，以此作为重要的突破口推动公司发挥人才优势，在不断促进个人先进到群体先进的过程中，提升公司核心竞争力。

21 世纪的"拿来主义"必须契合"本土"发展需要。中国改革发展的实践证明，国有企业成长壮大必须加强党的领导，坚持党的领导是国有企业砥砺前行的政治保障，也是国有企业的特殊优势。为此，天津电力党委聚焦体制机制变革、管理和业务转型升级，于 2019 年启动"变革强企工程"，与"1001 工程"共同构成新时代战略落地的车之两轮、鸟之双翼。通过对标国际一流企业，率先构建"能力框架—战略地图—任务集群—执行保障"一整套以战略管理为"总纲"的工作体系，明确

---

① 《鲁迅大全集》第 4 册，新世界出版社 2012 年版，第 263 页。

以"价值"为核心的 4 层级 12 维度能力要素，有针对性地加速"硬实力"与"软实力"升级。将天津市"一制三化"改革做法应用到公司管理，以"承诺制"深化"放管服"改革，推动事前监管向事中事后监管变革。推出"双随机、一公开"监管机制，通过运用专项审计、数字化智能监测等多种手段开展，并将抽查情况及查处结果及时向全公司公开，有效促进各专业、各单位从严落实，提高监管效率。建立信用积分档案，量化诚信度评价，实施守信联合激励和失信联合惩戒，实现监管闭环。实施"变革强企工程"与"1001 工程"充分体现了公司党委出实招、办实事、要实效，立足本土发展需要，借鉴国际先进经验做法，加快推进公司发展的责任担当。

21 世纪的"拿来主义"要坚持发挥"本土"优势。天津电力党委在全面总结自身企业管理经验、文化的基础上，深刻意识到所谓"本土"优势的根本在于坚定"四个自信"。展开来说，坚定道路自信具体到天津电力来说就是要对发展方向和未来命运自信，天津电力在社会主义现代化强国的建设中展现"大国重器"和"顶梁柱"的责任担当；坚定理论自信具体到国网天津电力就是要相信对马克思主义理论特别是中国特色社会主义理论体系的科学性、真理性能够为公司发展提供世界观、方法论指导，保证公司的决策在根本上符合共产党执政规律、社会主义建设规律、人类社会发展规律，进而使公司在时代发展和形势变化中立于不败之地；坚持制度自信具体到国家电网公司就是要相信社会主义制度具有巨大优越性，这将为公司发展提供有力后盾，也将为公司提供无限广阔的舞台；坚持文化自信具体到国家电网公司就是要激发全体干部员工对中华优秀传统、革命文化、社会主义文化的自豪感，发挥文化优势，时刻牢记"人民电业为人民"的企业宗旨。归根结底，天津电力党委始终把坚持"四个自信"作为发挥"本土"优势的关键所在，在不断领会"具有中国特色"的根本中彰显社会主义制度的优越性。

21世纪的"拿来主义"要坚持借鉴"外来"成果。对于天津电力党委来说，"外来"一词已不仅仅是国外的优秀企业，还包括中国自己的优秀"土货"公司，并且因为后者在文化等方面更加相近而成为学习的重点。在公司党委确定的重点学习企业名录中，有日本东京的企业、有德国柏林的企业、有法国里昂的企业，也有国内的华为等企业……只要对企业成长有帮助、只要是利于干部员工从个体先进到群体先进的举措，都会被在调研访学中记录、备案，然后在公司出台的对标举措中内化、体现。通过对标世界一流企业，"放管服"改革取得显著成效。2015年，国务院召开电视电话会议，要求各级政府及相关企事业单位结合职能转变加速推进简政放权放管，"放管服"改革在全国兴起。在推进国家电网公司"放管服"的过程中，天津电力党委积极策划、深入调研，将世界一流企业的做法拿出来，将客户、基层的诉求切实反映出来并有针对性地进行整改。天津电力首创"一诺四减两强化"得到国家电网公司的高度认可，被树立为行业典型。通过对标世界一流企业，借鉴先进管理经验、科学改革举措等优势，为先进的产生提供了广阔的空间。

辩证看待"大"的问题是公司做大做强的重要条件。早在2014年，习近平总书记在接受俄罗斯电视台专访时就在谈话中指出："统筹兼顾、综合平衡，突出重点、带动全局，有的时候要抓大放小、以大兼小，有的时候又要以小带大、小中见大，形象地说，就是要十个指头弹钢琴。"[①] 习近平的系统思维方法是具有基础性的思想和工作方法。在对标世界一流的改革中，天津电力党委自觉学习和运用习近平的系统思维方法。天津电力在系统内是一个体量相对较小的公司，但是可以在社会主义现代化建设发挥大作用。天津电力党委据此提出要展示公司强项，在社会主义现代化强国的建设中发挥大作用：一是视野格局要大，要正确

---

① 中共中央文献研究室编：《习近平关于全面建成小康社会论述摘编》，中央文献出版社2016年版，第193页。

认识在党中央、国务院加快培育具有全球竞争力的世界一流企业试点工作的重要性，所谓"麻雀虽小，五脏俱全"；二是作用要大，要把服务天津经济社会发展的能力最大化；三是改革创新力度要大，要以壮士断腕的勇气进行自我革命，推进深化体制机制改革，不断提升公司全体员工的创新意识与能力。随着在上述三个维度上不断"做大"的深度发力，天津电力改革发展成果迎来了一份份"喜报"。仅 2019 年，公司完成固定资产投资 139 亿元，35 千伏及以上线路开工 1723 公里、投产 1410 公里；变电容量开工 1028 万千伏安、投产 1013 万千伏安。2020 年上半年，公司在受到疫情严重影响的情况下，仍然逆势超额完成上半年建设任务，新增 35 千伏及以上变电容量 292 万千伏安、线路 223 公里；资产负债率 56.38%，优于年度计划 2.32 个百分点；综合线损率 2.44%，优于年度计划 3.56 个百分点。售电量、营业收入、实现利润、资产总额、资产负债率、市场占有率、全员劳动生产率等各项核心指标全部呈现良好发展趋势。

执着于"强"是公司做大做强的不竭动力。应该说，在中国这样的一个国土面积大、人口数量多、市场总量高的一个大国，一家国企想要成为一个直观上的"大"的公司相对容易。但大而不强只是一种"虚胖"，也是新一轮国企改革瞄准的重要问题。天津电力党委深刻领会《中共中央国务院关于深化国有企业改革的指导意见》，以"具有创新能力和国际竞争力的国有骨干企业"，增强公司经济活力、控制力、影响力、抗风险能力为着力方向，对标世界一流推进改革。天津电力党委意识到真正把企业做强，首先必须打造一支与世界一流企业相匹配的领导人员队伍，全方位提升企业领导力水平。为此，天津电力在借鉴和参考华为、通用电气、沃尔玛等世界一流企业在企业领导力建设方面进行了大量实践与尝试，建立健全领导人员"选、育、管、用"组合拳，即德才兼备"选"好领导人员、多措并举"育"好领导人员、人尽其才"用"好领导人员、认真负责"管"好领导人员。其次，"物"强也是做强企业的重要方面。天津电力一方面利用经济发展进入新阶段的有利时机推动技术装备升级改造；另一方面通过体制机制改革为全员创新提供平台，升级改造技术装备。"人"强、"物"也强，"结果"之强则是瓜熟蒂落。

做大做强国有企业绝不是敲锣打鼓、轻轻松松就能做到的事情，必须依靠持之以恒、艰苦卓绝的奋斗。天津电力党委立足于本职工作，定好位子、迈开步子、找准法子，敢于涉"险滩"、敢啃"硬骨头"，以坚持和加强党的领导作为根本指引，辩证看待"求大"、执着于"求强"，以大格局、大决心、大智慧、大力度推进对标世界一流的改革，"一鼓作气、一气呵成、一以贯之"，实现了"从个体先进到群体先进"的一次次蜕变。

一流与卓越

天津电力党委提出，公司在新时代对标世界一流能源互联网企业是起点而不是终点。"一流"是目标、是标准；"卓越"是内涵、是灵魂。追求卓越是一种不甘平凡、逐梦一流的精神状态，也是不忘初心、牢记使命的奋斗历程，更是勇立潮头、引领时代、服务社会的家国情怀。实现中华民族伟大复兴、破解世界百年未有之大变局，需要公司向着"卓越"企业不断成长。

成就卓越企业首先要达到世界一流。大国逐梦需要国之利器。国家电网有限公司作为国民经济和能源安全领域的"国家队""大国重器"，履行着执政基石和保障民生的重大职责。特别是进入新时代，国家电网有限公司被国务院国资委纳入首批10家创建世界一流示范企业之一，并发布了创建世界一流示范企业行动纲领，同时选定国网天津电力等10家单位作为先行先试的创建一流示范企业典型引领单位。

天津电力党委深知自己身上时代使命何等重大，提出要坚持"四个符合"标准，在助力打造能源革命先锋城市的历史进程中，实施创建世界一流示范企业行动，积极探索国有企业体制机制变革新路径。"四个符合"是指符合国资委国企改革和创建世界一流示范企业要求、符合国家电网有限公司战略目标定位、符合天津能源革命先锋城市发展要求、符合国际标准和企业管理领先趋势。为达到"四个符合"标准，天津电力党委加强战略引领提升战略制胜能力、健全公司治理体系提升公司治理能力、加强经营管理激发产业活力、强化专业管理提高精益管理质效、提供"卓越服务"提升客户获得感和满意度、强化人力资源管理增强干部职工活力动力、加强创新管理提升核心竞争能力、推进数字化转型支撑能源互联网企业建设、坚持依法治企增强风险防控能力、加强党的建设和品牌建设发挥国企独特优势 10 个方面发力作为，对标世界一流深化改革创新。

对标世界一流的改革就要弄清差距、找到路径。天津电力以国际通用标准为依托，以对标管理为手段，按照"对什么、和谁对、怎么对、怎么用、可持续"的思路，构建以战略为引领的"六个一"路径模式，实现管理"螺旋式"持续提升，争取打造更多"天津范式"。"六个一"的路径模式是指"明确世界一流企业标准"、"绘制对标一流核心能力框架"、"优选一流企业对标对象"、"开展对标一流管理成熟度诊断"、"实施创建一流重点管理提升工程"、"健全持续一流配套保障机制"。经过两年多的探索实践，天津电力党委致力于创建世界一流示范企业的改革初见成效，得到了国务院国资委和国家电网有限公司的充分肯定。2020年，在国务院国资委对标世界一流管理提升会议上，国网公司将公司研究制定的世界一流企业能力框架及推进路线作为典型经验向全国国资系统输出推介，引起强烈社会反响。

成就卓越企业是一个价值实现的追求过程。达到世界一流是企业管理水平的"外化于行"，成就卓越才是"内化于心"。根据研究发现，世界一流企业存在的意义是价值实现。这种价值实现不仅包括企业自身的经济价值，还包括为产业链、生态圈、利益关联方以及整个社会创造的价值。权威机构调研的结果也表明，世界一流能源企业发展的趋势也是

"社会性企业"，在战略规划上不局限于商业价值领域，而是作为"社会性企业"将收入增长、盈利与尊重和支持其环境及利益相关者的需要相结合，平衡商业价值与社会价值，随着政治、经济、科技、社会、文化的趋势变化，创造更大、更持久的社会价值，实现与客户、价值链合作者共享价值。[1] 因此，对标世界一流的改革存在着"硬指标＋软实力"两个层次的内容。

如果说"硬指标"可以采用量化的形式加以界定的话，那么"软能力"则是一个更难把控也更难实现的内核。如何在对标世界一流的改革中实现企业重塑，将"硬指标"变为"软能力"，才是考验企业领导者智慧与能力的真问题。天津电力党委在对标世界一流的改革中重视"硬指标"但不拘泥于"硬指标"，在追求"硬指标"的过程中固化成就卓越企业的精神内核。天津电力党委借助建设"具有中国特色国际领先的能源互联网企业"战略目标的有利时机，决定充分发挥党的建设在国企发展过程中的特殊优势，通过开辟"青年马克思主义者培养工程""党建＋基建""党支部＋项目部"创新实践路径、构建"一体两翼三驱四联"的"战略＋运营"管控模式等多措并举，促使干部员工树立成就卓越企业的价值追求。

"青年马克思主义者培养工程"即"青马工程"，紧盯"培养优秀青年政治骨干"，不仅强化了育人保障，搭建了跟踪式培养的"流水线"，更发挥着价值引导的重要作用。"党建＋基建""党支部＋项目部"将基层党组织建设与电力工程建设实践紧密结合，充分把握电力工程实施企业工作地点分散、安全风险隐患相互叠加、建设任务艰巨复杂等实际情况，全面提升了电网施工企业党组织领导力、推动力、执行力和管控力，有力发挥了党建引领工程建设的作用。"青马工程""党建＋基建""党

---

[1] 国网天津市电力公司编：《创建世界一流示范企业——国网天津电力对标一流管理提升探索与实践》，中国电力出版社2020年版，第4页。

支部＋项目部"等实践路径旨在以共产党员高远的志向、高尚的情怀拉升企业的整体精神境界。"一体两翼三驱四联"的"战略＋运营"管控模式具体内容是以支撑国家电网有限公司战略目标落地模式和实践为主体（"一体"），推进以"承诺制"为核心的"放管服"改革提升管控效率、推进以"质量管控"为重点的制度体系建设提升执行效能（"两翼"），坚持客户驱动提升服务效率、坚持公开驱动提高管理效率、坚持价值驱动提高流程效率（"三驱"），建立清单、制度、流程、信息系统同步调整的联动机制（"四联"）。"战略＋运营"管控模式旨在构建现代企业治理体系的过程中注入成就卓越企业的价值基因。

《抱朴子·外篇·广譬》中讲："坚志者，功名之主也；不惰者，众善之师也。"对标一流、成就卓越是一条"坚志"和"不惰"的攀登之路。习近平总书记指出，立足新发展阶段，贯彻新发展理念，构建新发展格局，推动高质量发展，在危机中育先机，于变局中开新局，必须紧紧依靠工人阶级和广大劳动群众，必须大力弘扬爱岗敬业、争创一流、艰苦奋斗、勇于创新、淡泊名利、甘于奉献的劳模精神，崇尚劳动、热爱劳动、辛勤劳动、诚实劳动的劳动精神，执着专注、精益求精、一丝不苟、追求卓越的工匠精神。[①] 开启新征程、扬帆再出发，天津电力党委认真贯彻习近平总书记重要讲话精神，"撸起袖子加油干"，在对标一流、成就卓越的追求中铸就"从个体先进到群体先进"的深化国企改革之典范。正是在这样一批群体先进的带动下，公司改革发展获得各方高度肯定。2021 年，经过国家电网公司和国资委两轮评选，公司成功获评国务院国资委管理提升标杆企业，成为全国国有企业管理提升的样板和尖兵，再一次证明了公司是一个经营业绩优秀、管理成效突出、管理特点鲜明、管理信息化水平高的标杆企业，也为一流企业在央企落地提

---

① 习近平：《在全国劳动模范和先进工作者表彰大会上的讲话》，人民出版社 2020 年版，第4 页。

供样板。改革永远在路上，追求卓越也永远在路上。天津电力将继续以具有全球竞争力的世界一流企业为目标，不断深化改革，持续加强管理体系和管理能力建设。

第二节　价值追求体系的改革

市值与价值

在一般人眼中，电力行业是一个垄断的行业，只要在国家法律法规允许范围内可以随意定价，并不需要营销。2007 年毕业的王燚最初来到国网天津城南公司的时候也是这样一种看法。然而，十几年工作下来，王燚每每再谈及电力行业的营销则是一个又一个反映人间百态的故事。

曾国藩有言："凡事皆有极困难之时，打得通的，便是好汉。"王燚仍然记得，刚参加工作不久的一件事情。有一天早晨，王燚还没到河北区营业厅，就看见营业厅从内到外排起了长队，感觉"乌泱泱"的人都难以挤进去上班了。她一打听，才知道原来老百姓听见谣传"电要涨价"，于是纷纷跑来充电卡。

事情不大，却在王燚心中烙下了深刻的印记，从那一刻起她开始对自己从事的行业有了一个全新的认识，深深体会到了什么是"关系国计民生的重点领域"。如今，已经调离营销岗位的王燚更加明显地感受到了行业服务理念和模式的变化。以前要排队充电，现在推行网络办公让客户足不出户就可以把业务办完，既缩短了客户响应时间，又提升了客户体验，与之前不可同日而语。

"不问收获，但问耕耘。"事实上，王燚作为一位老电力营销人，还是觉得企业的价值没有变。王燚有着自己的理由：第一，以前的服务对象是企业和普通百姓，现在服务的还是企业和老百姓；第二，以前电力营销人要让客户满意，现在还是要让客户满意；第三，居民用电价格甚至也没怎么变。王燚接着说，其实与以前相比，现在让客户满意变得相对容易了，因为以前都需要到营业厅"充电"，有的客户就喜欢聊天，一定要聊一段时间才开始办业务；有的客户着急一进门就要求赶紧给他办、几分钟之内办完；有的客户是大爷大娘，来了就是家长里短；有的客户来的时候就带着一脑门官司，需要先发泄情绪……如此种种都需要电力营销人予以化解，才能达到让客户满意。王燚条件反射般地着重强调，无论是老人还是新人，无论在哪一岗位上，让客户满意是天津电力人从上岗第一天起就不断追求的目标。

在保证关系民生的居民用电价格较为平稳的同时，天津电力则在努力寻找新的利润增长点。无论是商业电价、大工业用电，还是拓展综合能源业务用电（比如供冷供热、微网等用能的一些服务），天津电力都在不断强化服务延伸，现在的电力营销也在延伸服务，致力于客户用电最优化，使客户敢用电、用好电。

市值反映的是公司所在行业的市场价值。推动公司做强做优做大，市值是基础，没有市值的公司就是一副空壳。市值遵循的是市场规律，但市场规律的自发性、滞后性、盲目性等缺陷说明市场价值并不应该是企业价值唯一的评判标准。一个优秀的企业真正的价值至少还应该体现在所承担的社会责任之中。天津电力党委正确认识公司市值与公司价值之间的联系与区别，在改革中强调促进公司市值的稳步增长，但更强调凸显包含着承担社会责任与国家战略任务在内的公司价值。

事实上，天津电力党委在对标世界一流的改革中一以贯之地认真落实习近平总书记重要讲话和指示精神，坚持"以企业改革发展成果检验党组织的工作和战斗力"，并以此作为衡量公司市值与价值的基本"标尺"——在对照中看到公司发展过程中的得失，在对照中看到工作中存在的不足与差距。这种对照不仅使党委看到了企业未来发展的前行之路，也在以上率下的联动中令干部员工看到了成就先进的努力方向。

走路不怕上高山，撑船不怕过险滩。习近平总书记指出："深化国有企业改革，要沿着符合国情的道路去改，要遵循市场经济规律，也要避免市场的盲目性，推动国有企业不断提高效益和效率，提高竞争力和抗风险能力，完善企业治理结构，在激烈的市场竞争中游刃有余。"[1] 在对标世界一流的改革中，天津电力党委严格按照习近平总书记"要遵循市场经济规律"的要求，将实现公司的保值增值作为一项基本要求。实现保值增值实际上是对公司效益的要求，"保值"就是要求公司资本存量与价值不流失、不贬损；"增值"就是要求公司资本在原有存量基础上创造尽可能多的价值增量。这实际上就是对"市值"做出了原则上的规定。与此同时，天津电力党委也着力"避免市场的盲目性"，并提出

国网天津滨海公司工作人员对长城汽车设备进行用电隐患排查

---

[1] 转引自慎海雄主编：《习近平改革开放思想研究》，人民出版社 2018 年版，第 124 页。

不能仅仅停留在追求"市值"的层面上，而是要有更高的"价值"追求。公司必须在提高效益、效率上下功夫，在提高竞争力和抗风险能力上花力气，要能够在国内国际竞争的双重市场格局中立于不败之地并不断发展壮大，进而为增强国有经济控制力、影响力作出贡献，夯实中国特色社会主义的重要物质基础和政治基础，为党执政兴国提供力量支持。这才是公司真正的"价值"所在。

天津电力党委对于公司"市值"与"价值"的正确解析，为以王燚为代表的广大天津电力人树立了鲜明导向。他们可以安心在各自平凡的岗位上开拓创新、担当作为，因为他们明白自己的奋斗可以推动公司在"市值"与"价值"的双重维度上，创造经得起实践和历史检验的业绩，以自己的实际行动塑造着"从个体先进走向群体先进"的光辉历程。

卓越与价值

天津电力党委始终清醒地认识到，公司作为国有企业是保障人民共同利益的重要力量，具有克服私人资本的逐利性、盲目性的一面，是体现社会主义公平正义、共同富裕的经济基础。在深化追究"卓越"价值体系的改革中，不仅要体现公司对利润的追求，也要体现国家对于快速发展生产力、集中力量办大事和实现共同富裕的制度安排。

追求"卓越"价值体现在急难险重任务中的勇敢担当。2020年春节前夕，一场突如其来的新冠疫情骤然降临。"疫情就是命令，防控就是责任！"国网天津城东公司运维检修部副主任兼配电运检室主任兼党支部书记黄旭第一时间主动请战到一线保电。鉴于疫情急速蔓延的严峻形势，黄旭一手抓抢修站点疫情防控培训，一手迅速组建防疫党员突击队。11个医疗场所、17家防疫留置酒店、63条保电线路，就是黄旭领导的防疫党员突击队的战场，在70多个日日夜夜中奔波于拉网式排查、故障应急保障的紧张工作中。与黄旭组建的突击队一样，国网天津城南公司也在第一时间投入到了供电保障当中。特别是针对天津市新冠肺炎定点收治医院——海河医院，城南公司按照重要用户"一户一案"的要求，与其建立应急联络机制，对接确定重要负荷分布及供电路径、应急处理流程、发电车应急接入等保电方案，开展现场保电值守，同时确保应急指挥车、发电车等重要物资随时待命，应对突发情况。国网天津东丽公司也迅速成立了疫情防控保电队伍，尤其对天津医科大学空港医院、东丽医院等4个医院、5个集中隔离点开展防疫保电，确保满足用电需求。

追求"卓越"价值蕴藏于常态工作中的孜孜以求，也体现在服务国家现代化建设的常态工作之中。为更好服务于全国第一批居家和社区养老服务改革试点地区，天津电力坚持发挥党建引领作用，主动履行社会责任，与河东区政府积极合作，充分运用大数据辅助政府部门开展健康养老、智慧养老的课题研究，提高人民群众美好生活幸福感；为做好"六稳""六保"工作，天津电力在党委的领导下认真落实《2020年营商环

国网天津城南公司共产党员服务队在海河医院对外部输电线路开展保电特巡

境优化"获得电力"水平提升工作方案》，并将其细化为"津电二十条"及非高耗能电力用户优惠政策，进一步优化电力营商环境，聚焦办电环节、时间、成本、供电可靠性、电费透明度和获得电力便利度6个环节，深化16项具体任务，以快速周到的服务促进用电企业在发展路上跑出"加速度"；为助力脱贫攻坚，天津电力各分公司"各显神通"，无论是信通公司全员参与的"天作支合·e家园"扶贫帮助活动，还是蓟州公司的"送岗下乡"助脱贫，还是宝坻公司的扮靓家园活动，抑或是宁河公司"向日葵"服务队的点对点帮扶以及天津市电力公司派出的援藏干部，都是一股股涓流，汇入了决胜全面建成小康社会的时代大河之中。

追求"卓越"价值依托于领导集体强烈的担当意识。特殊时刻顶得上、常态建设有贡献凸显了天津电力党委在追求"卓越"中展现企业价值的久久为功。天津电力党委将发挥好企业的政治属性、社会属性放在了与经济属性同等重要的地位。要成就卓越，必须兼顾好政治属性、社会属性、经济属性，三者不可偏废、缺一不可。《关于深化国有企业改革的指导意见》中指出："国有企业属于全民所有，是推进国家现代化、保障人民共同利益的重要力量，是我们党和国家事业发展的重要物质基础和政治基础。"也就是说，国有企业是生产资料归全体人民共同所有的，由国家对其资本拥有控制权和所有权的经济组织生产实体。这在本质上对中国国有企业与一般市场主体、其他国家国有企业的不同功能做出了规定，即中国国有企业不仅具有经济属性，还是具有政治属性与社会属性的市场主体。在新一轮深化国有企业改革过程中，厘清国有企业的定位、性质功能是一个优先项，在确保政治属性、社会属性的前提下实现与经济属性更好、更有效的融合，才能使国有企业在追逐经济效益最大化的过程中不偏离中国社会主义的正确方向，保证持续稳定健康发展。

追求"卓越"价值臻备与政治属性、社会属性与经济属性的完美结合。天津电力严格遵照《关于深化国有企业改革的指导意见》的基本精神，在追求"卓越"价值体系的改革中体现国有企业政治属性、社会属性与经济属性。政治属性首先强调天津电力作为国有企业是人民的企业，贯彻国家基本方针政策、直接为国家的政治服务是公司的主要职责之一。因而，"卓越"价值追求体系的改革必须为公司注入敢于担当的勇气，在任何时候都可以为国家和人民做出利益牺牲，成为党和人民值得托付和信赖的依靠力量。重塑公司"卓越"价值追求体系的改革要注意体现公有制经济的主要实现形式和具体形态，要聚焦于发展生产力、进行社会主义经济建设，致力于巩固发展社会主义经济制度、兴盛我国社会主义事业和党的执政事业。① 天津电力党委在推进追求"卓越"价值的改革中彰显社会属性主要体现在四个方面：一是要提供公共产品服务。公司矢志扎根天津、服务天津，坚持系统布局与重点破局并进，一方面加大投资为天津市稳投资发挥重要作用，另一方面要服务于综合能源服务升级、营造良好营商环境。二是要勇于承担社会责任，维护社会公平正义。公司要发挥维护公平正义的天然优势，在追求卓越的改革中注重承担起维护公平、实现全体人民社会福利最大化的责任使命。维持居民电价稳定、增加就业机会、助力脱贫攻坚等各种举措都是追求"卓越"内在价值的外化。三是要在危难时刻挺身而出。近年来，国网天津电力在抗洪抢险、抗震救灾、抗击疫情、维护国家安全等急难险重任务中冲得上、打得赢不断昭示着国有企业无私奉献、拼搏进取的英雄本色。这一切都源于公司党委对于"卓越"价值持之以恒的追求。天津电力党委在追求"卓越"价值体系的改革中始终不忘本业，在做好国有资本增值保值的过程中重新定义国有企业的经济属性。在实现基本经营目标的基础上，天津电力党委深入挖掘国有企业应该承担的弥补市场失灵缺陷、引领支柱性产业发展等职能。

党的十九大报告指出，"坚持以人民为中心。人民是历史的创造者，

---

① 参见赵亮主编：《国有企业领导力建设理论与实践》，中国电力出版社2020年版，第22、23页。

是决定党和国家前途命运的根本力量。必须坚持人民主体地位，坚持立党为公、执政为民，践行全心全意为人民服务的根本宗旨，把党的群众路线贯彻到治国理政全部活动之中，把人民对美好生活的向往作为奋斗目标，依靠人民创造历史伟业。"天津电力党委在追求"卓越"价值体系的改革中，坚持用习近平新时代中国特色社会主义思想武装头脑，坚定理想信念，拧紧国有企业党员、干部的世界观人生观价值观这个"总开关"，不仅为推动国有企业高质量发展提供坚强思想保障，也为一个个天津电力人书写出彩人生，从"个体先进到群体先进"提供了价值导向。

绿色与价值

党的十九大报告提出，要"主动参与和推动经济全球化进程，发展更高层次的开放型经济，不断壮大我国经济实力和综合国力"。天津电力党委认真学习贯彻落实党中央的战略布局，着眼于提升中国在国际舞台中的话语权，以改革促进国际竞争力的提升，向在产业链、价值链占据中高端发力，争取在国际资源配置中能够逐步占据主导地位。公司在全球行业发展中发挥领导作用，将为实现"走出去"战略、"一带一路"战略提供了有力保证，进而为构建人类命运共同体打下坚实基础。

以绿色环保理念引领能源革命先锋城市建设。生态环境问题日益成为制约经济社会发展的瓶颈，人类社会的发展日益逼近自然生态环境的承载极限，纵观人类社会发展历程，几乎每一次发展瓶颈的突破都有赖于根本性的能源革命，正是这种能源革命推动着社会发展方式的根本转型。天津电力主动适应经济社会发展的这一转型，秉持绿色环保的发展理念，依托自身能源电力输送的优势地位，积极推动城市发展的能源革命。为加快能源革命进程，天津电力紧密围绕《推进新型基础设施建设打造能源革命先锋城市战略合作框架协议》基本精神，从电网基础设施投入、能源科技投入、产业发展投入等方面着手，与相关企业加强在"新基建"项目实施，5G、人工智能、大数据、工业互联网等领域的全面合作，全力助推天津市能源转型，形成可复制、可推广的天津模式。在基础设施建设上，天津电力不断加大特高压建设力度，大幅提升天津电网接受区外输电能力，为天津能源变革提供坚实基础；同时，天津电力也不断完善健全能源互联网基础设施，助力个人企业实现用电精准配比，大幅降低电能浪费，从关口把严能源消耗的节能减排。

2021年3月16日，辛保安董事长与天津市主要领导举行高层会谈，就在津打造能源电力"双碳"先行示范区等工作达成共识，为我们在"双碳"全局中定位了坐标、指明了方向。天津电力认真落实高层会谈精神，不等不靠、迅速行动，在各相关委办局、各区政府的大力支持下，开展了一系列工作，积极为天津市实现"碳达峰、碳中和"目标贡献电网的力量。高层会谈以来，天津电力围绕"双碳"发起成立了天津市"碳达峰、碳中和"产业联盟。5月18日召开了联盟成立大会暨联盟第一届理事会，包括科研院所、设计单位、设备制造企业等83家企业成为首批联盟成员单位，天津电力当选理事长单位。制定了"天津电力'碳达峰、碳中和'先行示范区实施方案"。5月20日，在第五届世界智能大会上向全世界发布"天津电力'碳达峰、碳中和'先行示范区实施方案"，并举行了天津市"碳达峰、碳中和"产业联盟成立仪式。6月9日，由天津市发改委、天津市工信局和天津市生态环境局联合印发"天津电力'碳达峰、碳中和'先行示范区实施方案"，明确了6个方面30项重点任务。将实施方案细化成任务清单，形成包括课题研究、专项工作、政策研究及电网项目等在内的625个具体项目。6月18日，天津电力作为唯一央企代表在天津市推进"碳达峰、碳中和"工作会议上作典型发言，得到了天津市主要领导的充分肯定和高度认可，领导认为天津电力从城市能源革命大局出发，为天津推进"双碳"提供咨询意见、建议，出方案，出金点子，特别是近期政企合作发布首个电力"双碳"先行示范区实施方案，为天津市提供了"双碳"样板示范和思想上的智慧动能。为深入贯彻习近平生态文明思想和"四个革命、一个合作"能源安全新战略，助力天津市能源革命先锋城市建设，推动天津能源电力"碳达峰、碳中和"先行示范区建设，加快构建以新能源为主体的新型电力系统，助力电力能源转型升级和高质量发展，加快推动实现"碳达峰、碳中和"目标和战略合作协议落地，天津电力策划与各区政府以及重点园区、重点用能企业和发电企业签订战略合作协议。

以能源变革助力天津现代化大都市建设。天津市第十一次党代会提出了建设"五个现代化天津"的规划蓝图，即将天津建设成为具有创新发展、开放包容、生态宜居、民主法治和文明幸福的现代化天津。这是一幅持续奋进的蓝图、也指明了天津长期发展的战略规划。天津电力自成立以来便立足津城、服务津城，为天津的发展提供源源不竭的动力支持。面对"五个现代化天津"的宏大蓝图，天津电力更应抓住机遇，不断突破自我，着力打造具有中国特色国际领先的能源供应服务企业。在助力"五个现代化天津"建设的发展过程中，天津电力以能源建设转型升级为抓手，不断优化综合能源业务布局，加快构建多元化清洁能源供应体系，为构建持续健康、稳定、发展的新型现代化天津贡献力量。为打造现代化天津的新名片，天津电力结合电动汽车行业发展规划，不断加强加快充电桩等配套基础设施建设，以此为汽车产业等能源消费终端提供更好的服务环境，从而促进新能源汽车消费意愿的提升，加快国家整体新能源发展战略的统筹、协调推进。

与此同时，天津电力还充分利用自身能源创新技术优势，推动建设以电能为核心的产城融合绿色能源智慧园区，通过以电能作为综合能源供应枢纽，推动建设绿色能源智慧楼宇、绿色能源智慧工厂，全面打造绿色能源智慧园区示范建设，从而助力天津打造先进制造业基地。在布局工业应用场景之外，天津电力还致力于探索未来城市发展的新样态。

国网天津蓟州公司工作人员对邦均镇大街村 100 千瓦光伏电站进行安全检查

在绘就智慧能源支撑智能城市发展新蓝图的过程中，天津电力致力于以绿色、智慧能源打造一个更加智能、清洁与美丽的智慧小镇。通过自身的技术创新，天津电力在中新天津生态城内打造了以清洁能源为核心的智慧能源互联网，建成了绿色能源社区广场、智慧节能路灯系统，从而实现了能源互联网系统与城市基础设施的多场景深度融合。这种接入用户类型齐全、融入基础设施广泛、应用场景丰富的智慧能源小镇为未来城市发展新样态起到了示范和引领作用，提供了可供复制的样板和范式。新型现代化大都市的建设，离不开电气化的广泛布局，天津电力的绿色能源互联网探索将为"五个现代化天津"的建设提供有力的保障和支撑。

以新能源生态圈建设引领社会发展模式转型。新能源的推广应用是保障人类社会可持续发展的重要举措。面对日趋严重的生态环境问题，天津电力致力于以新能源生态圈构建推动社会用能耗能转型，为实现经济社会的绿色发展、低碳发展贡献力量。为确保新能源生态圈建设的有效落地，天津电力与华能（天津）能源销售有限责任公司、

151

大唐国际发电股份有限公司天津分公司、天津华电北宸分布式能源公司、天津绿动未来能源管理有限公司、天津地热开发有限公司和天津龙源风力发电有限公司6家单位共同签订战略合作协议，凝聚综合能源服务发展合力，打造发电企业和电网企业合作样板。天津电力与各大集团致力于培养能源服务新技术、新模式，充分发挥各自优势，大力推进光伏、风电、氢能等新能源项目培育发展，通过能源供给侧改革，努力推动形成未来城市发展能源转型的新格局，努力开发国际领先、世界一流的综合能源服务模式，为人类社会能源转型发展提供有益的探索和借鉴。

习近平总书记曾指出："建设美丽家园是人类的共同梦想。面对生态环境挑战，人类是一荣俱荣、一损俱损的命运共同体，没有哪个国家能独善其身。"而纵观人类文明的发展史，能源的转型是我们应对生态危机、开辟新型发展模式的唯一出路。在未来的城市建设与发展中，天津电力将继续深植津城，不断加大科研创新，努力为"五个现代化天津"贡献自己的力量。同时，天津电力对绿色能源体系的探索，亦为新型现代化下城市发展的新样态提供了可资借鉴的范式。

价值与担当

天津电力党委坚持以习近平新时代中国特色社会主义思想为指导，科学看待和审视公司的真正价值。公司在党的领导下以争当能源革命先锋城市建设引领者、能源互联网企业建设先行者、新时代国企队伍建设示范者的姿态，服务于天津社会主义现代化大都市建设、服务于京津冀协同发展、服务于社会主义现代化强国建设。尤其是在防控疫情的大背景下，公司在战役保供电、助"六稳"促"六保"等工作中交出了优异答卷，在大战大考中彰显了央企担当。

重估国有企业的价值，首要的是要紧抓国有资产保值增值这一根本落脚点。公有制是我国的根本经济制度，体现了全国人民的根本利益所在。国有企业是公有制经济的重要组成部分，并且国有企业是中国特色社会主义的重要物质基础和政治基础，是中国特色社会主义经济的顶梁柱。国有企业的发展壮大是中国特色社会主义的题中之义，并且这也将为不断改善和提升人民生活水平提供坚实的物质支撑。要确保这一目标的实现，国有企业作为全民财富的管理者必须将国有资产的保值增值摆在首要的位置。为此，天津电力一直以来便不断推动精益化管理，通过完善公司内部作业流程、加强项目管理体系建设、提升综合管理效率以及加大人力资本投入等举措，确保公司运营的降本增效，进而提升公司产品服务的综合竞争力，实现公司投入资产的不断保值增值。

重估国有企业的价值，要做好新时代创新改革的先锋队。新的时代、新的发展阶段，必然催生新的发展方式以及市场需求。为适应新时代的新发展以及广大老百姓对电力能源服务的新需求，天津电力不断进行技术创新、体制创新与服务创新，以自身的改革创新推动社会转型发展，不断为天津建设现代化大都市贡献自身的智慧与力量。在技术创新层面，天津电力不断推进强基建设，推动电气化基础设施建设，不断满足人民群众对电力能源日益丰富的多元化需求，譬如电动汽车的普及所带来的对充电桩的需求，人民对于生态环境的需求所带来的新能源的不断推广与应用。在体制创新层面，天津电力自发成立职工技术创新协会，从职工群众中遴选一批创新意识强、经验丰富的职工创新领军者，组成职工创新联盟。这一形式为基层技术工人提供了交流协作的有效平台，推动了基层职工进行技术攻关与创新，不断解决生产难题。

同时，天津电力还制定了《鼓励职工技术创新十项措施》，提出建设命名覆盖全部基层单位的职工创新工作室，打造全国领先的职工技术创新示范基地，发挥工作室和示范基地在创新萌芽阶段的源头带动作用，为创新成果孕育产生提供保障。在服务创新层面，天津电力以"网上国网"APP 为依托，大力推进"阳光业扩"，借此完善疫情期间线上服务措施，实现业务办理精简化、便利化、透明化、规范化。这为广大客户节省了时间成本，推进了客户接电需求审批进度，大幅提升了客户的综合服务体验，有效满足了客户高效快速的接电需求。

重估国有企业价值，还应加强国企的社会责任与担当。国有企业不仅仅要保障国有资产的保值增值，从而实现自身经营的经济效益，其公有制的性质还决定了它必须肩负社会责任与担当。天津电力在以创新驱动自身经营提质增效的同时，也积极参与社会公益项目，深化落实社会责任，为社会健康有序发展贡献自己的力量。这样的责任与担当不仅仅体现在每一个天津电力员工的实干行为中，也体现在天津电力服务经济社会发展大局的行动中。在天津电力煤改电和农网升级改造的过程中，便涌现出了一个个勇担当、争先锋的个体典型，在支援蓟州煤改电和农网升级改造的工程中，国网天津城西公司退居二线的中层干部孙惠忠和同事们需要走遍 7 个镇、4 家供电服务中心在 200 天的时间内新建 24 条 10 千伏线路并完成送电，他以实干行动践行"人民电业为人民"的服务理念，以自己艰苦奋斗、实事求是的精神以及冲锋在前的魄力谱写了新时代国网人的社会担当与使命。

在面对新冠疫情防控的工作中，天津电力将疫情防控工作列为当前最重要最紧迫的政治任务，提倡国网广大职工临危不惧、勇于担当、主动作为，以确保关键时刻电网安全和优质服务，为坚决打赢新冠疫情防控这场特殊战役，确保人民群众身体健康、生命安全和社会大局稳定，作出应有的贡献。在疫情防控工作中，天津电力认真分析发热门诊电网运行方式，积极调整最优供电方式，安排党员先锋模范对每家医院定点联系，提前制定电力故障应急预案，确保了疫情期间医院系统供电的安全稳定可靠。

党的十八大以来，习近平总书记对国有企业的发展极为重视，明确指出，"国有企业，特别是中央管理企业，在关系国家安全和国民经济命脉的主要行业和关键领域占据支配地位，是国民经济的重要支柱，在我们党执政和我国社会主义国家政权的经济基础中也是起支柱作用的。"在新时期，对国有企业的价值重估要以习近平总书记有关国有企业的重要讲话精神为指引，不断深化对我国国有企业在中国特色社会建设过程中重要作用的认识。

新的时代呼唤国有企业的新发展、新奋进、新转型。国有企业是人民共同利益的直接体现、是国家综合实力的核心要件、是新时代引领社会转型的核心动力。新时代重估国有企业的价值，为国有企业未来的发展提供了参照系。在未来的改革转型中，天津电力将继续坚持国有资产保值增值、改革创新与社会责任担当三方面相统一，不断以自身的改革突破服务于"五个现代化天津"的建设、为天津现代化大都市的建设贡献自己的力量。

第三节　质量服务体系的改革

服务与价值

天津电力秉承"人民电业为人民"的企业宗旨，以服务践行使命，以服务赢得发展，以服务成就价值。公司在市场价值与社会价值保值增值双重考量中提升公司的服务水平，满足人民对美好生活的期待和向往。

质量服务体系的改革就是要打造贴心服务赢得市场价值。2020年4月26日，天津西青区张家窝公交专用充电站建设完成，具备充电条件，这是复工复产以来，天津建设完成的第一座公交充电站。为满足项目进度要求，国网天津电力克服新冠疫情影响，在做好充足的消杀防疫工作的基础上，仅仅用了一个月的时间，就完成了该充电站的所有电力配套工程。作为天津市充电站建设首批复工项目，张家窝充电站将通过白天运行期间快速补电，夜间完整充电，满足 40 辆新能源公交车充电，并与西青区云锦世家、赛达园、大寺新家园、海泰北等十几个公交充电站点形成新能源公交充电网络，共有 250 余个充电桩为新能源公交车提供服务。5 月份，滨海新区天津港客运码头、米立方充电站等一批新能源公交充电站建设完成，新能源触角触及港口、园区和农村地区。2020年内，国网天津城西公司新建了公交专用充电站 12 座，保障了新能源公交车便捷充电，服务百姓绿色出行。

新能源汽车充电桩是新型基础设施七大领域之一。推动充电站建设，既是天津电力党委落实中央"新基建"部署推动天津市与国家电网公司"新战略新基建新合作"战略协议落地的责任担当，也体现了按照市场需求谋篇布局扩大覆盖范围、拓展业务领域推动产品与市场的良性互动。近年来，国网天津电力党委在深化服务体系的改革中严格按照"营商环境，没有最好只有更好"的要求，服务经济社会发展需要，不断提高顶层设计，更新迭代服务举措，着力打造贴心服务赢得市场价值。

质量服务体系的改革就是要打造用心服务赢得品牌价值。天津金鹏铝材制造有限公司是一家从事有色金属合金制造的公司。新冠肺炎疫情的蔓延对企业的生产经营产生了很大影响。在积极推动恢复产能的过程中，该公司急需降低成本缓解经营压力。正在此时，该公司负责人的手机收到了一份推送，内容是《关于开展 5 月份电力直接交易相关工作的通知》《天津市 2020 年电力直接交易常见问题解答》及相关操作手册。根据这份推送逐步完成电力直接交易后，仅 2020 年 5 月企业可以减少电费 2 万元。

在国网天津营销服务中心（计量中心）员工、"巾帼建功标兵"称号获得者张蕊、朱冬雪看来，这种服务只是在质量服务体系改革中形成的"基本操作"。尤其是在 2020 年新冠肺炎疫情以来，天津电力党委按照"统筹、精准、兼顾"的工作原则，启动了"双进双服助力双战双赢"活动，使用心服务赢得品牌价值的举措得到又一次升级。"双进双服"活动通过"走进千家企业、走进千个现场，服务疫情防控和民生保障、服务重点工程和重大项目"，助力提振企业家信心，支持企业有序复工复产，全民服务天津市"两站并重、双胜双赢"任务目标，优化服务模式和服务内容，逐步打造品牌价值。从更宏观的角度来说，这也可以视为天津电力党委以国际化事业深入研究一流品牌标准，把握国网战略落地和天津能源革命先锋城市建设两大机遇，以植根品牌理念为先导，以完善品牌架构为主线，以打造品牌体验为核心，以强化品牌传播为路径，构建世界一流品牌的管理实践。在这一过程中，随着品牌管理实践的内化，必然要求打造用心服务赢得品牌价值，用心服务的要求也就成为"个体先进到群体先进"的强心剂。如今，"黎明出发，点亮万家"的品牌口号响彻津门乃至华夏大地，无疑是天津电力党委推进质量服务体系的改革赢得品牌价值的有力证明。

质量服务体系的改革就是要打造暖心服务赢得社会价值。天津电力党委将新发展理念贯彻在企业的发展当中，将社会价值的考量纳入深化质量服务体系的改革中，通过打造暖心服务赢得社会认可。社会价值的塑造可以看做是社会影响力投资。它不同于传统投资或"社会责任投资"，社会影响力投资在传统投资意义的财务回报基础上，追求投资行为更高效地解决教育、环境、安全等社会问题，并且创造出有利于社会环境的正面效应和积极的社会影响力。社会影响力投资追求"综合价值"，即对社会的正面影响和多样化的经济回报。这种"综合价值"不是经济、社会和环境价值各部分的简单叠加，而是将资本、社会和商业这些核心元素进行重新整合，形成超过其总量的融合价值。[①] 换言之，

---

① 刘蕾、邵嘉婧:《社会影响力投资综合价值实现机制研究》,《中国科技论坛》2020 年第 10 期。

天津电力党委深化质量服务体系的改革、打造暖心服务赢得社会价值既是落实习近平新时代中国特色社会主义思想的举措，也是真正实现"从个体先进到群体先进"的必由之路。

习近平总书记强调："国有企业领导人员要坚定信念、任事担当，牢记自己的第一职责是为党工作，牢固树立政治意识、大局意识、核心意识、看齐意识，把爱党、忧党、兴党、护党落实到经营管理各项工作中。面对日趋激烈的国内外市场竞争，国有企业领导人员要迎难而上、开拓进取，带领广大干部职工开创企业发展新局面。"在激烈的国内外市场竞争中开创企业发展新局面，归根结底要依靠构建高质量的服务体系。天津电力党委依靠打造贴心服务赢得市场价值、用心服务赢得品牌价值、暖心服务赢得社会价值，不仅构建了高质量的服务体系，也为"从个体先进到群体先进"搭建了舞台。

服务与先进

现代社会，人民群众对电的要求越来越高，与之相伴的是对供电企业的服务水准和要求越来越高，服务的水平在很大程度上决定着公司的先进水平。天津电力党委秉持习近平总书记"人民对美好生活的向往，就是我们的奋斗目标"的思想理念，在加速公司发展过程中将服务水平作为衡量是否先进的一个重要坐标系。

"把人民群众的小事当作自己最大的事。"2016年11月20日，一场暴雪不期而至。接到拥军里社区停电报修的电话后，张黎明立即和工友驾车出发。经过火速排查，发现是一段埋在地下的电缆出现故障。排除故障首先要将电线杆上的刀闸断开，可是电线杆已经在风雪中结冰，脚扣难以固定，无法攀爬。经过商议，他们想出一个办法：砸开一段冰层，装上脚扣，3名抢修队员再用肩膀牢牢顶住脚扣，"搭人梯"托举张黎明用加长至5米的拉闸杆上杆作业。风雪正急，寒风刺骨，看着张黎明在这样恶劣的天气下作业，居民们既感动又担心。故障排除后，小区内灯火通明，居民们围在张黎明身边连连道谢。通过这次抢修，张黎明发现社区用电超负荷或遭遇暴雨雷电天气时，变压器低压刀闸保险片易发生烧毁故障。他和同事们经过反复试验，发明了"可摘取式低压刀闸"，将线路变压器发生保险片烧毁故障的抢修时间，从过去约45分钟一下子缩短至8分钟。这项发明后来获得国家专利并得到广泛推广，仅这一项小革新每年就可减少因停电带来的损失超过300万元。张黎明说："中国共产党人的初心和使命就是为中国人民谋幸福，我们就是要把人民群众的小事当作自己的大事。"

这样说这样做的并不只有张黎明。国网天津城南公司的闫崇松刚近40岁却被用户亲切的称为"老闫"，只因他是每每挺身而出的"老面孔"，也是屡屡热心服务的"老朋友"。2019年8月的一个傍晚，10千伏江28线路突发停电，刚刚下班到家的"老闫"接到抢修电话，穿上刚刚脱下的工装立即赶赴现场开展抢修作业，并耐心向周围居民疏导劝解。爱人打来电话盼他早些回家休息，"老闫"毫无犹豫地说道："你和孩子赶紧睡吧，没修完我就不能打盹，这么多居民等着用电呢！他们没睡，我更不能睡。"在天津电力这样说这样做的还有仝新宇、李海鹏、李小叶、刘洋洋、胡庆虎、梁泽慧、张华、何金昭……他们把群众的小事当成自己最大的事，将"人民电业为人民"的企业宗旨践行在自己普通的岗位上，书写着一个个普通天津电力人在优质服务与先进典型之间相互促进、相互成就的点点滴滴。

"金杯银杯不如客户口碑。"这是作家剑均在《黎明，我们出发》一书中对"黎明共产党员服务队"的概括。多年来，"黎明共产党员服务队"以优势服务、过硬技术和高尚觉悟，打造了"客户口碑"的天津标准。

年过七旬的陈大娘说："这些电力'红马甲'可是一群好孩子，不管多热、多冷的天，只要我这屋里灯不亮了、电视开不了了，他们就来给我修。"天津市滨海新区丹东里社区主任说："黎明共产党员服务队"

想得周到，"真是我们丹东里贴心的'电保姆'啊！"原来，社区居委会将社区门口一间小屋开放给居民们开展问题活动，却因没有电源没有达到预期效果，"黎明共产党员服务队"了解情况以后，以最快的速度完成业务申请、现场勘查、接线装表整个流程。不仅如此，丹东里小区是老旧小区，居民楼陈旧、用电设施薄弱，没有物业公司提供服务，部分居民楼公用照明损坏一直无人维修，天黑以后居民进出尤其是老人小孩进出很是不便，时常发生磕碰、摔倒情况。得知这一情况以后，服务队员们主动上门服务，对社会居民楼公用照明线路进行检查、维修，更换节能灯泡和触摸开关。楼道的灯亮了，人民群众的心也暖了。截至 2018 年 5 月，以队长张黎明名字命名的"黎明共产党员服务队"成立 10 余年来，张黎明和伙伴们深入开展"进社区、进企业、进村庄、进校园、进医院"等志愿服务，与 10 余个社区签订共建协议，使 3000 多位居民不再摸黑爬楼。如今，"黎明共产党员服务队"的 20 支分队、326 名队员已经把志愿服务制度化、常态化。他们用点滴奉献，诠释着"客户所需、党员所及，让党旗飘扬、让百姓满意、让爱心传递"的郑重承诺。

"干好本职工作就是对党最大的忠诚。"这是张黎明常对工友们说的一句话。道理很简单：中国共产党的宗旨是全心全意为人民服务，干好本职工作服务好老百姓就是践行党的宗旨、就是对党的忠诚。"干好本质工作"看上去是一个十分简单的事情。然而，电网抢修不分昼夜，特别是风雨雪雾等恶劣天气，更是要"枕戈待旦"，在经历一次又一次的危难关头后，有些人怕了；线路检修枯燥单调，在年复一年、日复一日的循环往复中，有些人烦了；电力抢修琐碎繁杂，在遭遇一回又一回街坊邻里情绪的发泄后，有些人退缩了。就是这样一份"本职工作"，张黎明 30 余年如一日，"始终保持永不懈怠的精神状态和一往无前的奋斗姿态"，扎根在抢修一线。扎根是"一路向下"汲取营养，扎根是"保持定力"敢于平凡。张黎明以工匠之心坚守电力工人的初心，在一线不断扎根成为电力抢修领域的行家里手。为将自己的绝活儿毫无保留地传授给大家，张黎明总结分析了上万个故障，形成50多个案例，编成《黎明急修工作案例库》，同时将其中常用的11个抢修小经验、8大抢修技巧、9个经典案例印成《抢修百宝书》，一旦遇到故障，大家可以像"查字典"一样按图索骥，使电力抢修更及时、更高效，全面提升了"人民电业为人民"的服务水平。

从个体提升服务，到团队提升服务，再到将服务体会固化为方案、机制，天津电力在变革强企中按照世界一流能源互联网企业的目标要求制定服务标准。这一切离不开天津电力党委对提升经营质量效益的"痴迷"。在主动开拓用电市场、快速响应客户需求、推广网格化综合服务的过程中发现先进个人，以先进个人的优质服务标定公司服务标准，以公司服务标准规范全体员工服务。

服务与质量

服务全面提升企业运行和产品服务质量。有效提高全要素生产率，大幅提升产品服务质量、标准档次和品牌影响力，为满足人民日益增长的美好生活需要提供更优产品、更好服务、更多选择。质量是安全的保障，质量大关过得去，百姓才能更放心。

更新理念强服务。天津电力党委视人才为企业的第一资源，坚持以人为本、共同成长的社会责任准则。善待员工、切实维护员工的根本利益，充分尊重员工的价值和愿望，保证员工与企业共同发展；善待客户，以客户为中心，始于客户需求、终于客户满意；善待合作伙伴，互利互惠，合作共赢，努力营造健康、和谐、有序的电力运营和发展环境。通过建立完善规范有序、公正合理、互利共赢、和谐稳定的社会主义新型劳动关系，为员工发展提供机遇和舞台，充分调动员工的积极性、主动性和创造性，赢得员工对企业的忠诚，以公司的发展实现员工成长、客户满意、政府放心，促进经济发展、社会和谐。

创新方法强服务。在新的服务理念指引下，天津电力各分公司将党委提升服务质量的要求切实贯彻落实于具体实践之中，积极创新方法强化服务质量。在"不忘初心、牢记使命"主题教育开展过程中，宁河公司聚焦"为民服务解难题"要求，持续开展营商环境优化工作，推出"7×24"和"预约上门"服务，把营业厅开到用户身边。2020 年 5 月份，团队最新研发的移动作业终端线上缴费功能正式启用，利用支付宝扫码完成了天津市首例线上收取预支电费，有效解决用户只能在营业厅缴付预置费的单一渠道问题，得到了广大小微企业的赞许。在天津市宁河区潘庄示范小城镇农民安置用房建设工程送电过程中，为保证客户享受到优化办电流程带来的新体验，宁河公司市场室主任杨庆臣主动上门收集客户资料，进行现场勘察，快速将刘明毅提出的 5 台 400kVA 临时变压器送上了电。天津诚通创远城镇建设投资有限公司工程负责人刘明毅感慨地说道："这两个小区能按期完工不容易啊，多亏了电力公司多次开通绿色通道，还主动上门服务，全程都特别贴心！"而天津电力城东公司则鉴于冬季天气寒冷，老年人出行越来越不方便，而网上缴费支付对他们来说又存在一定困难。城东公司主动作为，积极与各社区联系，利用辖区内闲置房屋作为专属便民服务点，让老年人在家门口便可缴纳电费。此外，专属便民服务点每月还可固定两次集中为居民提供购电服务。天津电力各分公司在天津党委的有力领导下，聚焦服务方法创新，为客户提供便利，增强人民的电力获得感。

构建先进体系强服务。天津电力党委致力于构建安全的电网体系。坚持"安全第一、预防为主、综合治理"方针，深入研究城市电网运行规律，抓好规划设计，优化电网布局，提高电网安全承载力，增强电网本质安全能力。以提升全员安全能力为目标，坚持问题导向，充分发挥两级安委会作用，强化安全法规制度宣贯，建立"依法依规、全面覆盖、以岗定责、务求实效"的责任体系，以铁的手腕推动安全责任层层落实，推进安全管理由严抓严管向自主管理、团队管理升级。

　　天津电力党委深化法治企业建设，依法治企，形成规范的管理体系。公司长治久安，需要坚强可靠的电网支撑，也需要科学规范的管理支撑。以提高法治力为核心，健全"三全五依"法治体系。在机制保障方面，到2025年，天津电网本质安全水平、智能化水平将达到国际领先水平，数字化发展指数达87%。国网天津电力将推广"新能源＋储能"模式，对接相关部门出台新能源配置储能政策措施；加强电力需求侧管理，协助政府研究出台用户侧居民用电、家庭充电执行峰谷电价，以及发电侧峰谷上网电价政策；提升系统调节能力，推动煤电机组灵活性改造；打造能源数字经济平台，深化新能源云应用，服务智慧能源体系构建。

　　天津电力落实天津市推动重点领域、重点行业率先实现"碳达峰、碳中和"工作要求，围绕能源供给多元化清洁化、能源消费高效化电气化研究实施路径，加快建设能源互联网，推动构建以电为中心的现代能源体系。在能源供给方面，到2025年，天津电网跨省输电能力将提升

国网天津城东公司员工在智慧能源运营中心分析综合能源服务业务发展情况

至 1265 万千瓦，外来电比例达到 35% 以上，本地并网可再生能源装机容量突破 560 万千瓦。天津电力加大"外电入津"力度，构建"三通道、两落点"特高压受电格局；加快本地清洁能源开发利用，优化能源结构；推动分布式电源和微电网发展，满足分布式清洁能源并网和多元负荷用电需要；提升清洁能源消纳能力，促进可再生能源与智能电网融合发展；加快滨海能源互联网综合示范区建设，集中攻克一批能源互联网核心技术。2025 年，电能占天津终端能源消费比重将超过 38%。天津电力将拓展电能替代，推广乡村电气化、绿色交通；加快"新基建"项目落地，推动 5G、人工智能等技术应用；深化综合能源服务，构建"以电为中心"的能源消费体系；实施电网节能减排，强化电网建设环保、水保全过程管理；引导全社会节能减排，健全能源消费台账。

天津电力党委致力于在变革中构建以客户为中心的现代服务体系，在改善营商环境中打造"获得电力"国际标杆，以服务拓展发展空间。始终坚持高质量发展要求、树立系统规划和全寿命周期理念，建设系统化、协同式更好地满足人们美好生活需求的现代服务体系。

服务从细节做起，体系关乎成败。营商环境是一个国家或地区经济软实力的重要体现，是提高国际竞争力的重要内容，直接关系到一个国家、一个城市的发展潜力。未来的竞争，从一定意义上说就是营商环境的大比拼，国际竞争也是营商环境的竞争。我国社会主义制度优越性，要通过优良的营商环境展现出来。优化营商环境是坚持和完善中国特色社会主义制度，建立更加完善的市场经济体制，完善治理体系和提高治理效能的需要；是政府精准推进供给侧结构性改革，增强发展动力和活力，持续推动经济健康发展的需要；是保护产业链供应链安全稳定，维护国家产业和经济安全，提升国际竞争力的需要。

2020 年 9 月，国务院常务会议专题研究部署优化营商环境和提升"获得电力"工作，国家发改委、能源局联合印发指导意见，国家电网公司第一时间发布提升"获得电力"九项举措，社会各界的迫切需求对优化电力营商环境工作提出了新的、更高的要求。

未经一番寒彻骨，焉得梅花扑鼻香。天津电力党委清醒地认识到，以改善营商环境为契机构建以客户为中心的现代服务体系是一个"凤凰涅槃"的艰难过程，需要有"蚂蚁啃骨头""牙签顶铅球"的果敢与坚守。公司党委在深入调研的基础上下大力气优化营商环境工作。一是聚焦提升"获得电力"，连续升级出台服务新举措。2018 年以来，公司贯彻落实国网公司部署，深化落实"三零""三省"供电服务，连续 4 次出台并公开发布 60 条措施，形成"获得电力"4.0 升级版服务举措，近 3 年累计投资 12.37 亿元，大幅降低客户办电成本。二是聚焦优化电力营商环境，扎实开展"双进双服"。疫情防控期间，坚决落实国网公司"支持疫情防控、供电服务保障、助推企业复工复产"举措，助力天津"两战并重、双胜双赢"目标实现。即"走进千家企业、走进千个现场，服

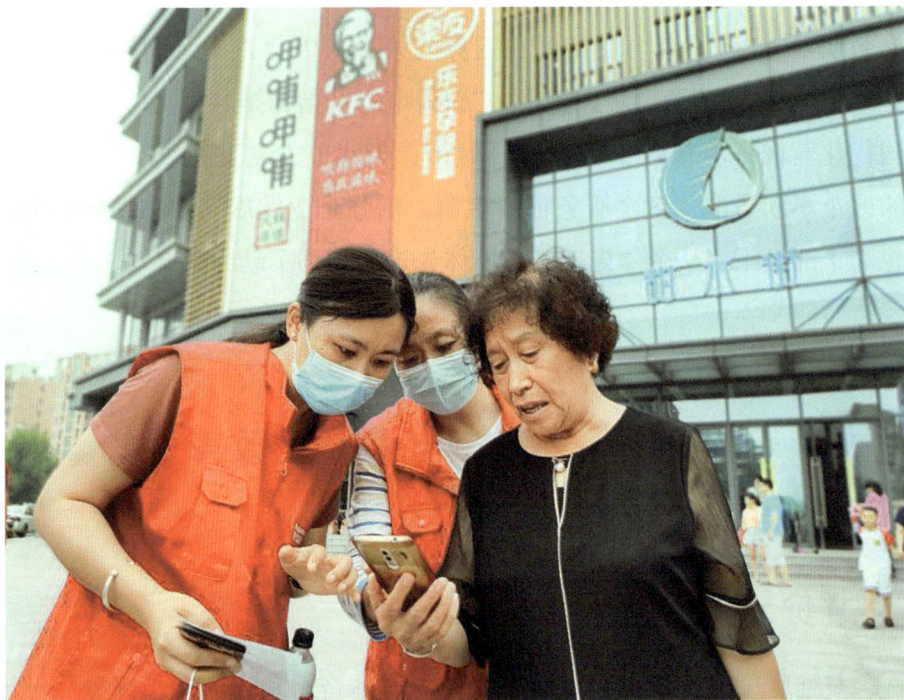

国网天津城西公司开展党建融入优质服务活动，进社区推广"网上国网"APP

务疫情防控和民生保障、服务重点工程和重大项目"，并延伸服务至中小微企业和个体工商户，主动对接解决疑难问题，提振企业家信心，支撑企业有序复工复产。公司和供电单位两级领导班子成员落实"战区制、主官上"要求，走访天津企业100强、天津制造业企业100强和服务业企业100强、天津市125项市级重点建设项目工程；供电单位中层干部（科级）走访区域内重点企业和建设项目，每家供电单位走访约100家企业和100个现场。累计走访企业和现场2.5万余户，解决客户诉求2000多件，荣获政府各级领导批示肯定40余次，市领导批示"'更安全、更便捷、更省钱、更透明'的工作举措很给力！特别是疫情防控期间主动走进企业、服务企业的具体行动是非常时期的一股暖流！"。新华社、《人民日报》、天津电视台、《天津日报》等中央地方各级媒体刊发报道600余篇，得到社会各界高度赞扬。

长安何处在，只在马蹄下。2018年以来，天津电力优化营商环境成效明显，"获得电力"指标在国务院第五次大督查中全国排名第四；在2019年全国营商环境评比中，"获得电力"指标排名第九，进入《中国优化营商环境报告2020》标杆城市。天津电力党委在质量服务体系的改革不断进取，健全服务创新机制，增强企业发展韧性和发展活力，也为干部员工"从个体先进走向群体先进"增强了动力。

第四节　先进评价模式的改革

评价与指标

多维度设定评价指标是激励个体与群体奋勇争先的"指挥棒"。天津电力党委在对标世界一流的改革中，注重强化先进典型的影响，用好评比表彰的"风向标"。评价指标的分类、评价标准、考评方式等科学规范、导向清晰，在推动战略落地和员工成长方面有效发挥"指挥棒""风向标"作用。

天津电力党委在多维度设定评价指标的改革中，对于专业技术人员，推出技能人才培养工程、大数据人才队伍建设等工作方案，以科学的评价标准、务实的工作举措深入推进人才培养，加快培养懂技术会创新、敢担当讲奉献的高素质专业化人才队伍。

多维度设定评价指标是提升企业治理能力的"助推器"。强化公司规章制度质量，筑牢规章制度质量基础。天津电力党委严把制度"出台关"，持续提升制度质量，在差异条款中进一步细化制度质量要求。明确规定制度设计应体现公司发展战略导向，符合公司价值观和企业文化，确立依法合规七项原则和权责对等七项要求，协同配合"放管服"等改革工作，完善检查标准及监督措施纳入制度，征求意见覆盖全部基层单位，将立法技术纳入编写规范，提高制度的可操作性。创新开展规章制度执行成效评估。天津电力以"有章必依、执章必严"为原则，按照专业检查、审计、巡察、考核问责、制度执行矛盾、时效性、流程平台完备性法律纠纷案件和"放管服"、承诺制改革涉及制度问题 9 个维度，对全部现行有效制度的执行情况进行有效的评价。

天津电力党委提出评价指标要有可靠的统计数据，要秉承规范性，具有可操作性。天津电力以理清制度体系内在逻辑关系、提升制度体系协同性、优化健全制度体系为目标，涵盖国网通用制度、非通用制度，以及天津电力通用制度差异条款、非通用制度实施细则、补充规章制度的制度体系层级，对共计 1148 项制度开展梳理评价，查找制度空白和冲突矛盾，搭建专业制度体系逻辑结构，最终形成制度立、改、废评价结论，为制度体系的科学设立和持续优化提供了重要依据。

为进一步提升企业治理能力，天津电力党委细化了《国家电网公司规章制度管理办法》，建立了制度效力等级规则。公司确立以章程为核心，由基本管理制度、专业管理制度、其他运营规则组成的与公司治理体系相适应的规章制度体系，明确制度效力等级及适用原则。将规范性文件纳入制度管理。明确只有对制度进行细化解释和因"放管服"改革等变革创新两种情形，可以发布规范性文件，并在 1 年有效期内将其转化为制度，有效维护公司规则体系并保障具体措施的落实。加强资产运行管理，创新系统管理方法，开展基于单位的有效资产投入产出评价体系研究。开展有效资产投入产出试评价，促进资源精准配置。构建基于组织机构及重点设备的有效资产投入产出评价体系，从经营业绩、运行效率等多维度科学评价各级组织资产的投入产出效率，充分发挥预算管理的激励、约束作用。促进资源精准配置，提高投资回报水平。

多维度设定评价指标是激发企业内部活力的"风向标"。天津电力党委认为，评价指标的内涵与外延界定确切、统计口径无歧义、重复计算的指标数据具有高度的一致性，是多维度设定评价指标激发企业内部活力的基石。公司党委坚持规范性的原则，深化资产精益监测分析评价，监控全过程管理指标，全面梳理资产设备管理的 30 项全景问题，深入应用 42 项指标体系；执行"五位一体"机制，将指标嵌入资产业务流程，实现全寿命精益管理；实现问题数据"一键式"穿透查询，提高工作效率；增加基层单位"新增有效资产收益贡献率"指标，全面对接输配电成本监审要求。公司党委持续开展账、卡、物一致性管理，确保资产清查全覆盖。开展账、卡、物一致性深度核查治理工作，定量评价清查结果，使低效无效资产现状明晰，现场留用设备台账健全，保管责任落实，实现电网资产账、卡、物一致；加强新增资产规范化管理，组织相关部门全面整改并消缺 7 类资产设备差异问题，助推增量资产的精益化管理。

天津电力党委聚焦"承诺制"，全面推行信用管理。鼓励讲信用和信任他人，促使承诺者履责到位，培育企业信用文化；坚持以评价指标"履责、服务"，强化事中事后监管。下放事项进行全流程风险梳理，针对风险点统筹制定承接方案，确保承接要建立承诺事项"双随机、一公开"监管机制，提前公示检查事项、检查依据、检查内容抽查比例、抽查对象、抽查计划等监管要求，按照"谁审批、谁监管，谁主管、谁监管"的原则，过程中随机抽取检查对象和检查人员进行检查，检查结果公开发布，有效解决标准不明确、过程不透明、监管不到位、结果不公开等专业监管中容易出现的问题，有效防范监管部门自由裁量。同步建立基层问题协调反馈闭环机制，有效打通改革梗阻。

习近平总书记指出，要改革科技评价制度，建立以科技创新质量、贡献、绩效为导向的分类评价体系，正确评价科技创新成果的科学价值、技术价值、经济价值、社会价值、文化价值。国家电网党委从多维度设定评价指标着手，建立健全公司有利于管理创新、科技创新的评价体系，带动整个创新系统整体提升，形成独特的创新力，为"个人先进走向群体先进"提供了极具操作性的评价标准。

评价与科学

天津电力认真学习贯彻习近平总书记关于人才工作的重要论述，将识才、爱才、育才、用才作为事关企业发展全局和长远的大事贯穿于企业发展的各个领域，建立科学的人才评价体系，努力在全公司形成了"人人皆可成才，人人尽展其才"的氛围。

倡导依托大数据技术快速提升评价科学化水平。天津电力党委倡导激活数据要素潜能，明确业务诉求的基本导向，形成精准数据服务提供能力，以数据支撑公司人才的科学分析与评价，赋能数据应用能力，为国网公司建设具有中国特色国际领先的能源互联网企业提供坚实基础。比较典型的案例是，信通调控中心党支部加快调度员培养，完善调度员成长知识地图中知识层和行为层训练方法形成"调度员速成训练平台"，完善评价层原则形成"调度员封神榜"，用新增调度员验证有效性并不断迭代；完善调度纪律刚性要求，开展"DP如律令"行动，提高调度员自律水平、提高调度纪律严肃性。近年来，2名信通调度员通过国网公司级信息、通信值长认证，其中1人实现信息通信双认证，3名调度员通过省公司级信通调度员认证。数据赋能不仅为科学评价干部员工提供了崭新的思路，也激励干部员工不断向先进行列迈进。

构建支持人才持续涌现的全方位比学赶超竞赛评比体系。常态化多种多样的全方位的评比竞赛体系，为人才脱颖而出搭建了人人可以出彩的平台。天津电力现有评比表彰项目四大类36项。有以公司生产经营活动中贡献突出的组织和个人为表彰对象的"生产经营类评比表彰项目"17项，以在公司党团工作和劳动竞赛活动中贡献突出、成绩优秀的集体和个人为表彰对象的"党群工作类评比表彰项目"9项，以成绩优秀的创新成果为表彰对象的"成果创新类评比表彰项目"8项，以考核评比优秀的示范项目成果为表彰对象的"创优示范类评比表彰项目"2项。在这些表彰名称中，既有"文明单位""先进基层党组织""优秀共产党员""优秀党务工作者""优秀共产党员服务队""五四红旗团委（团支部）""优秀共青团员""优秀共青团干部"这样的传统荣誉称号，又有"津电工匠""最美国网人（黎明式员工）""青年岗位能手"这样具有行业特色的"专属称号"；既有对一贯表现突出的先进生产者的表彰，还有对在落实国家、国家电网公司和公司重大战略任务、工程建设、政治保电、抗灾抢险等专项工作中作出突出贡献的集体和个人的表彰。

"智者虑事，虽处利地，必思所以害；虽处害地，必思所以利。"科学评价体系的构建是保证企业沿着正确发展方向的有力武器。天津电力党委在构建科学评价体系中自觉全面准确深入贯彻新发展理念，激励干部员工不断"从个体先进走向群体先进"。

评价与民主

群众路线是党的根本工作路线，只有始终坚持一切为了群众、一切依靠群众，从群众中来到群众中去，才能真正做到科学评价，才能切实发挥评价体系在提升创新发展能力、增强决策执行力、推动"个体先进"带动"群体先进"等方面的重要作用。群众路线是党的根本工作路线，只有始终坚持一切为了群众、一切依靠群众，从群众中来到群众中去，才能真正做到科学评价，才能切实发挥评价体系在提升创新发展能力、增强决策执行力、推动"个体先进"带动"群体先进"等方面的重要作用。

实行党务公开，落实党员的知情权。天津电力党委曾先后制定了《党务公开管理制度》和《党内情况通报制度》，明确了党务公开的内容、形式、时限和程序，将其纳入年度党建工作目标，与企业双文明工作同部署同检查同考核同奖惩。各级党组织通过党务公开栏"党员之家网站对党组织的责任制度考核和活动等情况定期公开，同时通过季度政工例会、党委会等，及时将企业党内重大问题重要活动、重要会议精神等向党员通报，让每个党员都知道要做什么，怎样做，使党员权利在实际操作中更加民主、透明。一改过去的"干部命题"为"群众点题"，将事后公开向事前事中延伸；在公开形式上变"固定公开"为"多渠道公开"；在公开时间上变"按时公开"为"随时公开"。

增强职工民主参与意识与能力水平。天津电力党委在人员选拔方面，选拔出一些具有参政议政、熟悉民主管理知识的职工代表，组建企业民主管理队伍。在人员培训方面，定期为职工代表组织培训，按照《2014—2018年职工代表培训规划》要求，继续以送教到基层、举办全国性培训班等方式开展职工代表培训，深入推进职工代表素质提升工程。培训的内容要重点注重职工代表民主参与管理知识的积累，还要加强其计算机的使用技能，让职工代表能够通过网络查询企业发展信息、参与企业的民主管理等方面的内容。

完善企业公开制度，职工全方位监督。天津电力设立党务公开协调小组，定期举办一些像表彰会议、民主讨论大会这样的会议模式，并给企业职工充分的发言时间和发言空间。会议的氛围尽量轻松和民主，对一些全心全意推进企业民主建设的职工给予充分的表扬，使企业职工在这种轻松愉快的会议氛围之下，都能够敢发言，敢参政议政。事先了解基层职工的想法和意见，以便于公开的内容能够最大化地考虑基层职工的感受，推动企业的民主参与管理进程。最后要充分利用新媒体，搭建厂务公开微平台，利用微平台互动性强、员工关注度高的特点，使得涉及到职工切身利益、关乎天津电力长远发展的重大事项能够以新渠道进行公开。同时还能够通过"微平台"同步公开，同步更新，实现线上线下融合公开，从而更好地为基层民主服务。任何一项改革脱离群众就是无源之水、无本之木。无论是通过项目实施前的访谈和调研让员工亲身参与、共享平台，还是通过"面对面""背对背"等各种形式公司各层面员工都不同程度地参与项目或建言献策。

习近平总书记指出，"尊重人民主体地位，保证人民当家作主，是我们党的一贯主张。"天津电力始终坚持深化服务体系改革，坚持"个人先进"的带动作用、示范作用、榜样作用，组建管理团队，发挥对标带动作用，实现"从个人先进到群体先进"的发展。

评价与价值

科学的评价体系有助于树立正确的价值观念，进而实现企业的市场价值与社会价值。天津电力党委在构建科学评价体系的过程中，注重导向尊重基层的首创精神，体现基层员工的价值创造。实践证明，科学的评价体系会为公司保值增值提供极大助力。

合理地设置指标权重是业绩评价的基础。2020年6月3日，公司2020年24次党委会通过了《国网天津市电力公司企业负责人业绩考核管理办法》。建立专项任务考核模式是这次以考核引导干部职工攻坚重点领域提质增效的最大特点：一是在业绩指标体系基础上，新增电量增供扩销、分公司利润贡献、"煤改电"资金到账3个专项任务考评；

二是考评结果直接与工资总额增幅挂钩，最高可影响工资总额增幅的±25%；三是将基层单位专项任务提质增效情况，与对口部室连带奖惩，打造上下联动的命运共同体机制。一分部署，九分落实。按照公司党委要求，公司财务部、营销部、建设部、物资部协同各单位迅速制定落实举措、责任层层分解到人。监理公司负责人张振高说："公司党委设置专项任务考核激励机制，对我们而言就是打赢提质增效攻坚战的'集结号'，我们全体干部职工统一思想、鼓足干劲，通过充分授权、包干到人，上级指导有力、横向协同有序，多点突破、压茬推进，2020年利润总额同比提升131.4%，营造了'从要我干到我要干'的干事创业浓厚氛围。"公司建设部林立鹏说："分公司利润多少，不仅是基层单位的事儿，更是本部归口部门的责任，毕竟我们才是每个专业领域的指挥者。"公司党委将供电单位、业务单位效益类指标权重由20%提高至25%，市场化单位提高至80%以上，有针对性地推动部分单位在战略重点、攻坚难点上尽快取得实质性突破，利润、综合线损率等指标稳中有进。事实证明，广大干部职工在提质增效方面不向困难退半步，只为胜利添精彩。

价值管理与企业发展战略有效结合。对于一个老企业来说，一些固有的思想观念或多或少存在于职工头脑中。首先就是不敢想。面对风起云涌时代大潮，总会有人觉得电力是传统产业，创新与自己无缘，缺少"王侯将相宁有种乎"的霸气、"会当水击三千里"的自信、"直挂云帆济沧海"的斗志，妄自菲薄、自暴自弃，甘当"配角"不想当"主角"、甘作"绿叶"不想做"红花"。有的是敢想、但不会想。面对能源转型、5G 新技术潮流等大形势，创新意识不强，总会有人习惯"过去怎么办、以前怎么干"，用老思维、老套路、老办法抓工作。甚至有的科技人员知识结构单一、长板不长、短板太短，创新跟不上节拍、找不准方向。还有的是不爱想。有的同志安于现状、盲目乐观，习惯用"比上不足、比下有余"的心态自我催眠，认为创新是多此一举、锦上添花，"脚踩西瓜皮，滑到哪里是哪里"，总爱讲"这个我们哪会"，把"干不了"当成裹足不前、因循守旧的"挡箭牌"，理直气壮"当逃兵""混日子"。还有的人以经验老道、务实老练自居，认为创新都是小年轻的事，是不务正业人干的事。

不敢想、不会想、不爱想，这些固有的思想观念，概括起来就是，停留在过去，缺乏宽广视角、竞争意识和市场思维。当下，颠覆性创新和跨界创新成为常态。应对创新常态环境，对于企业来说，就要让创新的思维融入到每名职工的"血液"中，让创新成为一种责任。

天津电力党委坚持党建引领，以张黎明、王娅等先进模范为榜样，始终坚持把先进典型的优秀品质融入思想建设、作风建设和具体工作中，把价值管理与企业发展战略有效结合，紧扣公司战略落地和人才发展规律，秉承创建学习型组织、创新推动发展的理念，以"放管服"和"三项制度"改革为抓手，以作风建设为鞭策，担当作为，迎难而上，凝聚每名党员的智慧和创造力，在组织模式、人才队伍、考核激励、福利保障等方面创新突破，以实干锤炼品质、以行动创造价值。公司党委通过岗位聘任制激发队伍活力、构建"以人为本"全面薪酬体系为员工谋发展、对标"黎明"构筑技能人才高地、在打造战略性组织绩效中担当作为、持续提升员工保障管理水平、以组织赋能公司数字化转型发展等举措，将价值管理与企业发展战略具体化，以科学的评价体系治愈了思维僵化、精神懈怠、能力不足、不敢担当等老企业的"常见病"，使创先争优深入人心、公司发展充满生机，技术创新取得实效。

第五节　容错与纠错机制的改革

推进当前各项改革任务，必须要有敢试敢闯的干部员工冲锋陷阵。

既然是"试"与"闯"，出错则难以避免。犯错误不惩戒会让干部员工失去敬畏而乱作为，犯错误乱惩罚会让干部员工害怕担责而不担当。解题的关键仍在改革，即容错与纠错机制的改革。

容错与纠错

容错纠错是指在改革创新、先行先试、履职尽责过程中，出现偏差失误乃至错误，但未触及党纪国法，并符合有关情形条件的，免于追究责任或者从轻、减轻追究责任，同时采取措施，监督、推动问题整改及时到位。

明确容错与纠错的检验标准，旗帜鲜明为干部员工大胆闯大胆干撑腰鼓劲。天津电力党委深入贯彻习近平总书记关于"三个区分开来"的重要要求，坚持把干部员工在推进改革中因缺乏经验、先行先试出现的失误和错误，同明知故犯的违纪违法行为区分开来；把尚无明确限制的探索性试验中的失误和错误，同明令禁止后依然我行我素的违纪违法行为区分开来；把为推动发展的无意过失，同为谋取私利的违纪违法行为区分开来。结合不同阶段不同情况，认真研判干部员工实施行为的具体背景、目的、过程和后果，辩证地分析干事创业中的失误和偏差，对该容的大胆容错，不该容的坚决不容，明确了六种情况，具体内容是：一是动机态度。是出于公心、顾全大局还是为谋私利或者局部利益；是无心之过还是明知故犯；是初次犯错还是重复犯错；是主动认错悔错改错还是漠视错误、抵触改正。二是客观条件。是情况特殊复杂、探索性的改革攻坚还是执行常规工作任务；是客观情况发生难以预见的变化还是无视客观规律、好大喜功、急功近利。三是程序方法。是按照规定的权限、程序和方式依法履职还是无视纪律和规矩、滥用职权、失职渎职，重点考察是否经过民主决策程序，是否属于情况紧急临机决断。四是性质程度。是尚无明确限制还是有令不行、有禁不止；是属于轻微或者一般性错误还是严重错误、重大原则性错误。五是后果影响。是间接推动了工作开展还是阻碍了工作开展；是未造成损失影响、损失影响较小还是已经造成重大事故、严重损失或者恶劣影响；是被群众肯定认可还是否定批评。六是挽回损失。是及时挽回损失、消除不良影响、有效阻止危害发生还是放任危害发生或者扩大；是已经有效挽回损失还是造成重大损失无法挽回。标准的制定成为作风正派、锐意进取的干部员工大胆闯大胆干的"防护服"。

明晰不同情形，未雨绸缪为干部员工大胆闯大胆干划定边界。在明确界定"六种检验标准"的同时，天津电力党委还进一步明确了容错纠错不同的处理方式：违反政治纪律和政治规矩的、为自己或者他人谋取不正当利益的、造成重大责任事故或者引发严重群体性事件的、事后不积极整改纠错、同类问题重复发生的，绝不宽容。把严格管理干部和热情关心干部结合起来，对应予以容错的干部员工在政治上激励、工作上支持、待遇上保障、心理上关怀，推动广大干部员工积极作为、敢于担当。

为此，天津电力党委细化了可予容错的具体情形：一是在落实国家电网公司战略目标及公司决策部署，积极开展新业务、新模式、新技术等探索尝试，因宏观调控、政策变化等不可预知因素，导致工作出现一定失误偏差或造成影响的；二是在深化公司体制机制改革，推进重大改革和重点任务过程中，因先行先试、缺乏经验等因素，导致工作出现一定失误偏差或造成影响的；三是在服务社会、服务客户等工作中，着眼于提高整体工作质效，主动实施管理模式探索研究，因政策界限不明确、规章制度相冲突，导致工作出现一定失误偏差或造成影响的；四是在处置突发事件、执行急难险重任务等方面，临机决断、敢于担当，主动涉险揽责，导致工作出现一定失误偏差或造成影响的；五是在化解矛盾纠纷、解决历史遗留问题等方面，立足维护稳定和全局利益，积极破除障碍、勇于打破僵局，因情况特殊复杂，导致工作出现一定失误偏差或造成影响的；以及其他可予容错的情形。容错纠错机制的建立给大胆闯大胆干的干部员工吃了一颗"定心丸"。

确立区别对待容错纠错的基本原则，公正无私为干部员工大胆闯大胆干保驾护航。天津电力党委从制度机制上调动干部员工投身改革、奋勇争先的积极性，让开拓创新的干部员工放心大胆搞建设、全身投入攻坚克难的改革浪潮中，天津电力党委规定，对给予容错免责的干部员工，在考核评价、选拔任用、职级晋升、评先评优、职称评聘以及推荐代表委员等方面不受影响。

程序的公开透明是防止混淆问题性质、拿容错当"保护伞"、搞纪律"松绑"的有效方式。天津电力党委坚持公平公正公开的原则，以保证容错实施得公开透明。《领导人员容错纠错管理办法》具体说来，容错程序分为"五步走"：提出申请、受理办理、调查核实、研究审定、结果反馈。作出容错认定后，问责部门（单位）应当与容错对象开展谈心谈话，提出纠错要求；容错对象应当在规定期限内完成纠错整改工作。对存在过错或失误的单位或个人进行纠错，采取以下措施：一是强化教育提醒。对工作中出现的苗头性、倾向性问题，组织部门运用提醒函询诫勉等手段，早发现、早提醒、早纠正。二是坚持立行立改。对因失误错误造成不良影响或损失的，所在单位要积极研究整改纠错，迅速采取补救措施，尽量消除负面影响，最大限度减少或挽回损失。三是加强帮助指导。对于予以容错的个人，加强跟踪管理，通过日常考核、定期回访等，加强思想引导，鼓励放下思想包袱、放开手脚大胆工作。四是健全长效机制。对普遍存在的共性问题，所在单位要深入分析问题原因，健全管理制度和工作机制，堵塞管理漏洞，防止类似问题再次发生。

经过一段时间的实践，天津电力党委发现容错纠错机制的建立，是对标世界一流的改革迈入深水区、攻坚期的"过河桥"与"爆破筒"。它让干部员工可以直面改革创新中的失误错误，让担当有为者放下包袄，让违法乱纪者受到惩戒，有助于形成千帆竞发、人人争先的干事创业氛围，不断从个体先进迈向群体先进。

宽容与进步

古人说："非知之难，行之惟难。"知行合一，贵在行动。设立科学的容错纠错机制，是为了加大创新力度，推进企业跨越式发展。只要合理界定宽容的尺度，适度宽容往往会促使干部员工获得迅速的进步，先进也往往也会以意想不到的方式产生。这是天津电力党委在实践中敢于担当作为摸索出来的重要经验。

天津电力中年技术骨干张华这段时间正在忙着考取焊工证，以方便样品加工。和以往在实验室里的科研型创客不同，中央企业劳动模范、能源楷模张华给人的第一印象绝对是工人范儿。掀起电焊防护面具，粗犷的脸颊上写着岁月风霜，犀利的眼神中透着能工巧匠的灵性，一身利落的工装穿在略显瘦削的身上，使用起角磨机、电气焊专用工具时却虎虎生风。就像"改革先锋、时代楷模"张黎明所说，创新让工作更快乐，同样作为蓝领创客，张华也把创新作为一种快乐、一种责任，支持着他不求回报，在创新道路上披荆斩棘。仅 2020 年，电缆公司就有 62 名"创客"参与到各类创新活动中，提出电缆移动巡检、井盖电子标签、局放校验平台和故障指示器等 22 个好主意和新想法，通过孵化和攻关，1 项职工技术创新项目入围中电联职工技术创新奖复审，2 个创新项目参加第七届中国青年创新创业大赛，荣获全国优秀奖 2 项，天津市铜奖 1 项。张华等先进典型涌现的背后，是天津电力党委倡导推行的科学容错纠错机制，突出对各类人才特别是技术骨干立足于各自岗位的实际，围绕工作中的重点难点勇于创新，以宽容求进步。

以科学容错纠错机制作为支撑的宽容氛围为天津电力全体员工成长进步提供了良好助力。2020年12月3日，代表天津电力参赛的国网天津城西公司"智能监控"QC小组在2020年国际质量管理小组会议（ICQCC）成果发表赛上发挥出色，斩获最高奖项——铂金奖，实现QC国际赛事两连冠。ICQCC自1976年首次召开至今已成功举办45届，是质量管理领域规模最大、涉及面最广、凝聚力最强的国际QC成果展示平台，被誉为"质量奥林匹克"。"缩短负荷批量控制工作时间"这项QC成果，促进了智能负荷批量控制工作实用化进程，切实提升在夏季大负荷等电力供应紧张时期对电网安全运行支撑保障能力。进入新时代以来，在公司党委的支持下，国网天津电力围绕安全、质量、效率、效益、服务水平提升，聚焦班组一线、生产现场工作薄弱点和改进机会点，深度融合专业优势和基层实践，共注册QC小组460个，全员参与率达到42.6%。其中，2个QC小组获评"2019年全国优秀质量管理小组"称号，荣获电力行业优秀质量管理小组成果奖12项，其中特等奖3项，特等奖总数居国网前列，获奖总数创历史最好水平。谈及何以屡创佳绩，许多队员都异口同声地提到公司科学的容错纠错机制使他们施展自己的才华成为了可能。

中国古训说"海纳百川，有容乃大"，英国的谚语"没有不生杂草的花园"，都在说明宽容的重要作用。天津电力党委在改革中依托科学的容错纠错机制，以宽容求共赢、以宽容求进步，为干部员工破旧立新、锐意进取保驾护航，撬动了公司高质量发展。

尝试与先行

鲁迅先生曾经说："第一个吃螃蟹的人是很令人佩服的，不是勇士谁敢去吃它呢？"改革需要大胆闯、大胆试。正确划定底线与领域是尝试与先行的前提。鼓励尝试与先行要有"底线思维"，必须强化风险管控、合规管理。在此前提下持续激发干部员工创新活力、全面提升创新能力有赖于积极尝试与先行:"行"则奖励、扩大实行范围,"不行"则再接再厉进行新的尝试。

尝试与先行必须敢闯敢试。为实现"变革强企"四步走战略,必须依靠先进的管理方法。问题是,什么是适合国网天津信通公司的先进管理方法?为了回答这个问题,岳顺民带领公司领导层在天津电力党委的支持下深入学习国内外世界一流企业的管理经验。无论是华为还是沃尔玛,无论是比亚迪还是西门子都成为国网天津信通公司学习的样本。在反复的尝试与先行中,国网天津信通公司奠定了"SSCAI"管理体系方法论内核,即系统性思维(Systematic thinking)、体系化构建(Systematic construction)、过程性管控(Coursing control)、协同式推进(Assisted propulsion)、激励性引领(Incentive leading)。两大管理"指挥棒"也同向发力,即行政指挥管理体系以文化建设、基础管理、人才培养鼓励

国网天津信通公司技术人员在能源大数据中心开展数据产品原型设计工作

干部员工敢闯敢试，生产指挥管理体系以规划计划管理、物力资源管理推动干部员工尝试与先行。创建八大管理抓手，强调以加强党的建设、党风廉政及作风建设为引领，以"e 家园"文化建设为基础，以"抓基层、强基础、建规范"基础管理、规划计划管理、全生命周期物力资源管理、"1+3"人力资源管理为支撑，以部门级规划蓝图为阶梯，全方位、立体式构造敢闯敢试的管理体系。

国网天津信通公司从抓管理入手促使干部员工在尝试与先行中敢破敢立、敢闯敢试，取得了丰硕的成果。在天津电力"1001 工程"907 项任务中，信通公司涉及任务 170 项、牵头任务 3 项。更为重要的是，国网天津信通公司创建出"SSCAI"管理体系，从行政管理、生产管理两大条线系统性地构建人力资源、物力资源及规划计划等全维度管理体系，实现系统性管理"从无到有"。这甚至可以成为新时代深化国有企业改革的一个"开源系统"。

国网天津信通公司敢于鼓励干部员工在尝试与先行中敢破敢立、敢闯敢试，是天津电力党委探索企业党建与现代企业制度有机融合的生动实践。天津电力党委坚持以时不我待的紧迫感、舍我其谁的使命感和"敢为天下先"的责任感，贯彻落实习近平总书记"国有企业深化改革、提高经营管理水平，加强国有资产监管，坚定不移把国有企业做强做优做大"的重要讲话精神，在体制机制改革、管理体系建设等多方面助推干部员工在对标世界一流的改革中不断尝试与现行，进而实现了"从个体先进到群体先进"。

容纠与价值

改革创新有风险，只有允许试错、宽容失败，才能让改革永不停顿、人才层出不穷。人才是一个公司最宝贵的资源，也是公司最大的价值所在。要让人才在改革中敢于突破，就需要良好的容错纠错机制。但是，容错纠错只是手段，目的在支持各级干部员工形成敢于担当、敢于创新的意识与动力，增强企业活力，最终实现企业价值保值增值。

以容错纠错机制织密作风建设的"安全网"。近年来，天津公司坚持以作风建设为突破，有效解决各级干部在担当作为、干事创业中存在的突出问题，持续提升履职能力和管理素养，以干部作风持续提升赢得机遇、赢得发展、赢得未来。天津公司连续 4 年以干部作风大会启动全年工作，建立能上能下、容错纠错、考核评价、激励关爱"四大机制"，出台强化担当作为 20 项措施，大力选拔敢于负责、勇于担当、善于作为、实绩突出的领导人员，"能干者能上、有为者有位、优秀者优先"成为全员共识。同时，围绕政治素质、作风形象、担当作为、容错纠错等重点内容，出台相关的制度文件，打出严管与厚爱相结合、激励与约束并重的"组合拳"。

圈子文化、好人主义、政绩观偏差、不担当不作为……针对干部作风建设中的顽疾，一方面需要不留情面、重拳出击，另一方面也需要预防为主、防微杜渐，科学容错纠错机制在作风建设方面的价值恰恰体现在此。同时，天津电力党委重视"红脸出汗"的"软环境"营造，通过"一级做给一级看"消除党员干部的思想顾虑；"平时多过问、多提醒"，多摆事实、多讲道理，以润物无声的方式，发挥容错纠错机制的正面作用，积极引导党员干部自我剖析、查摆问题，确保"红红脸、出出汗"有实效。良好的作风是引领公司行稳致远的重要保障，是公司宝贵的无形资产。容错纠错机制的建立健全为这一无形资产的保值增值提供了强大助力。

容错纠错机制成为人才创新的"孵化器"。一个个荣誉背后，是天津电力党委坚持以习近平新时代中国特色社会主义思想为引领，一边切实加强质量管理小组活动统筹谋划、方向引领和重点成果培育，一边科学制定容错纠错机制锻造优秀人才队伍、提升矢志创新的创业氛围。人才是一个企业最宝贵的资产。为了让人才这个无形资产保值增值，天津电力通过搭平台、练本领、压担子、树标杆、强激励等举措加以引导。其中，容错纠错机制的科学制定为打造一片以人为本、人才与企业共同成长沃土，发挥了重要的作用。科学制定容错纠错机制增强了人才队伍工作的科学性、预见性、主动性和创造性，使领导干部有敢于负责的胆量和勇气，敢于放开手脚做更多有利于公司发展的尝试，使专业技术人员有敢于钻研的机会和平台，敢于在科技创新中实现自我价值与社会价值的统一。

天津电力党委意识到，在全面深化改革中，比认识更关键的是决心，比方法更关键的是担当。勇于探索和创新是担当者一种难能可贵的品质。改革越是进入深水区、攻坚期，越需要担当者的智慧与勇气，越要让担当者卸下思想包袱轻装前行。从这个角度来说，宽容错误在有的时候甚至比鼓励创新还重要。给担当者一个改正错误的机会，为敢想的人"开绿灯"，为敢干的人"兜住底"，这样一种伟大的尝试，对于真正敢想敢干的人来说是一种公平，对于党和国家来说也是负责任的一种表现。因此，天津电力党委不断在容错纠错机制的科学制定上做文章，有效促进了公司有形资产与无形资产的保值增值。

历史长河奔腾不息，世界局势风云变幻，中国特色社会主义进入新时代新阶段，中国面临"两个一百年"的历史交汇期，世界也正面临百年未有之大变局。机遇与挑战并存、困难与希望同在，天津电力党委面对复杂局面，积极应对挑战，时刻坚持党的领导地位，加强党的建设，提升领导能力，预防经济风险，以"海到无边天作岸，山登绝顶我为峰"的宏大气魄，开启了带领干部员工勇敢攀登的征程。从保障居民用电做起，到推动天津电网升级改造，再到服务经济高质量发展，天津电力坚持以新发展理念为引领，始终锚定世界一流的远大目标，以改革促先进。"时代楷模""改革先锋"张黎明、"感动中国2019年度人物候选人""助人为乐好人"王娅等先进典型在对标世界一流的奋进中不断涌现，

"全国五一巾帼标兵岗""全国五星级现场管理"、天津市"优秀青年文明号""新长征突击队"、国家电网公司"工人先锋号"等荣誉在对标世界一流的追求中持续争先。从个人先进到群体先进的国企通向卓越之路仍在天津电力继续延伸。

第四章　文化推动篇

一年企业靠产品，十年企业靠品牌，百年企业靠文化。企业文化是企业的灵魂，是企业发展的软实力和核心竞争力所在，也是推动企业发展壮大更基本、更深沉、更持久的力量。面临中华民族伟大复兴的战略全局和世界百年未有之大变局，天津电力以习近平新时代中国特色社会主义思想为指导，深入学习贯彻"四个革命、一个合作"能源安全新战略，坚持和加强党的全面领导，坚持以人民为中心的发展思想，大力弘扬党内政治文化，积极践行社会主义核心价值观。紧紧围绕天津电力战略目标，深入实施强根铸魂工程，加快建设新时代优秀企业文化。天津电力持续深入贯彻落实国家电网公司统一企业文化，坚持"人民电业为人民"的企业宗旨、"努力超越、追求卓越"的企业精神。企业文化是企业凝聚力和创造力的重要源泉，文化软实力是国际领先企业保持核心竞争优势的关键要素。好的企业文化对外让四方各界对企业心向往之，倾心接纳；对内则是一种最好的凝聚力，会让团队发自内心地热爱事业，奋勇前行。培育典型，树立榜样，以个体先进带动群体先进的实质就是形成企业的共识来带动广大职工的情感认同与行为自觉，进一步统一思想、凝聚力量，形成企业文化，凝练企业精神，创造与国际领先企业相适应的强大文化软实力，为天津电力发展注入新动能，持续提升全球竞争力。逐步形成了勇于开拓的创新文化、争创一流的争先文化、团结互助的团队文化和助力发展的职工文化。

第一节　勇于开拓的创新文化

开拓与创新

2019 年 1 月 17 日，习近平总书记来到天津滨海新区中关村科技园，听取了张黎明关于第二代配网带电作业机器人的工作情况现场汇报，总书记勉励一线科技人员要专注创新，让每一份创新活力都能充分迸发……总书记的深切关爱和殷殷嘱托，一直铭记在天津电力的全体职员心中。那些催人奋进的殷殷期盼与希望，也全部汇聚成天津电力在新征程上展现新作为、奋进追梦的前行力量。

创新就是生产力，企业赖之以强，国家赖之以盛。无论是在推进改革中强调"把科技创新摆在国家发展全局的核心位置"，还是在经济转型中提出"我国科技发展的方向就是创新、创新、再创新"，在习近平总书记提出的发展理念中，"创新"始终占据着重要位置。为什么"创新"如此重要呢？从国家的层面来说，面对复杂的改革环境、艰巨的发展任务，今天的中国比以往任何时候都需要创新驱动。无论是稳中求进推动转型发展，还是守护环境建设"美丽中国"；无论是完善制度提升治理能力，还是激发活力构筑文化强国，都需要谨记习近平总书记的殷殷寄语。"迎接挑战，最根本的是改革创新"，都需要最大限度地支持创新创造，让全社会的创造活力充分释放，让各行各业创新人才竞相涌现。从企业的层面来说，企业是创新主体中极为重要的一部分，正如恩格斯所说："社会一旦有技术上的需要，则这种需要就会比十所大学更能把科学推向前进。"科技创新大潮澎湃，千帆竞发勇进者胜。从世界科技发展大势看，新一轮科技革命和产业变革正在重构全球创新版图、重塑全球经济结构，科学技术从来没有像今天这样深刻影响着国家前途命运，从来没有像今天深刻影响着人们生活福祉。习近平总书记引用恩格斯的这句话，正是要说明科技的进步、市场的需要，让企业作为创新主体的重要性进一步凸显。同时，"创新"又是企业在市场竞争中发展壮大的制胜法宝。企业只有时刻保持创新，才能追赶上时代的潮流，才能建成国际领先一流企业。

善开风气之先，用变革拓宽创新之路。把科技创新作为第一动力，优化创新机制和工作体系。打造公司级服务平台，推动资源协同共享、成果转化运营一体化实施。实施科技创新升级版"双八举措"，即全面强化科技创新工作八项举措和强力推动科技创新人才发展八项举措，并完善配套的制度。天津电力的"新双八举措"全面对接国家电网有限公司"新跨越行动计划"，更加强调科技创新工作的组织领导、战略布局、示范引领及实用导向，通过建设科技专项示范工程、组建成果转化经理人队伍等举措，进一步破除制约科技创新的体制机制障碍。出台《深化科技创新体系建设的意见》，激发创新活力。着重奖励取得实效的科技成果、掌握核心技术的科研人员。突破结果导向局限，增设技术标准发布等 6 项过程奖励。

勇立时代潮头，强力营造科技创新文化氛围。天津电力大力弘扬张黎明创新精神，带动引导广大职工主动作为、大胆创新。尊重基层首创精神，发挥青创赛、创新工作室、QC 小组作用，充分激发基层创新创效活力。营造尊重人才氛围。提升科技人才政治待遇，落实两级领导班子成员联系服务专家机制。搭建创新成果发布平台，开展"科技成果日""职工创新月"活动，增加科技人才获得感。营造成就人才氛围。

推荐科技人才参加国际国内学术交流，增加科技人才认同感。

敢于抢抓机遇和优势，培育重大创新成果。2018 年以来，公司先后承担"新型城镇能源互联网"等 3 项国家重点研发计划项目、"蓄热式电采暖配置及互动"等 79 项省部级科技项目，攻克了多种能源运行优化、蓄热式电采暖优化配置等核心技术。成功投运全球首个静止同步串联补偿器（SSSC），整体技术达到国际领先。构建创新生态，联合天津大学，建成首个省部级电力物联网实验室。与中国工程院联合开展院地合作项目，深入研究天津市能源革命先锋城市发展及建设路线等重大问题。面向全公司推行"揭榜制"，以"揭榜挂帅制""项目总师制"为突破口，打破机制体制的束缚，推动"人财物"要素聚集，为打造高水平科研团队、实现关键领域技术突破提供更为广阔的平台。依托电科院设立院士工作站，邀请中国工程院余贻鑫院士入站工作；设立博士后工作站，先后招收博士后科研人员 7 人。2021 年，天津电力进一步完善

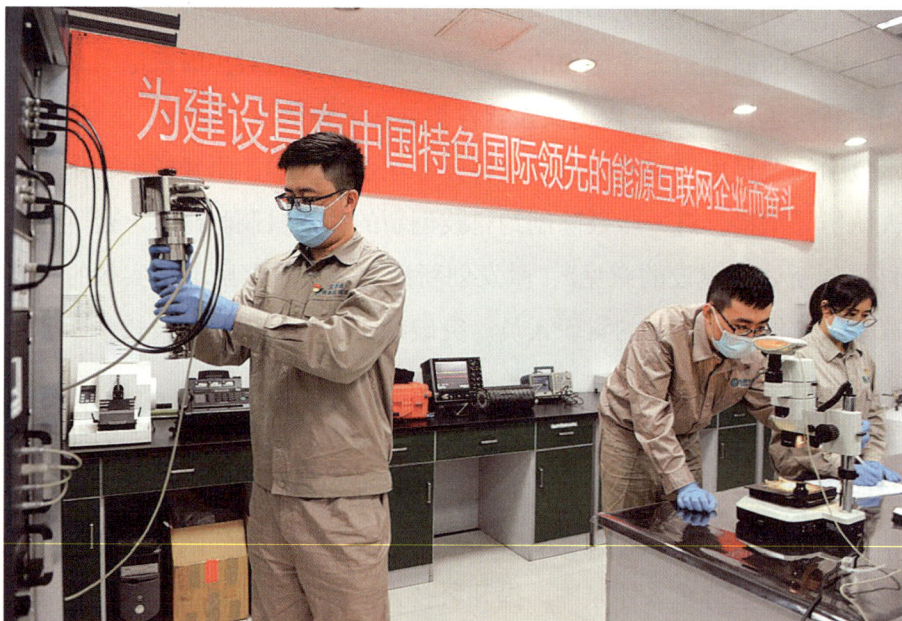

国网天津电科院员工在国家电网电力电缆运行及检测技术实验室开展电缆切片性能检测试验，为天津地区迎峰度夏期间重要电缆线路安全稳定运行提供技术支撑

科技创新体系，加强重大项目攻关，策划培育一批高水平创新成果，鼓励基层创新创造，为企业高质量发展提供核心驱动力。

保持企业活力之源，建强创新队伍。天津电力加大中长期激励，针对"新产品研发、新成果转化"等核心岗位，以及长期扎根科技一线从事基础研究、作出突出贡献的科研人员，研究实施中长期激励措施。鼓励基层创新创造。尊重首创精神，灵活利用基层单位"小资金池"，深化职工技术创新"四轮驱动"机制，培育更多黎明式蓝领创客。高质量开展总部劳动竞赛管理创新试点任务，输出以竞赛促企业和职工"双发展"的天津经验。

硬件与软件

在 2017 年以前天津电力在国网公司这个大系统里科技创新能力和数字化的排名位居中等水平。但是近两年来，天津市电力有了巨大的转变，不仅核心指标大幅提升，而且还屡屡获得国家级和市级的创新奖项。这与天津电力对创新的重视程度愈来愈高是分不开的。天津电力在抓硬件提升的同时还不忘打造强大的创新软实力，把创新作为第一动力。

"工欲善其事，必先利其器。"古人常说"磨刀不误砍柴工"，换句话说，就是不打无准备之仗。做好一件事情，仅仅有热情和能力是不够的，还得有一定的支撑。天津电力在硬件配备上是尽其所能的完善。2020 年 9 月 21 日，这是一个在天津电力职工创新历史长卷中恒久闪耀的"津"彩一天。在无数津电创客的见证下，天津电力职工创新基地启动。在启动仪式上，该公司对首批获得"黎明"创新奖励基金的青年创客骨干进行了奖励，为"创新联盟"成员颁发了聘书。建设投运职工创新基地，旨在大力营造立足岗位钻研技术、"人人想创新、人人会创新"的"大创新"氛围，优化创新机制、提升创新实效、推动涌现更多"从生产中来、到生产中去"的实用化好成果。职工创新基地还打造了升级版的四轮驱动模式。这个四轮驱动模式是天津电力职工创新工作的一大特点，主要包括创新协会—创新工作室—创匠坊—创新基地四个部分。其中，创新联盟作为核心，发挥活动组织、创新指导、培养带动的作用。创匠坊是公司专门打造的线上创新平台。创新基地还设有专利墙、云会议室、黎明墙、创意研讨区和实践动手区，通过这里，职工创客可以开展联合创新攻关和孵化转化，可以与各基层单位劳模创新工作室实时连线互动，形成"内部高效耦合联动，外部实用转化输出"的工作格局，既能"攀高峰"又可"接地气"，充分发挥职工技术创新工作更大作用，助力国网战略加快落地实施、开花结果。创新在天津电力人的血脉中凝铸，成为一组代代相传的基因序列。天津电力在硬件配备上不仅仅建立了职工创新基地等系列基层创新平台，还在各个公司都配备了书屋和团队创新讨论区，创新所需的书籍、材料等都一应俱全。还在公司的各个角落都设置了文化长廊展示最新的创新成果和公司员工的创造发明等。

"昨日是而今日非矣，今日非而后日又是矣"，世异则事异，事异则备变，需要不断打破思维定势、更新理念观念，找到那些"昨日是"的"今日非"，加以改正；预见那些"今日非"的"后日是"，进行引领。只有把握创新规律，才能不断走在时代的前列。

李海鹏是个外表憨厚、不善言辞、有点倔强的小伙子。2012年自华北电力大学硕士毕业后到公司工作。3年后，李海鹏参加"青年人才比武"，获得了三等奖。在近20人参加的比武中能够获奖颇为不易，说明自己入职3年没有荒废。但李海鹏并没有沾沾自喜。他既服气，又很不服气。服气在于，通过比武，他看到了自己的差距。不服气在于，他觉得自己如果更努力一些，成绩会更好。比武后，他工作更加积极上进了。他规范建立了部门档案资料室，实现线上线下资产信息一致性筛查和整改，集中解决数据不一致问题500余项。他以夜巡和护线管理为抓手，组建夜巡队伍，带头深入一线督查和指导护线队伍 200 余次，对施工隐患进行了有效防控，2019 年所辖区域外破故障率下降了 75%。他全方位组织设备隐患排查治理工作，大力推进 OWTS、地电波等检测新技术应用，累计发现并消除开闭站母线放电、电缆终端过热、中间接头局放超标、避雷器断线等危急和严重缺陷 45 项，有效保证了设备的安全稳定运行，为全运会、残运会等重特大保电活动提供了坚强保障。2020 年，李海鹏入职仅 8 年，在 35 岁时就被评为"天津市劳动模范"。他说"没有当年'青年人才比武'的激励，就没有现在的自己。"

一提起"比武"这个词，很多人会联想起擂台上两个人比试着摔跤或者剑法枪法，还会有人联想到让人激情澎湃、热血沸腾的大型操练场面。但"比武"在天津电力，却更像一次"盛会"，每年都如期"上演"。"青年人才比武"是公司每年都组织的一项比赛活动。参加比武的是入职 3 年、从事技能岗位工作的高校毕业生。对每名符合条件的新职工来说，这不是一个需要报名才能参加的"自选动作"，而是必须参加的"规定动作"。比武由公司的专业部室（如设备部、营销部、建设部、互联网部、物资部、调控中心）来制定实施方案。比武的内容以实操检验为重点，采取"理论考试（40%）＋实操考核（60%）"方式开展。其中，理论考试内容侧重业务知识，实操考核难度参照技能等级评价高级工水平。"青年人才比武"不仅对新职工来说，具有重要的职业起步意义，在天津电力看来，还有着多重的意义。第一重意义在于营造了积极向上的新职工成长氛围。第二重意义就是公司能够通过此次"比武"发现好的创新"苗子"，着重培养这些获得名次的新职工，将资源向他们倾斜，结出硕果的可能性更大，是一件"事半功倍"的事情。没有获得名次的新职工，从"耳闻"到亲身体验到资源的倾斜，将会是很大的反向激励，会被激发出强大的"求生欲"，争当先进的劲头被调动了起来。

如果说"青年人才比武"为新职工搭建了崭露头角的平台，使得公司发现了人才的"苗子"。那么，常态化多种多样的全方位的评比竞赛体系，则能够更加强有力的激发人的创新潜能。四大类 36 项评比表彰项目，既构成了公司常态化多种多样的全方位的评比竞赛体系，更是搭建了推动职工全方位发展的平台，营造了奋勇争先的成长氛围。

题材和案例

"凡益之道，与时偕行。"当下，颠覆性创新和跨界创新成为常态。应对创新常态环境，对于企业来说，就要让创新的思维融入到每名职工的"血液"中，让创新成为一种责任。

面对这样的局面，如何破局？ 2020 年，天津电力为大力推动以科技创新为核心的全面创新，加快国家电网公司战略目标在津落地，制定了《全面强化科技创新工作八项举措》和《强力推动科技创新人才发展八项举措》（简称"新双八举措"）来保证"人人皆可创新"的实现。2020 年 9 月，由"时代楷模""改革先锋"张黎明创新团队自主研发的配网带电作业机器人完成全国首次全自主带电更换接地线夹工作，作业时间从 60 分钟缩短到 30 分钟，全面降低作业风险的同时，较人工作业效率提升 100%。这是天津电力制定实施"新双八举措"后又一项科研成果落地。

"新双八举措"的主要内容是：强化科技创新组织领导，强化科技创新战略布局，强化能源互联网工程示范引领，强化科技创新成果培育，强化科技创新实用导向，强化科研工作"放管服"，强化科技创新经费投入，强化科技创新开放合作。

"新双八举措"聚焦于科技创新的关键要素，涵盖了科技创新所需要的所有环节，更赋予了这些要素与环节新的内涵，使公司抓科技创新更有针对性，具有可操作性。

"新双八举措"本身就有很多创新的举措，令人耳目一新。比如，在科技创新的组织领导方面，除了我们熟悉的"进一步发挥各部门、各单位主体作用，加强科技创新的纵向管理和横向协同。压实领导干部创新责任。明确各部门、各单位一把手在科技创新工作中的第一责任，将项目申报实施、示范工程建设、成果培育推广等科技创新工作纳入重要议事事项"这样的表述，还在体制上有所突破，特别是"将党建融入科技创新全过程，发挥党组织在科技创新中的方向引领、精神塑造、服务保障作用，让有创新梦想的人能心无旁骛、有信心又有激情地投入到创新事业中。"这样的制度安排，正是天津电力近年来围绕强"根"铸"魂"，持续推动"党建+"向"党建芯"升级的体现。

再比如，"到 2025 年获得国家级、省部级科技奖励不少于 50 项，累计拥有专利不少于 4000 件"，"健全以应用为导向的立项机制，实践改进项目不少于总数 60%"，"职工技术创新投入占公司科技投入比重不低于 10%"，"职工技术创新成果获奖占公司科技奖励数量不低于10%。"，"允许项目单位在不超过预算 20%范围内，进行自主调剂"，"新技术应用投入原则上不低于项目总投资 3%"……八条举措中出现了诸多具体的量化指标，较之常见的工作方案，举措体现出很强的"刚性"意义。

2021 年，天津电力科技部就通过抓紧抓实"新双八举措"各项任务要求，广泛营造全员创新氛围，积极引导各单位、各专业技术骨干向"张黎明"式的创新楷模靠拢，推动天津电力创新工作由"个体先进"向"群体先进"拓展。

国网天津电力经济技术研究院作为天津电力创新工作的主力军之一，受制于专业范围、成果形式等方面的限制，过去一段时间创新能力与天津电力要求相比存在很大差距。自天津电力科技创新大会召开以来，经研院贯彻落实公司"新双八举措"要求，对照创新先进单位，认真分析自身在创新工作中存在的不足：一是专业自主创新能力不强。二是研究前瞻性不强。三是创新成效没有得到充分发挥。针对上述问题，科技部组织富有经验的创新管理人才，协助经研院从研究对象选取、研究人员培育、研究过程管控等 3 个角度对影响创新能力的主要因素进行解耦，提炼形成创新专业范围、创新团队构成、创新机制保障、创新成果应用 4 个主要维度，提出"纵向＋横向＋轴向＋产业链"四维拓展的经研院科技创新能力提升模式。

借助"横向＋纵向＋轴向＋产业链"四维拓展，经研院 2020 年科技创新能力得到全面提升，各方面创新指标均创历史最好成绩。紧密结合公司"1001 工程"实施、清洁能源消纳、"煤改电"配套电网改造、能源大数据中心建设等重点任务，开展关键技术攻关，积极培育重大成果，科技创新工作取得一系列重大突破。主动牵头申报并成功立项 2 项国网公司总部科技项目，完成"乡村薄弱配电网清洁高效优质供能关键技术及应用"等重大成果培育，在 2020 年首次牵头获得天津市科技进步二等奖的基础上，2021 年 2 项天津市科技进步二等奖已经完成授奖公示。牵头立项省部级项目数量和获奖数量均超过建院以来历年数量之和。全面支撑滨海能源互联网综合示范区建设，高水平完成 2 项科技示范工程策划，依托科技创新的技术支撑能力持续深化。作为主要参与单位首次完成《配电工程项目规范》国家标准研编工作，首次牵头立项中电联团体标准，技术话语权不断提升。

创新，源于跬步涓流的长久积累；量变，终将引来质的飞跃！在这一创新能力提升过程中，通过号召广大创新骨干争做"张黎明"式的创新楷模，在经研院范围内涌现出了一批具有较高水平的"创新新星"，如李娜、徐玉杰、范须露、杨赫、贾利虎等。"创新是民族进步之魂"，"抓创新就是抓发展，谋创新就是谋未来"。在对习近平总书记讲话的学习中，创新的理念深入人心。对于每一个天津电力的职员来说，寻求创新和突破已经成为每个人工作中的一种习惯，工作效率显著提升，实现了由"个体先进"向"群体先进"的拓展升级。在党组织的坚强领导和先进员工的示范带动下，牢记总书记的嘱托，循着黎明的足迹，坚守匠心，执着创新，已然形成了一个英才辈出的"创新联盟"，整个集体洋溢着蓬勃的朝气，爆发出强大的战斗力。创新的动能在交汇凝聚，创新的能力在喷薄升腾！

形式与效果

"不日新者必日退"，创新是企业文化的生命，是提升企业竞争力的关键所在。天津电力通过多年的努力，创新发展站稳第一方阵，涌现出如"时代楷模""改革先锋"张黎明一样的先进员工。回顾过往，总结经验，天津电力对创新形成了自己独特的模式。

天津电力在方向上牢牢通过党建引领科技创新。"树高叶茂，系于根深"，坚持党的领导、加强党的建设是科技创新事业健康发展的坚强保障。天津电力坚持和加强党对科技创新事业的领导，将党建融入科技创新全过程，打造出党建引领下开拓创新的企业文化。坚持以习近平新时代中国特色社会主义思想为指引，深刻领会习近平总书记关于科技创新工作的重要论述，全面指导公司科技创新实践。在科研攻关主战场实施"党建＋"工程，围绕强"根"铸"魂"，推动"党建＋"向"党建芯"升级，充分发挥党建"根""魂"引领作用和"心脏"赋能作用。将党建工作和科技创新深度融合、同频共振，让有创新梦想的人能心无旁骛、有信心又有激情地投入到创新事业中。

天津电力充分发挥党组织在科技创新中的方向引领、精神塑造作用，坚持价值导向，营造创新实干氛围，在攻坚克难中实现新突破。创新文化是国网战略路径中"创新驱动"的衍生产物，是培育创新精神、激发创新实践的动力源泉。天津滨海公司鼓励员工坚持首创精神，每年针对新入职员工，第一时间组织企业文化宣贯，邀请张黎明分享创新故事，入职第一课就在新员工心中播下创新种子。依托企业文化示范点和班组创新工作坊建设，让"工作是快乐的，创新让工作更快乐"创新理念深入班组一线、走进员工心中，形成老师傅传承技艺、新员工主动学习的良性循环，营造浓郁创新氛围。公司贯彻落实建设具有中国特色国际领先的能源互联网企业战略目标，持续弘扬"时代楷模""改革先锋"精神，积极营造"重创新、爱创新、善创新"文化氛围，引导员工自觉运用国家电网公司企业文化理念，围绕生产实践需求，以有效解决问题、适应改革变化、推动公司和电网高质量发展为目标，思考创新方向、探索创新路径，全力解决工作中的瓶颈问题，鼓励广大员工立足本职岗位，在各项重难点任务中当先锋、干精彩。

习近平总书记指出，要深化科技体制改革，增强科技创新活力，集中力量推进科技创新，真正把创新驱动发展战略落到实处。"怎么有利于激发活力、有利于提高效率、有利于多出成果多出效益，就怎么办。"这是天津电力领导班子的一贯主张。深化科技改革，最紧迫的是破除体制机制障碍。要实现科技创新，就必须拿出真招实招硬招，坚决破除一切制约科技创新的思想障碍和制度藩篱，最大限度解放和激发科技创新人员潜能。

天津电力从优化创新组织体系入手，启动了科技创新体制机制的大变革。2019年，天津电力成立了科技创新领导小组。这个小组的作用在于统筹科技、职工、管理创新资源，强化纵向贯通和横向协同。天津电力主要负责人部署实施，参与创新指导，强化组织领导。通过组建6支柔性团队，推动工作协同，建立例会督导、交流沟通、成果跟踪等13项工作机制，形成制度保障。充分发挥科技创新领导小组作用，形成整体合力。

科技创新成果唯有落地有实用实效才有价值。科技创新成果的转化的前提是科技创新成果的产生是需求导向下产生的，"牛鼻子"在于创新成果实用化。首先通过健全以应用为导向的立项机制，大力赋能放权。城南公司从提能力、增活力、添动力三个方面入手，抓好创新文化"三力"建设，探索构建文化聚力促发展的新格局。将创新能力纳入员工全职业生涯培养，让创新意识、创新能力成为员工成长必备素质。围绕重难点任务，建立跨部门、跨专业联合创新团队，明晰激励机制、实现协同推进。他们与天津中德应用技术大学签署合作协议，大力探索综合能源多领域融合学科建设，为实现产、学、研、用合作项目落地搭建平台。同时，在智能终端、智能机器人等具有产业基础和比较优势的领域，围绕产业链部署创新链，围绕创新链部署资金链，推动新技术、新成果向新业态、新模式加速转化。创新最关键的是人，在用人方面要坚决破除唯论文、唯学历、唯专利、唯身份、唯资历，要不拘一格用人才，要敞开宽阔的胸怀，五湖四海，任人唯贤，广纳贤才。健全以创新能力、成果质量、业绩贡献为导向的评价体系，把论文写在电网创新实践上、把成果写在电网产业发展上。

科技创新不能闭门造车，需要开放共赢来保创新。科技创新需要全方位、多途径开展创新合作，实现合作共赢、共同发展。"孤举者难起，众行者易趋"，天津电力深知以一人之力是无法做到创新的，要想取得重大的成果往往需要群策群力，所以天津电力成立了专家咨询委员会。专家咨询委员会在科技创新中起到的是"高端智囊"作用，在技术布局、质量把控、成果评价等方面建立咨询机制，提升了公司科技工作的战略高度和技术深度。古人云："他山之石可以攻玉。"科技创新需要借助"外力"，用好"外脑"。公司建立了以国家级、省部级重大科技项目为依托的协同创新机制，通过共建实验室、共建示范工程、共育科技人才，构建多种形式的创新共同体。

人才是创新的源头活水，是建设创新文化、提升创新实力的主体核心。天津电力强化主体作用，在推动发展中展现新作为。公司始终坚持"以人为本"，重视激发基层一线员工创新热情和创造活力。搭建线上线下"双向"宣教阵地，强化思想引领和文化感召，鼓励广大员工主动对接公司"两工程一计划"等中心工作，找准创新领域和突破点，有的放矢开展创新，努力实现个人成长与公司发展良性互动。信通公司致力于让创新人才"心无旁骛投入创新事业"，营造"e家园"和谐氛围，积极打造"e信通·心灵+"文化品牌，以"互联思维、创新管理"工作模式涵养创新文化，强化员工创新意识，凝聚员工创新共识，围绕"价值创造体系"主线，构建"12410"数字化信通先锋工作体系，全面动员、全员参与，积极推进国家电网公司战略目标在基层一线落地落实。同时天津电力通过以个体先进带动群体先进，培育一批精益求精、执着专注、技艺精湛的黎明式"大工匠"，来带动整个组员的积极性，形成了具有创新创造力的先进群体。检修公司开设"津电检修"平台，营造创新文化氛围，宣传创新实践先进典型、优秀案例；建立检修公司级创新工作室和班组级创新活动室两级平台，为创新人才开辟"创想空间"；推广技术论坛、创新沙龙、班组微讲堂等。天津电力还通过加强管理、制度激励、教育培训等方式，培育形成人人关注创新、人人支持创新、人人参与创新、人人都能创新的良好氛围。大力弘扬新时代科学家精神，加强科研作风和学风建设，树立严谨治学、求真务实的学术作风，营造风清气正的科研环境。

第二节　争创一流的企业文化

一流与烘托

习近平总书记指出，每到重大历史关头，文化都能感国运之变化、立时代之潮头、发时代之先声。"取法于上，仅得为中；取法于中，故为其下。"标准是一面镜子。标准高一点、要求严一点，大家就会用这样的标准要求自己；而一旦放松了标准，就容易一泻千里。党的十九大要求推动国有资本做强做优做大，培育具有全球竞争力的世界一流企业。面临中华民族伟大复兴的战略全局和世界百年未有之大变局，天津电力深入学习贯彻习近平新时代中国特色社会主义思想，确立了建设具有中国特色国际领先的能源互联网企业战略目标，坚守初心使命，坚持战略引领，强化文化驱动，着力构筑国网精神、国网价值、国网力量，创建一流企业文化。

"我们都在平凡的岗位上做着平凡的努力，让'人民电业为人民'从墙上走下来，彼此多做一点，心里也会暖一点。"对入党12年的稽查管控部服务工单调度班班长朱冬雪来说，全心全意为人民服务的宗旨意识早已根深蒂固，从最初的热爱到现在的坚守，初心从未改变。天津电力坚持以人民为中心的发展思想，以实际行动谱写"人民电业为人民"的时代华章。推动战略落地落实，需要将价值理念转化为广大职工的行为准则、工作标准和奋斗目标，以共同的价值追求凝聚团结奋进的动力。天津电力始终坚持"人民电业为人民"的企业宗旨，深刻认识国家电网事业是党和人民的事业，坚持以人民为中心的发展思想，做好电力

天津电力组织召开"身边最美、心中榜样"暨"不忘初心、牢记使命"主题教育之先进典型教育演讲展示活动

先行官，架起党群连心桥，切实做到一切为了人民、一切依靠人民、一切服务人民。一个企业要想时刻保持一流水平，就必须要有强烈的责任心，要时刻把"人民"放在心上。正是这种精神推动着天津电力的技术更加精湛，服务更加到位。

为者常成，行者常至。在实现"两个一百年"奋斗目标的历史交汇期，公司要扛起使命担当，确保战略制胜，更需要进一步坚定文化自信，汇聚智慧力量，以文化铸魂彰显中国特色、以文化赋能争创国际领先、以文化融入助力能源互联网企业建设，将战略意志转化为全体职工的情感认同和行为自觉，全面建设与国家电网公司战略目标相适应的优秀企业文化。

文化铸魂，彰显中国特色。坚持党的领导、加强党的建设是国有企业的"根"和"魂"。"求木之长者，必固其根本。"习近平总书记指出，在5000多年文明发展中孕育的中华优秀传统文化，在党和人民伟人斗争中孕育的革命文化和社会主义先进文化，积淀着中华民族最深层的精神追求，代表着中华民族独特的精神标识。

"文化铸魂"行动就是要高举党建旗帜，弘扬党内政治文化，大力弘扬以马克思主义为指导、以中华优秀传统文化为基础、以革命文化为源头、以社会先进文化为主体，充分体现中国共产党党性的党内政治文化，积极践行共产党人忠诚老实、公道正派、实事求是、清正廉洁等价值观。习近平总书记在庆祝中国共产党成立95周年大会上强调："一切向前走，都不能忘记走过的路；走得再远、走到再光辉的未来，也不能忘记走过的过去，不能忘记为什么出发。"天津是一座具有光荣革命传统的城市，党在领导天津人民进行新民主主义革命过程中，留下了许多珍贵的革命遗址。天津电力充分利用天津的红色基因，发挥好红色基因教育人、激励人、鼓舞人的作用，让红色基因成为推动企业高质量发展的重要抓手。天津电力为庆祝中国共产党成立100周年，开展"红色足迹践初心"主题实践活动，将其作为党史学习教育的重要抓手，做到学史明理，学史增信，学史崇德，学史力行，引导党员坚定政治信仰，激发干事创业热情。

"文化铸魂"行动就是要践行社会主义核心价值观，加强社会主义核心价值观宣传教育，增进认知认同、树立鲜明导向、强化示范带动，引导职工把社会主义核心价值观作为明德修身、立德树人的根本遵循。把社会主义核心价值观要求融入企业规章制度、融入职工生产生活，使之成为职工自觉践行的道德规范和行为准则，彰显公司责任央企形象。深化企业文化建设，紧紧围绕国家电网公司战略目标，大力弘扬企业宗旨、公司使命、战略定位、企业精神等价值理念，坚持继承发展、守正创新，在实践中将国家电网公司价值理念体系的时代内涵，进一步提升企业文化建设水平。明确国家电网公司企业文化建设的体制机制、方法载体、落地路径，以文化促进战略共识、战略协同、战略管控，推动国家电网公司战略和价值理念细化落实到各个领域、各项工作中，促进公司上下形成共同的思想认识和一致的价值取向。构筑国网精神、国网价值、国网力量，引领公司在改革发展道路上行稳致远。

文化赋能，争创国际领先。企业文化是企业凝聚力和创造力的重要源泉，文化软实力是国际领先企业保持核心竞争优势的关键要素。挖潜企业文化价值创造能力，优化工作机制，创新宣贯载体，深化跨文化融合，锻造与国际领先企业相适应的文化软实力。天津电力着力提升企业文化影响力，利用各类媒体、文化阵地，广泛开展专题培训、宣讲辅导、网上课堂等多种形式的企业文化宣贯传播；充分发挥职工文化优势和作用，繁荣职工文艺创作和职工文化生活，开展职工乐于参与、便于参与的活动，充分调动职工的积极性、主动性。着力提升企业文化凝聚力，利用身边人讲述身边事，加强企业文化的人格化承载、故事化诠释；着力提升企业文化穿透力，举办企业文化示范培训班，编制企业文化通用讲稿，使公司要求直达基层；研究实施分层分众宣贯策略，针对各类群体的不同需求，制定差异化培训模式，推动实现全员、全方位、全领域覆盖。

文化融入，助力能源互联网企业建设。以企业文化激发企业内生动力，关键在于将企业文化真正融入企业经营管理全过程、根植于企业制度和员工行为中。"文化融入"行动就是要推动企业文化融入专业管理、融入基层工作、融入员工行为，激发企业文化的辐射导向和激励约束功能。大力弘扬"努力超越、追求卓越"的企业精神，始终保持强烈的事业心、责任感，向着国际领先目标持续奋进，敢为人先、勇当排头，不断超越过去、超越他人、超越自我，坚持不懈地向更高质量发展、向更高目标迈进。深入开展企业文化建设示范点创建活动，打造一批工作业绩优、示范性作用强、群众评价好、专业分布合理、地域覆盖广泛的基层示范点，推动战略目标进基层、进班组、进站所。充分发挥各级示范点的辐射作用，促进专业成线、地域成面，带动基层企业文化建设水平整体提升。注重把企业文化融入制度标准建设全过程，将国家电网公司价值理念转化为清晰明确、符合规律、不断优化的制度流程和行为规范，有效约束、激励、引导员工的行为和表现。优化完善公司《员工守则》，研究构建专业行为信条和岗位行为准则，广泛开展行为规范养成活动，鼓励引导员工加强自我管理，促进员工与企业共同发展，真正推动优秀企业文化内化于心、外化于行。将公司文化优势转化为创新优势、竞争优势和发展优势，有力支撑能源互联网企业建设。营造了干事创业浓厚氛围。弘扬"时代楷模""改革先锋"精神，以品牌正能量带动人、感染人，深化个体先进向群体先进转化，筑牢了企业"根"和"魂"，队伍凝聚力不断提升。

目标与选择

"志之所趋，无远勿届，穷山距海，不能限也。志之所向，无坚不入，锐兵精甲，不能御也。""志"往高来说可以理解为理想，往小来看叫作目标。目标引领发展，目标凝聚力量。不同的目标会驱使着人走上不同的道路，不同的目标会影响着企业的发展。然而，"志合者，不以山海为远"，在企业层面只有形成了共识，为实现共同的大目标，力往一处使，才能使企业越来越好。

天津电力坚决贯彻党的决定，紧跟领袖步伐，在"两学一做"中铸就理想，在主题教育中淬炼信念，"四个意识""四个自信""两个维护"成为思想自觉、行动自觉。天津电力落实习近平总书记来津视察指示精神，视使命为生命，以钉钉子精神抓落实。智慧能源小镇由构想变成现实，带电作业机器人从津门走向全国，充换电网络由零星起步到覆盖全市，一个个领先领跑，一次次填补空白，生动诠释了对党的忠诚！

"让80多万个企业用户和近300万居民想用电的时候就有电用。"这是张黎明最质朴的职业理想。他认为，伟大的中国梦是靠千千万万个劳动者用勤劳和智慧托举起来的，作为劳动者大军的一员，在电力行业干着自己的本职工作，能为服务百姓民生发挥自己的微薄作用，他感到自豪。天津电力始终坚持"人民电业为人民"的企业宗旨。"人民电业为人民"是老一辈革命家对电力事业提出的最崇高、最纯粹、最重要的指示，体现了国家电网发展的初心所在。牢记国家电网事业是党和人民的事业，始终坚持以人民为中心的发展思想，深入贯彻创新、协调、绿色、开放、共享的发展理念，着力解决好发展不平衡不充分问题，全面履行经济责任、政治责任、社会责任，做好电力先行官，架起党群连心桥，切实做到一切为了人民、一切依靠人民、一切服务人民。"煤改电"工程让百万人民告别烟煤取暖，农网改造升级载入天津发展史册，助力"双战双赢"解困万千企业；降电价、增投资、优服务、助复工、保供电，只要党有指示、人民有需要，天津电力就有行动、有答案。关键时刻，天津电力扛起了"央企姓党"这份责，撑起了属于央企的那片天！

天津电力始终以"努力超越、追求卓越"为企业精神。始终保持强烈的事业心、责任感，向着国际领先水平持续奋进，敢为人先、勇当排头，不断超越过去、超越他人、超越自我，坚持不懈地向更高质量发展、向更高目标迈进，精益求精、臻于至善。2020年以来，国网公司确立了建设具有中国特色国际领先的能源互联网企业战略目标，为企业发展提供了行动指南。在近两年，天津电力全体员工同心协力，用汗水与智慧绘就天津电力跨越发展的壮丽篇章。天津电力促成公司与天津市3年签署三大战略合作协议，携手打造能源革命先锋城市，合作程度之深，合作领域之广，合作成效之大，均创历史之最。其中为了推动协议落地，天津电力启动"1001工程"。自2019年以来，3年间"1001工程"主体工程基本完成，目标成效非常显著。该工程不仅仅主网建设任务基本完成，助力城市能源绿色转型"碳中和"。2020年底，天津可再生能源装机规模达到318.55万千瓦，是"十二五"末的5倍。而且还提升乡村电气化水平，提前一年完成全市1432个村、30.9万户农网升级改造工程，助力了乡村振兴战略。同时它还全面完成"煤改电"任务，提前一年完成北方清洁取暖"三年攻坚任务"，为居民提供清洁取暖使得冬季取暖节能两不误。最后还产生了联动效应，推动"十一五""十二五"受阻工程67项取得重大突破，服务地方经济社会建设。就是在这种"努力超越、追求卓越"的企业精神感染下天津电力全体职工共同奋斗，使得天津电力总体水平比肩北京、上海，供电可靠率进入世界先进行列。

2020年7月20日，天津市领导到天津电力调研指导工作。充分肯定了天津电力的作风，认为天津电力对天津经济社会发展的贡献都是实打实的，一件事儿一件事儿的，像"推土机"似的一步步往前推，蕴含其中的担当精神、拼搏劲头让人印象十分深刻，并要求天津市各级干部学习天津电力这种"推土机"的精神。发扬"推土机"精神，落实到行动中，就是要信念坚定，始终胸怀大局、服务全局。作为天津电力总经理助理、天津送变电工程有限公司执行董事、党委书记的申军，带领698名送变电公司弟兄穿过铁马冰河，跨过万里关山，来到阿里与藏中电网联网工程查务至吉隆500千伏线路工程现场。2019年申军审时度

天津电力新农网改造，服务农家院

势，抢抓市场机遇，笃行新发展理念，谋定而后动，在坚持站稳天津电力"1001 工程"建设主战场的同时，积极开拓外阜超高压、特高压项目，经过几番努力，天津送变电工程有限公司成功中标西藏阿里与藏中电网联网工程查务至吉隆 500 千伏线路超高压工程。这一工程即是光荣与梦想，但是其施工条件艰苦恶劣是常人难以想象的。其中的一位项目副经理说："我偶然知道，申总每次去现场都是需要在房间猛吸一口氧气，可一到施工现场，他就显得精神气十足，讲话还让我们听了热血沸腾，激发我们干好工程的激情！"在全线贯通仪式上，申军流下了激动的泪水。他和每一位参战职工深情拥抱："你们用自己的汗水和誓言，在国家电网建设的版图里，留下了津电铁军晶莹闪亮的足印！谢谢大家！谢谢你们！"可大家并不知道，那段高原上的日日夜夜，申军都是每天依靠"红景天"和催眠药支撑下来的，他的"若无其事"其实都是装出来的。他说："我是'军长'，必须表现出高昂的斗志，把战士们的精神头鼓到最足才行!"这就是"推土机"精神,锚定方向不偏离、咬定青山不放松,在不折不扣抓落实上坚定不移。就是要行动快,不等不靠,说了就办、定了就干,绝不拖拖拉拉、敷衍应付。就是要力度大,要不避难、迎难而上、敢于斗争,逢山开路、披荆斩棘,冲破一切艰难险阻、条框束缚,不达目的不罢休。就是要效果好,聚焦干成事、不出事,以实绩实效论英雄,做到成果成效最大、综合效益最优。

题材与案例

"致敬榜样最好的方式就是学习其品质、传承其精神。我们在先进典型中开展对标黎明活动,就是要抓住这支高素质专业化的'骨干力量',加强先进典型梯队建设,引领带动广大党员干部员工,为建设具有中国特色国际领先的能源互联网企业注入'新动能'。"天津城东公司运维检修部副主任兼配电运检室主任兼党支部书记黄旭,是全国劳动模范、全国五一劳动奖章获得者、全国电力行业技术能手。"黎明师傅常说工作是快乐的,创新让工作更快乐。对我们来说,工作场所就是创新阵地,能解决工作中实际问题的创新都是伟大的创举。"这是他鼓励同事创新时常说的话。现在他正在将接力棒向新员工传递。他带的徒弟卢明伟荣获 2019 年全国电力行业优秀技能选手称号,黄旭带领团队还获评了全国电力行业优秀质量管理小组、天津示范性劳模和工匠人创新工作室、国家电网工人先锋号、国网公司优秀共产党员服务队。他的工作室的项目还获得第五届天津青年创新创业大赛一等奖。

天津电力创新实施以"三层系统共推、三维发现选树、三级组织驱动、三阶递进培育"为核心的重大典型培树创新实践机制,推动重大典型培育,树立个体先进来带动群体先进。培育重大典型是文化落地的重要途径。艾伦·肯尼迪在《企业文化》一书中将英雄人物列为企业文化的三大要素之一,可见先进个人的重要性。同样是榜样,张黎明和王娅有着完全不一样的事迹，他们影响和激励其他人的"点"也有所不同。张黎明坚守"点亮万家"的初心，践行工匠精神，在专业上精益求精，因此被誉为"坚守初心的光明使者"。而王娅则以仁爱奉献之心感动中国成为"中国好人"。因此，在选树培养重大典型时，天津电力充分结合他们各自的精神品质和感人事迹，深入提炼属于他们自己的"标签"，有针对性地提炼其精神品质，打造每个人独有的"名片"，以强化他们的示范引领效果。

首先，天津电力通过推动"三维发现选树"，确立重大典型培育的新思路，让先进个人及集体先脱颖而出。天津电力从文化的角度出发，弘扬劳模精神、劳动精神和工匠精神，按照企业的愿景、使命、价值观等核心文化的内涵来树立企业标杆，发扬企业精神、推土机精神，将勇于创新、忠于职守、团结上进的员工树为标杆。

天津电力为了正确树立标杆，坚持"有广度、有高度、有深度"的"三维"选树思路，多层级梯队培育典型。一要确保培养范围有广度。从不同层面深入开展系列主题劳动竞赛和技能比武，实施人才培养"三大工程"(高端人才引领工程、技能人才培养工程、青年人才托举工程)，开展系列主题劳动竞赛和技能比武。通过收集各基层单位、车间和班组一线的先进、优秀员工信息，确保标杆人物选树工作可以百分百覆盖公司的每一级机构、每一名员工。创新"青干班""青马班"联合培养模式，以"培训＋实践＋考核"的方式，开展党性锻炼学习，为将优秀人才培养成先进典型创造条件。二要确保重点选树有高度。重点培养代表主流价值取向、体现时代精神、工作能力出众、广大干部群众评价高、具有成长潜质的突出典型。既要培养重大先进典型，使之成为大众标杆，也要逐级培养各级各类示范标杆，让各级员工感受自己距离标杆人物并不遥远。三要持续培养有深度。站在为时代树立旗帜、为群众树立楷模的标准定位，对标新时代先进典型的担当作为和精神气质，让每一面旗帜与时俱进，使典型选树从形象建设深化为精神淬砺。企业要规范和落实标杆人物的培育，善于发现标杆人物的"闪光点"，抓住其精神实质进行深入提炼，制定系统的培养措施，让标杆人物"立得住"。

其次，开展"三阶递进培育管理"，打造新平台，淬炼精神内涵。一是细化"前期选苗"。持续开展优秀共产党员、"黎明式"员工、十大杰出青年等各类先进评选表彰，逐级推荐、层层选拔，形成先进典型的"种苗圃"和"人才池"。二是规范"中期培育"。鼓励广大员工积极投身公司"两工程一计划"，在重点项目中挑大梁、攻难关，推动服务队参与社区"红网格"建设，在"防疫抗疫"等"大战大考"中锤炼本领。组建职工创新联盟，优化劳模创新工作室、创新实践基地、创新成果孵化基地等，在刻苦攻关、创新创效中激发活力。三是做实"后期结果"。运用多种手段传播选树对象先进事迹，让先进典型可信、可亲、可敬、可学，在员工中形成感召力，在社会上扩大影响力，不断提升国家电网有限公司内质外形。

天津电力为了顺利推进先进典型培树工作，建立了公司层面、基层单位层面、科室及车间层面"三级组织联动推进"机制，护航成长之路。一是在公司层面做到"培树有规划"。确立党委领导、行政支持、工会配合、团委参与及党建部门主推、专业部门协同的领导机构和管理体制，制定重大先进典型选树工作规划，编制任务清单。并根据公司工作实际情况对工作规划进行修编，保证规划始终紧跟时代主题、符合时代要求。二是在基层单位层面做到"培树有计划"。基层单位按照公司党委统一规划的大纲内容及要求，结合本单位的具体机构设置，制定并落实重大先进典型培育工作计划、先进典型梯队培育工作计划，细化每年、每季度、每月、每周培育计划，并负责对本单位培育工作计划执行情况的定期总结上报。三是在科室及车间层面做到"培树有执行"。各单位党支部、一线班组结合业务特点和人员构成，密切跟踪培育对象成长动态，及时做好信息反馈。

最后，深化学习和宣传。在选树和培育重大典型后，天津电力运用多种手段，深化对标杆人物的学习和宣传。通过打造学习弘扬载体、开展多维立体化宣传、营造人人争优的氛围，实施"三层系统共推"，让标杆事迹传得快、传得广，增强行为引领的效果，打造天津品牌。

为了引导广大员工争做典型人物，企业可以通过编制学习手册，开发学习课程，组织学习竞赛、征文、演讲、事迹报告会等形式，在企业内部广泛开展标杆学习活动。天津电力为了鼓励员工对标张黎明，看齐争优，培育出更多"黎明式"人才。除了通过事迹报告会了解和学习张黎明，天津电力还编制了《对标黎明手册》，针对黎明精神特质，在领导干部、党员、员工等不同层面形成了对标标准，促使各级人员结合每一个具体指标，对标个人的工作，主动改进不足。与此同时，依托天津电力党校策划黎明主题精品课程，制作领导干部、青年后备干部、管理人员、班组长及青年员工5类人群必学课程以及人民网公开慕课，形成了包含"黎明成长"主题党课、"黎明故事"语言微课、"黎明铸魂"系列课程以及"黎明笔记"培训考核、"黎明急修"案例微课、"黎明创新"仿真微课等18万字、18.5小时的书面及视频课程。此外，天津电力还以全体共产党员为竞赛主体，围绕党员"三亮三比"以及党员责任区、示范岗建设，在重点工程、重大保电等日常工作中开展"黎明杯"系列竞赛。除了广泛开展学习活动，天津电力还通过打造学习工作室、组织实践活动等形式，推动实践学习，引导广大干部职工学习并争做标杆，从自己做起、从实践做起、从现在做起。张黎明是国家电网公司上下重点学习的标杆，公司特别成立了"张黎明共产党员服务队"，推动"黎明+实践"活动，探索实施电力应急抢修"黎明行动"，推行一流经商环境"黎明承诺"等工作，并全面开展志愿服务。与此同时，把"张黎明创新工作室"打造成为提升员工队伍整体素质的重要基地，推动实施科技创新、职工创新、青年创新、专利申报等创新活动，让一批批技艺精湛、素质过硬的"蓝领工匠"涌现。

"以身教者从，以言教者讼。"通过中央、地方和公司"三层系统共推"来宣传，将抽象的企业文化价值理念用生动鲜活的人物、事迹展现出来，将单纯的企业价值理念宣教转化为具体形象的示范，这种做法能有效地增强企业文化宣传的效果。一是推动中央层面获得肯定。积极在中央媒体加强宣传，在全国层面形成影响。张黎明同志在新中国成立70周年系列活动中登上中组部"不忘初心"彩车，在 2020 年央视春晚代表国家电网向全国人民拜年，担任中国人民大学、天津大学等高校的校外辅导员，开展各级各类宣讲 50 余场，成为电力行业的形象"名片"。二是推动地方层面成为亮点。天津公司致力于以培树重大典型，多方位、多层面向天津市委市政府汇报沟通先进典型培树形成的成果，推动天津市委在天津市层面认同天津公司培树成果。三是推动国网层面深度塑造。将培树重大典型作为落实国家电网有限公司党组战略目标的重要内容，保证重大典型选树有方向、宣传有重点、弘扬有实效，促使重大典型在国网系统更有带动力、代表性。

形式与效果

习近平总书记指出："文化是一个国家、一个民族的灵魂。"对于企业来说，企业文化是企业中一整套共享的观念、信念、价值和行为规则，是全体员工认可的一种共同行为模式。天津电力深入学习贯彻习近平新时代中国特色社会主义思想，加快建设具有中国特色国际领先的能源互联网企业，实施"文化铸魂、文化赋能、文化融入"专项行动计划，全面推进新时代一流的企业文化建设，推动国家电网公司战略目标进基层、进班组、进站所，着力构筑国网精神、国网价值、国网力量。

2016 年夏天，长征七号运载火箭生产基地的一户居民来电反映，家里患有癌症的病人所用的靶向治疗药物需要冰箱低温保存，而且不能停电，但受限于小区物业供电设备相关参数设定，偶尔会出现断电现象。这件事虽然不属于电力公司负责的范围，但是既然老百姓找到了张黎明"红马甲"服务队，就必须"有求必应、有难必帮"。通过"共产党员服务队"的调解，问题很快就得到了解决。事后居民和物业公司的工作人员都表示："你们是党员，你们说的话、办的事能找到主儿，值得信！"滨海黎明共产党员服务队成立十几年来，积极践行"客户所需、党员所及，让党旗飘扬、让百姓满意、让爱心传递"的庄严承诺，搭起了党联系百姓的"连心桥"。

天津电力在创建一流企业文化的过程中始终保持初心，坚定信念，弘扬党内政治文化。"石可破也，而不可夺坚；丹可磨也，而不可夺赤。"正如习近平总书记所引用的这句话所说，理想信念就像石头的坚硬、丹砂的赤红，是共产党人根本的属性。天津电力深入贯彻《中国共产党支部工作条例（试行）》《中国共产党国有企业基层组织工作条例（试行）》，强化党支部政治功能，落实党支部思想文化建设重要职责，结合实际创新开展书记谈文化、组织生活创新联评联展等活动，切实把党支部建设成为弘扬党内政治文化的坚强战斗堡垒。深化共产党员服务队等实践载体建设，将党员责任区、党员示范岗同时建设成为企业文化示范区和示范岗，引领广大党员争当优秀企业文化的践行者，引导党员坚定政治信仰，激发干事创业热情。在决胜防疫抗疫的关键时刻，天津电力发挥党组织战斗堡垒和党员先锋模范作用，出台"三大纪律、八项注意"等创新举措，开展"文明战'疫'"专项行动，张黎明同志向天津市委和国网公司党组递交请战书，让党旗始终在防疫一线高高飘扬。开展"双进双服"活动，走访全市4300余个企业和现场，解决意见建议近1300项，200余家企业送来感谢信。高质量完成7个结对帮扶困难村指标任务，工作成效在政府新闻发布会上发布。在蓟州建成天津首座100千瓦级光伏扶贫电站，打造了扶贫"电力范式"。

天津电力大力弘扬和践行社会主义核心价值观。加强社会主义核心价值观宣传教育，增进认知认同、树立鲜明导向、强化示范带动，引导职工把社会主义核心价值观作为明德修身、立德树人的根本遵循。把社会主义核心价值观要求融入企业规章制度、融入职工生产生活，使之成为职工自觉践行的道德规范和行为准则。开展弘扬时代新风行动，传承中华传统美德，加强文明礼仪宣传教育，引导广大职工树立正确理想信念、价值理念、道德观念。深化文明单位、文明职工等群众性精神文明创建活动，广泛开展"岗位学雷锋""青春光明行"等志愿服务活动，彰显公司责任央企形象。

天津电力优化工作机制，提升企业文化管理格局。适应公司战略需要，构建与"战略＋运营"型和"战略＋财务"型模式相匹配的企业文化管控机制。进一步强化党建部门抓文化管理，业务部门抓文化承载，各单位党组织抓文化宣贯实践，全员共建企业文化的工作体系。加强企业文化建设规划计划管理，坚持项目化推进，健全完善企业文化建设"规划、计划、项目化"有机衔接的管理体系。深化"示范项目、重点项目、储备项目"三级项目实践模式，坚持目标导向、问题导向、结果导向，分层分级推动企业文化落地落实。加强企业文化制度建设，及时把实践经验上升为制度成果，进一步提升企业文化建设制度化规范化水平。天津电力紧紧抓住"人"这个根本，推进"个体先进"向"群体先进"拓展升级。将全体员工的思想意识、行为模式统一到国家电网有限公司战略目标上来，对标国际一流、构建能力框架、绘制"战略地图"，人人奋斗有"坐标"、前进有"方向"。涌现出"时代楷模""改革先锋"张黎明、"中国好人"王娅、"全国劳动模范"黄旭等一批先进人物和一批"带露珠、沾泥土、冒热气"的典型事迹，逐步在全体员工中形成看齐先进、崇德向善的良好氛围。

同时，天津电力也着力提升企业文化影响力，利用各类媒体、文化阵地，广泛开展专题培训、宣讲辅导、网上课堂等多种形式的企业文化宣贯传播；充分发挥职工乐于参与、便于参与的活动，充分调动职工的积极性、主动性。着力提升企业文化凝聚力，利用身边人讲述身边事，加强企业文化的人格化承载、故事化诠释；创新开展藏汉、蒙汉等双语企业文化传播，增强少数民族员工对公司价值理念的认知认同。着力提升企业文化穿透力，举办企业文化示范培训班，编制企业文化通用讲稿，使公司要求直达基层；研究实施分层分众宣贯策略，针对各类群体的不同需求，制定差异化培训模式，推动实现全员、全方位、全领域覆盖。形成《"分层分众"案例集》《"绘文化"漫画集》《"众说文化"感言集》《"文化代言"实践集》《"文化提质"成果集》等特色文化作品集。探索构建了以"三池"为基础的企业文化管理体系，形成了上下联动、多方合作的运行机制，进一步畅通了各层级、跨专业的联络渠道，为企业文化横向、纵向传播打通脉络。

要建设具有全球竞争力的世界一流企业，就必须打造一支高素质的人才队伍。天津电力细化行为规范，推动企业文化融入员工行为，有效约束、激励、引导员工的行为和表现，鼓励引导员工加强自我管理，促进员工与企业共同发展。

第三节　团结互助的团队文化

团队与文化

疫情防控期间，国网天津城东公司运维检修部副主任兼配电运检室主任兼党支部书记黄旭带领青年们将储物箱进行创新改造，摇身一变就成了能够固定摆放消毒液、额温枪、洗手液等现场必备防疫物品的"百宝箱"，他还将各项防疫措施融入作业指导书相应环节，重新编制《疫情防控期间带电作业指导书》，再配上编写的《防疫提示卡》，既方便了防疫物品携带，也使现场防疫措施执行时间缩短了近30%，确保防疫措施和安全措施同步到位。

近年来，黄旭带领团队研发了 40 多项创新成果，获得了 38 项国家专利授权，获得省部级及以上奖项 11 项，发展专业论文 12 篇，配电网不停电作业关键技术研究项目等 6 项成果被鉴定为"国际先进"水平，累计为企业创造经济效益达 6900 万元。而他没有沉浸在过往的荣誉中，而是砥砺奋进再出发。

团队和文化两者是紧密联系的。长久的团队必然会形成文化，而文化则决定了团队的发展潜力。毛泽东说："没有文化的军队是没有战斗力的军队。"一种健康的文化能促进团队向着既定目标不断前进，可以使团队成员在轻松愉快的环境中工作，形成共同目标。优秀的团队文化可以促成优秀团队的形成和发展，优秀团队必定有自己的优秀文化。"以文化人，润物无声"，文化更多的是一种传播力、感染力。一个团队能够让整个团队的人都有一种文化的认同，即"共识"。一个团队全体人员为一个目标共同发力，正所谓"众人拾柴火焰高"，大家都有力量，将会汇聚成为巨大的力量。但是如果一个团队不能形成合力，将会形成内耗，再大的力量都将会在彼此的相互抵抗中消磨殆尽。

党建引领团队文化。在天津电力一本名为《"看旗争优"党员对标》的小册子被发放到了天津电力党员手中，天津电力通过树立张黎明这样的基层优秀党员典范，开展对标式的党员榜样学习，在红色旗帜引领下，促使全体党员在"不忘初心、牢记使命"主题教育中创先争优，成为国企发展壮大中的坚实力量。天津电力将优秀党员"典范引领"的经验不断深化，在党史学习教育中，将主题教育与推进改革发展稳定，提升服务水平，激励干部员工守正创新、担当作为等方面紧密结合，切实把党建优势转化为创新优势、竞争优势、发展优势。

"千人同心，则得千人之力；万人异心，则无一人之用"。没有完美个人，只有优秀团队。在培育张黎明为重大典型获得认可之后，天津电力意识到，对于电力检修事业而言，只有一个张黎明还远远不够。只有人人都是技能专家，企业才能飞速发展。为此，天津电力努力营造传帮带环境，帮助张黎明培养出更多的徒弟。他在抢修工作中琢磨，将遇到的近万个故障进行总结分析，用录音、视频等多种方式向身边的员工传授。他还创立了"急修案例库"，带领大家结合工作，总结分析故障特点与抢修技巧，设计故障模型，补充到案例库中。以电缆故障为例，有了案例库后，故障查找时间从一两个小时缩短到只要 10 分钟。

天津电力非常注重团队文化的建设。通过以张黎明、王娅等先进典型代表带动公司群体先进，在坚持传统电力班组的基础团队形式上深化班组减负赋能，扎实推进班组减负举措，不断激发基层团队实践活力。完善"师带徒"制度，提升公司"师带徒"工作实效，构建各级联动培养体系，加快青年员工成长成才，加强团队的专业性。建立柔性项目团队机制，推行"揭榜挂帅"制，打造技能人才引领科技创新的新态势，发挥技能人才科技引领作用。天津电力工会近年来一方面注重对老中青不同时代劳模工匠的梯队式培养，通过师带徒、合伙人等方式扩大先进队伍，用"多出人才多出成果"来实打实传承劳动精神、劳模精神、工匠精神；另一方面创造性打造了劳模创新工作室源头发明培育、孵化基地产业制造应用、创新空间展示传播交易、创匠坊全程线上推广的职工创新"四轮驱动"模式，为更多职工"对着先进学先进"创造了近在身边和指尖的实践平台，典型引领作用得到更好的发挥，为天津电力建设新时代知识型、技能型、创新型产业工人队伍创造了有利环境。

团队与建设

天津电力有这样一支具有魔力的团队，它们被称为"网络安全"铁军。他们拥有着不忘初心、牢记使命的政治品格，承接着一项又一项光荣而艰巨的任务。在这个大的团体里，自愿加班加点的员工比比皆是，学习和培训不再有年龄界限，班组一线生产成了最受人尊敬的工作，半夜抢修成了司空见惯的现象。这就是信通公司，一支自 2017 年开始成长迅速的队伍。他们的转变、成长、崛起与团队文化的建设紧紧相连。

天津电力通过团队文化建设来增强团队凝聚力。凝聚力对于任何组织的发展都是必不可少的一种支撑力量，谚语说"一根筷子轻轻被折断，十双筷子拧成绳"，只有团队的所有成员重视群体精神，发挥出巨大的凝聚力，才能高效的实现目标。在天津电力中，有众多这样大大小小的团队。每一个重大的项目都需要众多的团队来相互配合。如"1001工程"、"9100行动计划"、新基建等都需要各团队通力合作才能完成。习近平总书记强调"力量不在胳膊上，而是在团结上。"但是，传统的团队管理方式是依靠组织系统通过生硬的行政指令进行指挥的，缺乏人文主义的关怀，淡化了个人心理的需求，团队的成员只是单纯地为了利益而去勉强的完成任务，严重打击了个体的积极性。而天津电力的团队文化的构建更加注重个人的感受，加强了团队精神和团队意识的培养，在长期的工作过程中，更侧重了解个体的兴趣、习惯、家庭情况等，再通过思想的交流，引发团队成员的归属感和对团队的认同感，从而能够产生强大的向心力和凝聚力。信通公司自2015年开始注重团队文化的建设。原先的信通公司团队凝聚力不强，员工的士气不高。经过2015年到2017年的文化建设，形成完善的"e家园"文化管理模式，深植"坚持、自信"的文化基因，固化"文化符号"。例如将"员工成长、企业发展"定为宗旨，建立的"我爱我家"专栏，进行了文化班组的建设，还创建了"淘客涛涛"APP和"诚信·通天下"微信平台，着力打造成长家、温馨家、发展家、快乐家、和谐家。使员工形成以岗为荣、以企为家的家文化传统。一步一个脚印，完成了由"建家"到"兴家"的文化建设，使信通队伍凝聚力和士气得到极大提升，员工的归属感、使命感日益增强。在天津电力组建的"1001工程"中，信通公司牵头3项，共涉及项目170项，全部圆满完成。在之后的两年里，公司工作质效连连攀升，企业负责人绩效连续两年获评A级，信通公司的团队战斗力在不断增强。

天津电力通过对团队文化建设来提高团队战斗力的提升。思想文化的构建能够有效地优化人力资源，发挥团队文化"协调合作"的功能，提升团队的战斗力。天津电力自 2019 年以来已经连续两年对优秀问题建议进行"金蚂蚁"奖评选。之所以命名为"金蚂蚁"，不仅仅是取意于"蚂蚁啃骨头"的不惧艰难、攻坚克难、拼搏奋进、永不放弃的精神。更是取意于蚂蚁"团结协作""以小见大"的精神，基层提出的问题建议有的可能很小，但往往从一些小痛点、小堵点中能够以小见大，很多问题需要各部门、各专业协同联动、动真碰硬，才能推动问题有效解决。2019 年以来，在天津电力领导班子的带领下，公司科学设计、统筹协调，各部门、各单位积极参与、主动作为，基层问题建议协调解决工作取得显著成效。2020 年，公司层面牵头协调基层问题 118 项，涉及 15 个专业领域。各专业主动强化服务意识，持续整治"上热中温下冷"问题，推动问题有效解决，2020 年度共解决公司层面问题 104 项，问题解决率达 88%。小蚂蚁撬动大发展。从"金蚂蚁"项目中不仅仅看到了天津电力员工的实干担当和精益求精，更是看到了员工对企业发展的信心与期待，以及对变革发展的全力以赴，永不言弃，这就是蚂蚁精神。这种精神正在凝聚起广大职工参与公司治理、投身企业改革发展的磅礴力量，人心所向，无往不胜。

天津电力通过团队文化建设实现团队创新能力的突破，从超越到卓越。完善团队文化的构建是提高团队竞争力的核心要求，现代企业和团队的发展，一方面需要以利益、物质为基础，另一方面需要以思想文化、精神理念为纽带，两方面缺一不可。从利益、物质方面来说，属于"硬件"设施，在团队的发展中起到了重要的作用；从文化建设方面来说，团队在发展过程中逐步形成的正确的处世观念、良好的团队品质、健康的发展精神和特色的团队品牌，才能使团队在根本上获得较为长久的发展。两者如同双重动力，使团队的核心竞争力实现了突破。在天津电力这个集体时常被誉为"铁军"，而海光寺数据中心建设就是其中之一。为了让它在国庆前顺利投运，有一支团队日夜驻守，披星戴月。这就是以国家电网公司优秀共产党员、信通公司运检二室班长吴凯带领的信息运维团队。海光寺数据中心机房建设投资庞大，工期紧张。为此，吴凯带领团队提前介入数据中心总体规划，精准地剖析公司多个信息机房运行现状与迁移难度。1105平方米的信息机房里，小到螺丝松紧，大到机柜摆位，上至楼层加固，下至电缆走位，他们带领施工团队逐一进行检查，对隐患整改死盯盯死，执着起来吃饭都顾不上。终于在9月25日，海光寺数据中心项目胜利竣工，他们的梦想和汗水在这一天闪烁着别样的光辉。

载体与内容

2020年7月1日，"时代楷模""改革先锋""最美奋斗者""全国道德模范"张黎明主讲的"榜样'德'事"道德讲堂开讲，他与大家分享了作为一名共产党员守初心、担使命，扛起新时代赋予的责任，带领团队勇于创新，成功研发第四代配网带电作业机器人的心得感悟。"榜样'德'事"道德讲堂是天津电力落实国家电网公司庆祝建党99周年"八个一"系列活动重要载体之一，也是持续深化"看旗争优对标黎明"主题实践活动的一项具体举措。

抓典型、树榜样，充分发挥示范引领作用。2011年，张黎明创新工作室成立。多年来，在张黎明的带领下，团队实现了技术革新400多项，获国家专利150多个，20多项成果填补了智能电网建设的空白，带出来一批能力强、素质高，敢担当、善创新的人才队伍。2017年，张黎明创新工作室获评"全国示范性劳模和工匠人才创新工作室"。在工作室的示范引领下，"地、室、坊"三级联动创新机制有效创建应用，"众创""班创""青创"活动蔚然成风，"金种子""蒲公英""砺石"等10个班组创新工作坊也相继成立，围绕电网运行、营销服务等多方面的疑难杂症，创新出了一批高精尖、能复制、可推广的项目。

　　"一花独放不是春，万紫千红春满园。"发扬榜样的力量，以个体先进促进群体先进。没有完美个人，只有优秀团队。天津电力意识到，对于电力检修事业而言，只有一个张黎明还远远不够。只有人人都是技能专家，企业才能飞速发展。可以说，培育典型、树榜样在天津电力的人才培养、团队建设的发展过程中发挥了重要引领带动作用，实现了"榜样在身边、行动有力量"，支撑公司抓发展机遇，当先锋、干精彩。

　　以丰富活动，打造活力班组。班组是企业的细胞，是公司的神经末梢，是公司战略的最终执行者，关系到管理落实、创新能力、文化落地的"最后100米"，而班组建设是企业管理的重要根基，可以说是国网战略实施的第一线。天津电力为更好地激发班组的实践活力，在扎实推进班组减负举措的基础上，通过众多的活动，将班组拧成一股绳。一是依托"班组微讲堂""职工大讲堂"等多种形式，加强思想引领。引导班组把国家方针战略、国家电网公司战略新理念、新思想融入日常工作，切实加强理论武装，不断提高思想引领力，切实将战略要义学进去、讲出来、干精彩。二是通过培训拓展提素赋能，升级队伍质量。明确"团队有核心、阵地有特色、运转有机制、创新有项目、转化有成果"的"五有"目标，开创"培养＋激励"具有班组特色的创新管理模式；加强培训工作的组织领导，全面落实各层级、各专业培训责任，创新实施"订单＋定向"的培训管理模式，着力提升员工技术技能水平。三是以"伙伴文化"，凝聚班组合力。班组长注重职工心理建设，以专业的指导、培训、咨询等方式帮助员工积极应对日常工作及生活中遇到的压力与烦恼，创造一个组员们生活中像兄弟姐妹那样相互尊重、包容，工作中像好伙伴那样互帮互助、团结友善的环境。

　　天津城西公司运检部配电运检室配电运检一班就建立"家和万事兴"班组微信群。第一时间了解班组各成员的家庭动态及思想动态，相互之间共同解决生活中遇到的困难，建立起相互信任、相互尊重、理解和沟通的机制，尽力解决后顾之忧。充分利用手机地图位置标注功能，将站房位置准确标注在地图上，提高了巡视效率。通过信息化办公的管理手段，将班组的工作、生活融为一体，二者相辅相成，相得益彰。

在张黎明为班长的天津滨海供电配电抢修班里在建立班组规章制度时，视员工为兄弟、为伙伴的张黎明认为，班组制度应该由班组员工自己讨论、协商而定，他说："员工自己制定的制度员工才能好好遵守。尤其是，他们提出的建议被采纳后，心里的高兴劲儿就别提了，积极性也大大提高。他们不光自觉执行，还会互相监督，可以收到意想不到的效果。"据班组成员讲述，张黎明早就把班组当成一个大家庭，把成员当成家里的一分子、当成兄弟、伙伴了。张班长对每个人的建议都会认真分析，合理的、可操作的他都会采纳，"班组管理积分制"就是对员工建议的一个汇总，相当于一个"班组公约"。制度制定后在推行中不断改进，张黎明只是扮演了一个监督制度执行的角色。包括针对党员服务队性质制定的"五制四化"工作体系和针对抢修队制定的"AAEA"抢修工作法，无一不是班组员工智慧的凝聚和体现。张黎明说："尊重每一名员工，汇总他们的建议，制定的制度都是源自他们的需求。在制度推行的过程中，大家逐渐把班组当家，以主人翁的姿态共同来管理家。"制度制定后，他们还集思广益，不断改进和完善，管理办法也被天津市评为"优秀职工作业法"。

强化品牌建设，提升员工自豪感。文化与品牌是企业的内质与外形。优秀的文化具有强大的传播效应，可以塑造优秀的企业品牌。良好的品牌又对文化建设提出更高的要求，并对员工产生积极影响，提升企业的凝聚力和向心力。天津电力厚植"人民电业为人民"这一企业宗旨，聚焦"引领者、创新者和共享价值创造者"品牌定位，坚持全局协同，打破条线化业务分割，将"世界一流"根植于每名员工心中，并将其转化为践行国家电网有限公司战略目标、服务"五个现代化天津"建设的自觉行动。仅 2020 年一年，天津电力就对外发稿 7000 余篇，特别是在中央媒体发稿152篇、较同期增长近70%，在中央电视台发稿41篇（其中新闻联播6篇）、《人民日报》发稿39篇（其中头版及要闻版9篇）、新华社发稿69篇（其中动态清样2篇）。

广泛传播品牌故事。品牌故事《泥好新生活》和品牌建设管理案例获评国务院国资委优秀奖项，获奖级别和数量位列国网系统首位；"黎明出发点亮万家"品牌建设实践案例入选2020年企业可持续影响力品牌十大案例，全国仅2家央企品牌获奖，也是国网系统唯一入选品牌。举办《能源大数据白皮书》发布会，建设世界智能大会"云展厅"，浏览量约4亿次。

形式与效果

"积力之所举，则无不胜也；众智之所为，则无不成也。"俗话说，"一个人可以走得很快，但一群人能够走得更远。"天津电力深知团结就是力量，如今的时代，单打独斗可能获得一时的成功，但绝不可能基业长青。没有合作就没有进步，没有共赢就没有未来。天津电力通过"师带徒""揭榜挂帅"等机制建立团队，通过柔性团队的方式以项目的形式组队充分发挥每一个人的长处，最后通过团队绩效来激发员工合作实干上进的积极性。

彭桂喜是张黎明的徒弟，也是"焦点"创新工作坊的领衔人，以张黎明为榜样开展技术创新，已经获得了全国电力职工技术成果三等奖、全国优秀质量管理小组、10余项国家使用专利授权等多项荣誉与成果。据他介绍，在黎明师傅身边耳濡目染，真切感受到了创新带给工作的变化，公司很多的年轻同志在创新阵地中研究着能源互联网建设的新课题、新项目，零能耗智慧建筑、智慧能源公建等一大批成果已经在智慧能源小镇付诸实践。

深化"师带徒"机制。"凡学百艺，莫不有师，以师带徒，薪火相传。"

天津电力围绕争当"公司生产系统排头兵"的工作要求,坚持企业发展需求与个人成长愿望相契合,企业、部门与导师三级培养相结合,岗位锻炼与培训指导相融合的原则,营造尊重技能、崇尚专业的企业氛围,为天津电力发展提供坚实的人才支撑。新员工入职后,各部门为培养对象配置导师,签订师带徒协议。信通公司为精准培养人才,在建立"一对一"定向培养"师徒"关系后,部门从实际岗位能力需求出发,经过多次调研、论证,形成年度人才孵化工作方案,经过定向培养、岗位练兵、实践总结三个培养阶段,实现新员工能力提升。国网天津建设公司则举行特色的"师带徒"拜师仪式。弘扬中华优秀传统文化,通过传统的拜师礼仪进行敬茶拜师,之后签订师徒协议书。

践行"揭榜挂帅"制。习近平总书记多次强调,"可以探索搞揭榜挂帅,把需要的关键核心技术项目张出榜来,英雄不论出处,谁有本事谁就揭榜"。党的十九届五中全会把实行"揭榜挂帅"作为完善科技创新体制机制的重要内容。继2020年提出"实行重点项目攻关'揭榜挂帅',谁能干就让谁干"之后,2021年的政府工作报告进一步提出,要改革科技重大专项实施方式,推广"揭榜挂帅"等机制。这充分体现了中国坚持创新驱动、建设科技强国的雄心壮志与务实举措。国家电网公司2020年科技创新大会提出试行推广"揭榜挂帅制"。2020年9月天津电力全面对接国家电网有限公司"新跨越行动计划",发布"揭榜挂帅制""项目总师制"项目榜单,张榜2021年重要关键核心技术项目,简政放权,优化科研项目管理,激发科研人员创新活力。

建立柔性项目团队机制。搭建技能人才创新平台,成立科技创新中心、发展研究中心,与天津市科技局设立电力联合项目,搭建内外联动创新机制。为推动变革创新,天津电力以脱产的柔性团队方式组建"变革强企工程"办公室。一是推动管理层级扁平化。强企办参照省公司本部部室管理,工程完成后直接解散内部不设科室,仅组长、组员两级管理,重要事项直接向国网天津电力董事长汇报,实现管理层级最高压减五级。二是选拔特质多元化成员。团队由天津电力总经理助理、总法律顾问、人资部主任分别兼任组长，常务副组长、副组长，以具备"合作"理念为前提，从能力、性格互补视角自主选拔团队成员，包括本部和基层的科长、副科长、管理岗、技能岗等 10 人（动态），涉及营销运检、党建、财务、科技等 10 个专业。三是灵活拓展团队边界。在推动基层问题解决、流程优化时，以问题或项目为单元动态吸纳其他部室或基层成员，动态组建多个虚拟的柔性团队协同攻坚。

深化团队绩效激励。天津电力利用"岗位—用工—考核—激励"全人资链条形成管理闭环，融合式推行团队绩效工资，充分调动一线员工的工作积极性，着力提升公司的业绩水平。天津电力通过坚持公开透明考核分配的规则，团队成员根据自身贡献大小获得不同的收入分配结果。同时通过做深做细绩薪一体化建设确保员工能够及时地感知收入的增加，使得投入的回报有了时效性，让员工高度认可"多劳多得"的价值观，实现"要我干"向"我要干"转变。

建设"蚂蚁军团"。一是公开透明。团队内部全面公开绩效、奖金、评优等结果。团队成员被赋予允许旁听公司级任何会议、查阅全部公文的权限，同时与中国南方电网有限责任公司、国网能源研究院等建立交流机制，依托周会、共享平台等方式，将内外部信息和成果实时共享。二是开放包容。采取"工位＋会议桌"的开放式办公环境，每次研讨都采取"头脑风暴"式，不批评、不指责，平均每人每天花在解决问题、制定举措方面的时间在 3 小时以上。三是合作信任。团队内不分工、互相补位，每项工作均由两个及以上成员或全员协作完成；每月开展一次非正式的团队拓展活动，增强协作信任的文化氛围。

天津电力经过不断地改革团队机制，激发全员干事创业激情，队伍凝聚力不断提升，员工忠诚度提高。争当打造高素质专业化一流队伍的先锋，就是坚持张黎明、王娅等典型引领，造就一支信念、政治、责任、能力、作风全面过硬的干部员工队伍，实现"个体先进"向"群体先进"转变、"队伍素质"向"企业素质"转变。

第四节　助力发展的职工文化

发展与文化

2020 年，罕见的国庆节与中秋节合而为一，天津电力的员工们迎来了 8 天的"双节"假期。在假期里阅读一本心仪许久的好书、打卡"网红"景点、陪伴家人共度美好时光……一切值得期许。但是在这样一个色彩斑斓的假期中，"时代楷模""改革先锋"天津滨海公司配电抢修班班长张黎明却已经深入到了社区服务、科技创新等工作现场，以充实忙碌的方式开启了他的"多彩假期"。

10 月 1 日，张黎明和身着不同工装的志愿者一起解决了滨海新区新村街惠安里片区的老旧楼区的废旧线缆占用公共空间的问题。"这些废弃的电线和箱子这次可算清理掉了，感谢帮我们解决了这个'老大难'问题！"居委会主任刘丽琴高兴地说。

随后，张黎明马不停蹄地奔向了刚刚投运的集中式储能站。从点亮一盏灯到驱动一座城，智慧能源已经成为天津智慧城市的重要支撑，在滨海惠风溪智慧能源小镇，零能耗智慧建筑、绿色能源公建、虚拟电厂等 10 个智慧能源项目已经完成。新设备在节日期间的运行情况怎么样，是否发挥了足够的功效？在张黎明和专业人员检测下，这台超级"充电宝"已经开足马力，为周边商业中心、旅游园区等重要用户提供可靠的后备供电保障，确保安全供电万无一失。

珍惜每分每秒，停不下来的张黎明不断给自己"加码"，当得知创新团队已经完成了配网带电作业机器人辅助支架新样品的制作后，他又很快出现在了机器人研发现场。对于心系科技创新、为美好生活赋能的张黎明和他的研发团队来说，开展创新攻关只有起点没有终点，他们创新的目光已锁定在下一个目标上；对于假期一刻不停歇的张黎明来说，他觉得这样才过得充实而有意义，他的人生才快乐而丰富多彩。

在天津电力你会看见津电人疾驰的步伐，但你也会发现在公司书屋里安静看书的身影；你时常会看见办公室那彻夜不灭的灯光，但你也会在球场上看到他们活力四射的身影；你总会看到一线电工们不畏雪雨风霜坚守岗位，你也总能看见在需要帮助的地方红马甲们的身影。天津电力不仅在工作上追求卓越，同时也非常地注重企业的职工文化建设。优秀的公司职工文化顶层设计能够激发个体发展动力，展现队伍崭新风貌。天津电力职工文化的建设紧紧把握住"员工"这个发展的核心，着力关注员工的切实需要，从员工的身心健康、学习成长、志愿爱心三个方面出发，丰富职工文化生活，使员工在愉悦的活动中，受到教育、启迪、激励和鼓舞，促进自身的完善。同时使员工感受到企业的关怀，维系员工与企业稳定和谐的关系，增强员工的企业忠诚度。

天津电力工会始终将关心职工生活和身心健康摆在工作首位。习近平总书记身体力行倡导健康的生活方式。习近平总书记强调健康是幸福生活最重要的指标，健康是1，其他是后面的0，没有1，再多的0也没有意义。他指出："锻炼身体可以保持身体健康，也有助于提高工作效率。"干事创业需要广大职工，广大职工干事创业首先需要有个好身体和昂扬向上的精气神。天津电力成立了长跑、球类、书画、歌舞等12个职工文体活动协会，发挥各类文体协会组织作用。实现书屋、职工文体活动基地的全覆盖，还建设了"国网印吧"等特色工作室，举办各类文体比赛，在疫情常态化防控背景下，还采取"小型化、多样化、常态化、普及化"方式，广泛开展"云上健跑""云上课堂""国网好声音"等丰富多彩、健康有益、职工喜闻乐见的职工文化体育比赛活动。持续深化"健康津电行"活动，开展职工健康体检和体质监测，定期开展职工亚健康监测、健康风险评估、现场健康咨询等活动，培养职工健康的工作生活习惯。关注职工心理健康，梳理不同层面职工内在精神需求和心理状况，鼓励开展职工心理减压、心理咨询等服务活动，改善员工心理感受，提升企业管理效能。

打造学习成长型职工文化，增强职工建功发展的能力本领。为什么学习？面对日益激烈的市场竞争环境，要顺应企业发展方向，满足员工不断增长的美好生活需要，实现职工全面发展的自我追求，就要时刻注重提炼内功，打造学习成长型的职工文化。习近平总书记曾经提到过现代人才学中的一个理论，叫"蓄电池理论"，意思就是说，现代人才当中，一辈子只充一次电的时代已经过去了，我们必须要做一块高效的蓄电池，不间断地、持续地充电，才能够不间断地、持续地释放能量。进一步引导挖掘员工的内在潜能，不断增强文化素质、业务能力和技能本领，是进入新时代后广大职工特别是青年职工尤为重视的一项"企业福利"，反映了职工关注自身成长成才、渴望成为有用之才的强烈愿望。

天津电力举办职工运动会

天津电力多年来深入贯彻落实《新时期产业工人队伍建设改革方案》要求，用优秀文化培养传承优良作风，用过硬技术培养造就硬核队伍，聚力打造知识型、技能型、创新型产业工人队伍。天津电力制定实施新时代公司职工文化建设纲要，每年分春秋两季组织开展读书节阅读活动，常态化开展文化知识讲座和"班组微讲堂""职工大讲堂"等学习活动，培养职工终身学习良好习惯。大力弘扬劳模精神、劳动精神、工匠精神，通过劳模事迹报告会、网络宣传等方式广泛宣扬劳模事迹，激励广大职工，特别是青年职工对标先进，营造学习先进、争当先进的浓厚氛围。创作《讲好中国故事——榜样力量》，反映时代楷模、改革先锋张黎明，"中国好人"王娅等一批重大先进典型，用他们的事迹感染带动更多人建功奉献。

以志愿爱心服务为载体，深化职工文化内涵。"志愿者事业要同'两个一百年'奋斗目标、同建设社会主义现代化国家同行。志愿服务是社会文明进步的重要标志，是广大志愿者奉献爱心的重要渠道。"这是习近平总书记在考察天津和平区朝阳里社区时所讲的话。天津电力以实际行动贯彻落实习近平总书记在朝阳里社区考察时对志愿服务工作提出的要求，大力弘扬社会主义核心价值观，引导广大职工积极践行奉献友爱互助进步的志愿精神，让志愿行动蔚然成风。"也许小船总是在飘零，也许风筝失去他的天空，也许没人能听懂我的歌声，可烦恼总会消散在风中……我们温暖地相拥，因为幸福，在来的旅途中。"这是天津电力志愿者王朝阳参加"童心圆·关爱孤残儿童"志愿活动时为孩子们写的一首歌，温馨而又令人感动。在志愿服务过程中，天津电力大力弘扬"中国好人"王娅无私奉献、助人为乐的高贵品质，深入挖掘先进人物践行企业文化基本价值理念的闪光点，强化对先进人物事迹、服务特色活动的宣传力度，不断增强团队的团结力和战斗力，形成了一批有特点、有传承、有故事、有内涵的志愿服务特色品牌。

普及与个性

"物之不齐,物之情也。"职工文化建设要落地,既要实现文化的普及,但也不能忽视员工的个性化需求。一方面只有所有员工共同参与建设的过程,从群众中来,到群众中去,才能够是员工们所喜闻乐见的文化,才能让理念入脑入心,发挥其文化应有的生命力。另一方面,天津电力是一个拥有一万多职员的企业,公司始终坚持"紧紧依靠职工办企业",始终坚持从对历史负责的高度出发,真正做到了"一切为了职工,一切为了事业",注重员工个性化的需求,只有求同存异才能激发企业的活力。天津电力通过企业文化分层分众宣贯来满足员工个体需求多样化。员工队伍在组成上具有覆盖区域广、文化差异大、年龄跨度长、专业划分多等特点,导致了个体对企业文化的接受、学习、融入等方面的差异,因此,需要多元化的传播落地途径。只有差异化的策略,才能满足员工成长需求,满足企业发展需要。

"大家看到的这些都是以社会主义核心价值观、国家电网公司企业文化为题材的书法作品,我们将篆刻元素融入其中,极具艺术效果和观赏价值。"原国网天津经研院工会主席高亚林为来访者热情介绍。为传承中华优秀传统文化,普及推广大众篆刻艺术,天津电力将篆刻艺术与企业文化相结合,创建了"国网印吧"。在"国网印吧"里关于篆刻的设备和材料一应俱全,天津电力精心设计的"篆刻作品墙"用以展示职工篆刻原创作品,便于大家学习、交流。每位学习篆刻的职工独有的篆刻"印谱",犹如一本本篆刻笔记,记载他们的学习创作过程。"篆刻书架"配置了篆刻类工具书和专业杂志,满足职工阅读提升需要。

"我一直对篆刻感兴趣,有了'国网印吧',我终于可以系统地向老师学习啦!"年轻的篆刻爱好者王朝阳激动地说。天津电力"国网印吧"成立以来,该公司工会已连续举办了两期篆刻培训班,参与者有来自21个基层单位的80余人。"国网印吧"极大地提升了职工的艺术素养,为扩大篆刻在职工中的影响力和号召力、培育篆刻人才梯队，起到了积极的推动作用。

"我刚加入咱们自己的篆刻微信群，这样退休后我也不用担心没人指导我啦，单位考虑得真周到啊！"50多岁的职工张洪锡拿着自己刻的"努力超越"印章高兴地说。为进一步将篆刻艺术融入职工生活，调动职工创作积极性，天津电力工会建立了"篆刻微信群"，搭建了一个移动的学习平台。

方寸之间，气象万千。小小印章见天地，朱白分明晓阴阳。篆刻艺术彰显的是一种文化的力量。不论是随时进行讨论交流的"篆刻微信群"还是公司里随处可见精美的篆刻作品，这不仅拉近了篆刻爱好者与篆刻艺术的距离，还将创作触角延伸至每位参与者的工作生活中，打造了职工文化品牌，让篆刻艺术在职工文化中落地生根。目前，天津电力"国网印吧"收集、展示职工创作的企业文化篆刻作品已达90余件。

以搭建多类兴趣平台，促进员工养成良好的兴趣爱好。天津电力现已经搭建了6所"国网印吧"供篆刻爱好者们学习交流。天津电力还实现了各基层单位职工文体活动基地以及书屋全覆盖，职工们业余时间可以在职工文体活动基地打球健身，开展各类文体活动，全面满足职工在文化生活方面的需求。积极为广大职工文艺爱好者搭建创作、展示、交流、培训的平台，带领大家根植电网沃土。

以组织开展多种活动形式，丰富员工业余生活。自2019年起，聚焦职工关心的热点难点，每年在职代会上发布服务职工美好生活"十件实事"，面向全体职工郑重承诺。结合实际加强过程管控督导，努力构建为职工办实事长效机制，打造有温度的"津电家园"。在天津电力，充分发挥长跑、球类、书画、歌舞等12个职工文体活动协会阵地作用，广泛开展丰富多彩、健康有益、职工喜闻乐见的职工文化体育活动，鼓励动员广大职工主动参与体育锻炼，强健体魄，培养积极健康的兴趣爱好，提升文化素养，增强干事创业的精气神。

以完善保障机制，服务各类职工美好生活向往。推动"爱心妈咪之家"与和美家庭建设，将"爱心妈咪之家"建设作为维护女职工合法权益和特殊利益的载体，符合女职工特殊时期的实际需求。同时各级工会组织在积极探索维护女工权益的实践中，始终以服务女职工发展为出发点，为女职工安然度过特殊生理阶段提供更加人性化的温馨服务，提升女职工对品质生活的追求，推动公司女职工在自立、自强的事业奋斗中收获喜悦成果，在自尊、自信美好生活中展示巾帼风采。同时天津电力积极帮助职工塑造阳光健康心态和构建积极组织氛围，通过天津电力职工红娘协会组织"七夕友约"活动，让公司青年职工在完成好保电任务、建功立业的同时，能够加快自己成家的脚步，"遇见"心仪的伴侣，演绎 1+1＞2 的幸福人生。天津电力还就有孩子的家庭和生活困难的家庭分别组织"筑梦高考""贫困帮扶"等活动，关心职工子女教育问题和弱势职工群体生活提升问题。

以制定常态化机制开展志愿服务，抓好积极健康的大众职工文化。组建志愿服务队伍，定期进行志愿服务培训，带动一批青年骨干热心加入；开展"黎明出发·点亮万家"惠民志愿服务活动，组建"黎明"青

天津电力组织开展职工足球邀请赛

年志愿服务队主动帮扶孤老困残户，为老旧社区点亮黑楼道，在新区范围内赢得好口碑，项目获全国青年志愿服务金奖。常态化开展融城行动。发挥全国文明单位作用，积极参与城市文明建设，按照新区创文要求，深化结对帮扶困难村，推进诚信建设，培育文明道德风尚，广泛强化社会责任意识、规则意识和奉献意识。

特色与共性

"捐资助学，一生了无遗憾！最后的死去和最初的诞生一样，都是人生的必然；最后的晚霞和最初的晨曦一样，都是光照人间。"这是王娅生前最喜欢的一句话。她堪称神州大地上第一位"裸捐"助学者，她捐出毕生所有积蓄，三十年如一日坚持捐资助学，直至生命最后一刻。她用 67 年的短暂生命践行了："人生最美好的，就是在你停止生命时，也还能以你所创造的一切，为人民服务。"在王娅的精神鼓舞带动下，越来越多的职工积极地投身于志愿服务中。特别是在天津电力的统一组织学习下，各区县公司结合自身特色打造了许多金牌志愿服务团队——"童心圆""大山里的红马甲""扶贫之花向阳开""电亮宝坻"等。天津电力以《新时代公民道德建设实施纲要》为指引，进一步规范志愿服务管理，统筹志愿服务开展，公司逐步建立"一中心、两队伍、三保障、四路径"工作体系，创新"注册、立项、计划、实施、反馈、总结、评优"七步工作法，依托"天津志愿服务网"和"津云"客户端，统一志愿服务团队管理，体系化构建志愿服务工作机制。在志愿服务规划上，编制"战略引领·电网之光"职工爱心善举弘扬实践与机制建设工作方案，分解任务目标，形成"主题清单"，明确时间节点和责任主体，统筹推进活动开展。在志愿服务实践中，推行"市公司—分公司—服务队"的纵向驱动和各单位之间的横向互动，加强协同、形成合力，坚持共性与个性兼顾、线上与线下结合，强化项目成效的意见反馈和监督评价，不断完善志愿服务流程，推进志愿服务制度化、规范化、常态化。

《晏子春秋》有言："橘生淮南则为橘，生于淮北则为枳，叶徒似，其实味不同。所以然者何？水土异也。"天津电力下的区县分公司大大小小20多个，每个都有自身的特性，每一个分公司都有自身的优势与短板，每一个分公司所在的地域不同导致所面临的客户、遇到的问题就不尽相同，况且各分公司自身的员工组成情况也是有差异的。天津电力通过文化责任"分层"、落地"分众"、内容"分项"将公司的理念内涵在基层一线全面落地深植，使之成为广大职工的普遍共识、得到公司内外广泛的认同，特别是天津电力的志愿服务组织和品牌打造，完全凸显了公司的特性与共性。

在责任落实上"分层"，以公司党委为决策主体、以地市公司党委为推进主体，以专业部室、党支部为执行主体，以一线班组为落实主体，强化政治文化引领，打造党建部门抓文化传播、业务部门抓文化承载、全员共建企业文化的工作格局。分层明责，针对个体多元化、需求多样化等特点，制定"任务清单""参考清单"，形成"通用模块＋差异模块"的半开放宣贯策略；组织各单位自主完善"三池清单"，明确职责178项、梳理资源102条、形成任务244条。和平供电服务中心"七彩和平"品牌深入人心，多次进社区进校园开展志愿服务。特别是在疫情防控期间，深入社区一线与朝阳里开展联防联控，助力社区抗疫。输电运检室的"匠心工程"，通过打造劳模创新工作室，实施"薪火相传"人才培养计划，为培育"匠人队伍"架好梯子、搭好台子、铺好路子，使"工匠精神"内化为全体员工的精神动力。河西供电服务中心开展"西岸先锋"创建活动，将智能表换装、优化营商环境等生产经营难点作为党员攻坚重点，形成党员认领的项目，实现关键任务有党员引领、关键技术有党员攻关、关键时刻有党员冲锋。

在落地实践上"分众"，针对不同受众群体制定个性化载体，实现管理融入，以思维模式转变促进管理方式改变。针对不同业务领域嵌入制度流程，实现业务融入，以制度流程约束促进行为模式改变。推动无形文化与有形业务的融汇贯通，让入心的文化理念，转化为优化的制度流程，输出为提升的业务指标、规范的员工行为。分众画像，分析3673份企业文化线上调研问卷，形成5类"画像"，了解员工学习渠道、内心评价、存在问题等情况。加强岗位职责与文化建设关联性研究，构建"统一体系、不同侧重"的传播模式，增强文化传播精准度。坚持典型引领，激励担当作为，志愿之花，绚丽夺目。在志愿服务过程中，公司大力弘扬"中国好人"王娅无私奉献、助人为乐的高贵品质，深入挖掘先进人物践行企业文化基本价值理念的不同的闪光点，强化对先进人物事迹、服务特色活动的宣传力度，形成了一批有特点、有传承、有故事、有内涵的志愿服务特色品牌。滨海公司以张黎明为代表的"黎明出发·点亮万家"，广泛服务滨海百姓，架起了党和群众的"连心桥"，被誉为"心连心电力卫士"。城东公司"旭日东升·点亮心灯"志愿服务队由全国劳动模范黄旭担任队长，创新"电管家、电保姆、电保镖"服务模式，针对社区、孤老残障人士、少年儿童等不同群体的电力需求开展差异化服务，累计开展志愿服务580余次，服务社区居民2万余人次。蓟州公司"大山里的红马甲"，开展"解滞销难题、助脱贫攻坚"电商直播带货，累计销售农产品7800余斤，有效解决困难村、困难户农产品滞销问题。新冠肺炎疫情爆发后，公司6支志愿服务队120余名服务队员主动"请战"，积极投身社区疫情防控队伍，24小时不间断值守，"双进双服"主动上门为企业解决电力相关问题。近两年，公司志愿服务项目、集体和个人获得国家级荣誉6项、获得省部级荣誉12项，公司志愿服务质效大幅提升，生动诠释了天津电力人的"国企属性"和"优秀品质"，以优质的志愿服务为美好生活充电、为美丽中国赋能。

在内容上"分项"，建设专项文化，推动企业文化融入专业管理。专业文化建设是促进统一企业文化落地实践的有效途径。健全公司企业文化建设领导小组，统一顶层设计、总部各专业部门牵头组织实施、各专业条线全面贯彻执行的专项文化建设管理体系。结合公司生产经营实际，统筹部署和有序推进安全、服务、廉洁、法治、创新等专项文化建设，积极探索既符合公司统一要求，又符合基层实际、体现基层特色的落地路径和实践载体，推进统一企业文化在各业务领域、专业条线全面落地深植。分类创建，对接国网战略，构建"能力框架—战略地图—任务集群—执行保障"的天津体系。开展企业文化示范点建设，积极打造5类专项文化示范阵地。组织"四个一"文化业务融合实践，以制度流程为"媒介"，推动文化理念转化提升的业务指标。城南公司实施"项目化"建设，进行全面宣贯。按照企业文化年度计划，围绕"两工程一计划"、战略落地等重点领域创建企业文化项目，构建"月自评、季评价、半年总结、年总评"的管控模式，将评价结果纳入党支部绩效评价，以项目建设带动资源整合，对接专业管理。

形式与效果

习近平总书记说："环境好，则人才聚、事业兴；环境不好，则人才散、事业衰。"天津电力正是从人这个根本点出发，致力于给员工提供更好的环境，促使员工们能够有更大的发展潜力，给员工们提供更多的发展可能，从而促进员工个人的全方面的发展。

"我们希望能在基层培养一批有信仰的年轻人，因为信仰，他们能把平凡的事情做得伟大。"天津市相关领导在天津市首家国企"青马工程"开班仪式上，给这些来自一线的青年骨干上了第一课，期待他们找到信仰的力量，点亮每一个平凡的岗位。把青年中的先进分子选出来、培养好，正是天津电力启动"青马工程"的初衷。"广大青年是公司事业的接班人，理应在学习践行马克思主义中当先锋、做表率。"天津电力党委对这些"青马"学员寄予厚望。建设助力发展的职工文化的"根"就在于加强政治理论武装，增强职工思想原动力。深入学习领会习近平总书记关于工人阶级和工会工作重要论述的精神实质，面向广大职工、基层班组开展习近平新时代中国特色社会主义思想，以及党史、新中国史、社会主义发展史、改革开放史教育，增加对党的政治理论、基本路线、基本方略的政治认同、思想认同、情感认同，增强"四个意识"，坚定"四个自信"，做到"两个维护"。加强党对职工的思想政治引领，组织学习《习近平谈治国理政》等著作，发挥工会大学校作用，构建"线上＋线下"双向链接的宣教阵地，开展有特色、接地气的宣讲、展览等活动，推动党的政治理论学习进管理科室、进基层一线，引导职工坚定不移听党话、跟党走。

"一枝一叶总关情"，一点一滴见初心。建设助力发展的职工文化，要从每一个员工着手，做到用心关怀。天津电力护航职工身心健康，让职工精神昂扬干工作。关注职工生理健康和心理健康，提升职工身心健康水平。发挥各类文体协会组织作用，提升职工文化场所、兴趣小组、文化工作室等使用效率。加强职工文化工作调研，编制公司职工文化实施纲要，建强公司协会组织，确保协会单位和职工参与"两个全覆盖"，用文化牵引力凝聚企业发展合力。加强互联网智慧工会建设，发挥"津电之家""爱如电""知工"等网络工会作用，努力打造高效率、有温度的"职工家园"。每年举办职工读书节阅读活动，常态化开展文化知识讲座和"班组微讲堂""职工大讲堂"等学习活动，培养职工终身学习良好习惯。编辑出版《海河潮》系列丛书，记录展现一个上下同心同欲、实干进取、勇当先锋的企业形象。在疫情常态化防控背景下，采取"小型化、多样化、常态化、普及化"方式，广泛开展"云上健跑""云上课堂""国网好声音"等丰富多彩、健康有益、职工喜闻乐见的职工文化体育比赛活动。

职工文化建设只有切实保障职工生活安康，才能让职工心无旁骛干工作，从而助力企业的发展。关注职工利益诉求，构建场地专属、人员齐全、机制完善、流程规范的职工诉求服务体系，优化诉求收集立体网络，及时处理职工提出的合理诉求，帮助职工解决实际困难与问题，确保职工诉求服务实现闭环管理，做到事事有回音，件件有落实。

天津电力通过给员工提供各种竞赛建功平台，助力公司改革创新发展。2018年11月28日，天津电力获评全国"安康杯"竞赛安全文化宣传先进示范单位，1人获评全国"安康杯"竞赛安全文化宣传先进个人。这充分展示了公司在安全文化宣传上的成果。公司在结合"1001工程"开展安全劳动竞赛的同时十分注重安全文化宣传，为各基层单位、班组购买宣传挂图、图册和书籍等，将安全文化学习宣传贯穿于竞赛活动当中，营造了良好的竞赛氛围和安全建设环境。天津电力以"广泛、深入、持久"为标准原则，以"奋战新征程、建功新基建"劳动竞赛为主题，深入推动跨年度"1001工程""黎明杯"劳动竞赛（全国引领性劳动和技能竞赛）、提质增效等竞赛活动，为广大职工建功发展、展现个人价值搭建平台。落实全总及电网公司要求，全面推广《劳动与技能竞赛绩效评估体系构建》成果，研究形成"可复制、可推广、多样化"通用的评估模型和评估指标体系，切实增强劳动与技能竞赛绩效评估的科学性和时效性。做好劳动竞赛"劳动明星"的选树宣传，让广大职工在劳动竞赛中建功立业，以更高的质量和水平完成工作，实现个人价值、工作价值和企业价值互促共融，为新时期劳动竞赛注入新的蓬勃生机与持久活力。

同时，天津电力发挥公司的优势，健全先进培养平台，发挥典型示范引领作用。提升公司劳模协会功能，发挥"时代楷模"、"改革先锋"、"最美奋斗者"张黎明、"中国好人"王娅等先进榜样作用，引导广大职工对标先进、见贤思齐，争做国网战略的践行者、建设者、见证者。大力选树在推动国网战略落地和重大工程建设中涌现出的先进人物、突出贡献者，合理构建劳模先进梯队，努力推出更多"立得住、叫得响"的产业工人代表。大力繁荣职工文艺创作，讲好天津电力故事，编创《榜样力量》系列图书，通过劳模事迹报告会、网络宣传等方式广泛宣传劳模事迹，激励广大职工崇尚先进，营造学习先进、争当先进的浓厚氛围。

春风化雨，润物无声。随着具有中国特色国际领先的能源互联网企业战略加速推进，天津电力把打造先进职工文化放在更加重要的位置，营造生动活泼、蓬勃发展的职工文化建设氛围，努力为创建世界一流示范企业提供强大的精神力量。

第五章　机制保障篇

技术工人是支撑中国制造、中国创造的重要基础。要完善和落实技术工人培养、使用、评价、考核机制，提高技能人才待遇水平，畅通技能人才职业发展通道，完善技能人才激励政策，激励更多劳动者特别是青年人走技能成才、技能报国之路，培养更多高技能人才和大国工匠。

第一节　学习机制保障

主题与内容

习近平总书记指出，本领不是天生的，是要通过学习和实践来获得的①。聚焦推动国家电网公司战略落地，紧紧围绕新时代发展战略，突

---

① 《习近平谈治国理政》第一卷，外文出版社 2018 年版，第 401 页。

出问题导向、实践导向，天津电力将青年人才的培养置于重要地位，针对思想塑造、人才入门引导、学习氛围、生产安全防范、科技攻关及服务升级等方面存在的问题，公司先后开启"青马工程""师徒结对"及"职工大讲堂"等培训，形成了"德"育为先、业务为本的学习培训体系，不仅解决了公司发展、业务开展和人才培养上存在的问题，也培养了一批扎实肯干、思想过硬的先进人才。

思想塑造，多举措塑新风提高政治素养。国企兼具社会责任与经济效益的双重目标，思想建设是培养青年成才的重要环节。为此，2019年天津电力党委启动"青年马克思主义者培养工程"（简称"青马工程"）试点工作，由团委和组织部共同培养优秀年轻政治骨干，每名参与培训的学员必须完成 620 课时的系统学习，理论培训部分包括马列主义经典原著研读、毛泽东思想、中国特色社会主义理论体系、习近平新时代中国特色社会主义思想等 7 个专题。"青马工程提供了一次认清自己、改变自己的机会。"公司建设部第一期青马学员林立鹏感慨道。"立业先立德，做事先做人"，天津电力纪委坚持"滴灌＋漫灌""线上＋线下""本部＋基层"三种方式结合开展廉政党课"讲评展"活动。2020 年聚焦严格管控"小微权力"，启动"学廉课、知敬畏、强作风、干精彩"廉政巡讲，督促党员干部加强自我约束、自我反省，筑牢拒腐防变的思想防线。"士不可以不弘毅，任重而道远"，一次次思想洗礼为开展业务知识学习正本清源，真正让人才为公司和国家所用。

人才引导，师徒结对培养为电网青年传道授业解惑。"师傅，请喝茶。"8 名年轻徒弟双手端举茶杯，依次向各自的师傅敬茶，行拜师礼，聆听师训。"今天是第一次收徒，作为师傅我将尽授业之责、传道之责、解惑之责。作为徒弟，希望你保持勤勉之心、谦逊之心、进取之心，咱们相互学习、取长补短，共同为电网建设作出贡献。"拜师仪式上，师傅对徒弟嘱托道。敬茶结束后，8 对师徒共同签订《师徒协议书》。师徒们约定好职责和目标，坚定许下了共同成长、共同进步的诺言。这是

2021年2月24日国网天津建设公司(监理公司)举行了"师徒拜师仪式"的场景。"凡学百艺，莫不有师，以师带徒，薪火相传。"拜师仪式针对初入公司的青年员工业务上存在的痛点难点，旨在通过师徒制引导青年员工尽快熟悉工作流程，提高业务技能素质和技能水平，传承优秀员工的先进技术和工作作风，促进岗位成才和企业文化良性发展。

见贤思齐，树典型打造良性学习氛围。日本职场管理专家今井正明认为"环境维持，是良好管理不可缺少的成分"。如何激励员工成长成才是国企需要考虑的重要问题，而树立典型有助于打造良性竞争的文化氛围，见贤思齐，对员工从道德和业务层面上给予启迪。国网天津建设公司和国网天津电科院通过举办大讲堂活动，按照企业、职工"缺什么、补什么"的原则构建交流学习桥梁，激励员工积极参与。国网天津建设公司举办"学习时代楷模，争做新时代好员工"的职工大讲堂活动，各分会演讲者从不同岗位、不同角度出发，讲述自己学习先进、对标先进，以时代楷模为榜样，争当新时代张黎明式的好职工的事例及感触。国网天津电科院为激励广大职工积极投身天津电力科技创新事业，举办了"榜样德事"道德讲堂。该讲堂向员工积极宣传了改革先锋的先进事迹，邀请先进工作者现场就科研生产中的事迹进行讲述，同时组织现场青年员工就科研项目、岗位质效提升、党员服务队活动开展情况与讲述人进行互动交流。大讲堂是让员工领略身边榜样风采的交流学习平台，典型事迹可以贡献智慧和力量，以点带面，带动全体公司员工积极提高自身素养。

强化安全生产，沉浸式学习提高防范意识。1000kV 特高压海河变电站是天津地区唯一一座特高压变电站，截至目前，实现投运以来的连续安全运行，这与持续强化学习、提高安全防范意识密不可分。海河站围绕"强化安全生产，青年争当先锋"主题，分析制定标准化作业流程，精准分解各项安全要求，并结合站内生产实际，提炼形成一套制度规范、岗位职责、现场管理、风险管控"四位一体"的特色管理模式，在站内打造贯穿式安全文化长廊,"五个标准化"刚性制度规范工作要求,"一图两书"明晰岗位职责,"123"工作法优化现场管理,"六定五提前"管理法防范风险源头,通过这些简短上口的工作口诀,指导工作关键流程,从而固化安全行为模式,提升现场安全管控能力。

服务升级,学习培训内容与时俱进。随着大数据时代的到来,为充分利用既有资源和有效数据,查找服务运营工作短板,提升公司服务水平和市场运营水平,国网天津营销服务中心开展了大数据分析策略培训,该培训邀请运监中心数据分析专家就营销领域关键指标、重点工作的运营监测分析流程、营销大数据分析视角和营销数据质量提升等方面进行了专业指导,该中心更是成立了以业务部门骨干为核心的柔性团队。国网天津营销服务中心以提升服务与业务管控水平为出发点,以提升效率、效益为目标,坚持问题及目标导向,致力于挖掘分析营销业务面临痛点和难点问题,通过以练代学的实战演练,激发数据挖掘潜能,有效促进了中心创新人才的成长,提升中心服务能力和支撑水平。

技术攻关,学练结合提升业务技能水平。技术是业务开展之本,也是公司发展亟须攻克的难题。天津电力高度重视青年人才的技能培训,组织公司职工技术创新优秀成果评比,设立"双创"成果排行榜,将青创赛、群众创新、QC等成果列入榜单。此外,1000kV特高压海河变电站结合站内青年分属运维和检修两类专业的实际情况,搭建变电站仿真系统和一次设备检修厅,开展"课堂学+现场练"双练式行动学习和"跨专业+跨角色"双跨式体验培训。站内青年还自行编制了《1000千伏特高压事故异常案例汇编》《特高压海河站光字牌示意图表》等书籍,自行拍摄带电检测、防汛应急、事故应急演练等标准化流程视频,将所学转化为成果输出,助力共同成长成才。

学习与培训不是目的,关键是所学所得能解决员工成才与公司发展存在的难题。"今日进一分德,便算积了一升谷;明日修一分业,又算余了一文钱;德业并增,则家私日起。"天津电力广泛开展多种学习与培训平台，充分发挥先进人物引领作用，力图以个体先进带动团体先进，塑造一批政治素养过硬、专业知识扎实的电网骨干人才，为国网事业发展添砖加瓦。

专攻和普及

增强短板，才能扩容升级。美国管理学家彼得·德鲁克提出了著名的"短板效应"，指用一个木桶装水时，如果组成木桶的木板参差不齐，那么它能盛下的水的容量不是由这个木桶中最长的木板来决定的，而是由这个木桶中最短的木板决定的。对于一个组织来说，组织的整体素质高低，也不是取决于这个组织的最优秀分子的素质，而是取决于这个组织中最一般分子的素质。一个组织从"个体先进"到"群体先进"的升级不是靠少数人的杰出表现，而是依赖于组织整体的共同进步、协同发展。

分类指导，精准滴灌。天津电力的员工来自五湖四海，不同的成长环境和教育背景塑造了他们不同的思想境界和人格特征。公司根据各个员工的特质和共性，在员工成长的每个阶段，抓住不同群体特有的主要问题和主要矛盾对症下药，有的放矢地对各类群体"补短板""促共进"。

宰相起于州部，猛士起于卒伍。对于新入职国有企业的大学毕业生来说，他们真正需要的不仅仅是基础知识和专业技能的培训，更重要的是服务意识的树立、工匠品质的塑造和奉献精神的培养。近年来，进入天津电力的研究生、本科生、大专生分别需要先在一线岗位工作3年、5年、8年，才能到任管理岗位。实践长才干，历练出人才。万丈高楼平地起，正是以充分的一线工作经历作为强大的地基，青年员工群体才能用青春诠释新时代的工匠担当，在追求先进的道路上迈出坚定而稳健的步伐。

流水不腐，户枢不蠹。对于在一个专业领域摸爬滚打十数年，已积累丰富经验的"压舱石"老员工来说，"职业倦怠期"可能是他们成为先进路上的绊脚石。美国经济学家罗宾斯提出工作热情和工作能力是人力资本价值函数中的核心自变量。如何提振老员工的工作热情、进一步激发内在潜能、引领员工成为"先进"呢？天津电力将目光聚焦在轮岗制。组织行为学研究证明，轮岗能够促使员工在工作实践中发现适合自己的职位，同时丰富员工的工作内容，有利于组织培养多面手。现任天津城东供电公司青光供电服务中心外勤四班班长的王燚就是在这样的轮岗制度中快速成长、超越自我的一个典例。王燚自 2007 年入职以来在一线营业厅深耕 9 年，随后调任轮转到部门的量价费损、用电检查、煤改电等多个营销业务打磨。新的平台带来新的机遇，一个个新的起步丰富了她的业务维度，一次次新的挑战提升了她的能力素养。在终日乾乾、与时偕行的勤奋学习下，她不断进步，成长为"国网巾帼建功标兵"。

以员工岗位需求为导向，"点餐式"差异化培训推动个性化发展。新员工进入天津电力后，首先要接受一套系统全面而扎实精细的培训学习。从集中培训、专业培训、到班组培训，再到进入岗位后由职业导师和技能导师组成的"双导师团"师徒结对提高、一对一引领，一系列的培养计划快速提高了新员工的综合素质。其中，"点餐式"的差异化培训更是以员工需求为出发点，以"岗位所需、能力必备"为目标，坚持"干什么学什么，缺什么补什么"的原则，根据各单位岗位要求及人员能力情况，多层次、多类别、多角度开展培训。培训前，员工先根据自己的口味"点菜"，然后公司"掌勺"制定以安全知识、操作技能、设备原理等为主要内容的培训计划，对员工进行分批、分阶段的培训，并结合电网建设的季节性安全大检查及缺陷整改等相关工作主动送知识到施工一线，开展现场培训，帮助一线人员解决生产、工作过程中遇到的各种难题，通过闭卷考试、实操考核等方式严格把关培训成效。

先进意识的普及离不开先锋典型的辐射带动。天津电力研究建立了各级工匠评选制度，大力弘扬劳模精神和工匠精神，畅通技术技能人员职业发展通道；进一步强化典型引领，努力探索将先进典型个人的优秀品质转化为该公司全体党员的共性特质，不断增强党组织的凝聚力和战斗力。

先进的普及离不开公平的环境和正确的导向。天津电力为员工提供丰富多元的"争优创先"平台。劳动竞赛从传统的体力型、技能型，向智力型、复合型创新转变，输变电精益化管理、二次专业管理、用电秩序规范等60余项特色劳动竞赛为各类人才提供突破自我的擂台。国家电网"青年创新创意大赛"、张黎明创新工作室激活创新人才密码，孵化出多个智慧成果，培养出一批"蓝领创客"先锋，勇当潮头为新时代贡献工人智慧和工人力量。习近平总书记指出："要健全技能人才培养、使用、评价、激励制度，大力发展技工教育，大规模开展职业技能培训，加快培养大批高素质劳动者和技术技能人才。"天津电力正是这样大力开展技能人才的培训和选拔，给每一个领域的人才以崭露头角的机会。

天下人才聚津电，万类霜天竞自由。天津电力为各类人才提供了多元丰富的成长序列，打造了在各类业务领域"争优创先"的进步通道。不同人才能都在这里找到适合自己的发展渠道：职务晋升路线，为管理能力或技术能力综合测评成绩突出的员工提供发展平台；专家路线，为热爱科研、埋头苦干的科技人才提供创新舞台；职员路线，为勤恳敬业、踏实进取的技术能手提供工匠擂台。

任材使能，所以济物。让合适的人干合适的事，这也是天津电力领导的任贤之道。城南公司的天津敬业奉献好人安韶辉十年来始终扎根一线，其间曾短暂地调动到市公司的设备部管理岗位进行锻炼，但很快主动和领导提出回到一线继续深耕。领导给予充分理解和支持，并对安韶辉在一线的创新研发工作提供人、力、物各方面资源的充分支持。此后，安韶辉积极投入配网带电作业机器人试点工作和培训工作，成为天津电力配电带电作业机器人第一人，在为民服务的平凡岗位中写下了浓墨重彩的一笔。

千帆竞发，群峰争奇。天津电力紧抓两点论和重点论的辩证统一，对标先进典范，针对群体特征，宣贯争先精神。深化工匠人才的选树培育机制、加强科技人才的创新赋能体制、建设各类人才的职业成长机制，营造争优创先的积极氛围，实现个人、群体、企业的同频共振、共同成长。

时间与保障

绳短不能汲深井，浅水难以负大舟。事业要发展、难关要攻克、风险要防范，不仅要政治过硬，还要本领高强。习近平总书记在党的十九大报告中指出："人才是实现民族振兴、赢得国际竞争主动的战略资源。"建设一支高素质、高技能的一线职工队伍对国家电网公司快速发展提高竞争力具有重要的战略意义。国家电网公司维护、检修等日常的工作任务非常繁重，一线岗位技能人员受工作时间、工作环境、年龄及学历等影响的差异不断加大，培训工作受到"工学矛盾"的影响越来越严重，因此，理清新形势下一线岗位技能人员工学矛盾产生的根本原因，找到缓解工学矛盾的途径，对科学规划与实施未来几年的技能人员培训具有重要意义。

正确认知工学矛盾表现形式。所谓"工学矛盾"，是指在工作和学习的时间分配中遇到的各种矛盾和冲突。一线技能人员工作压力大，不仅仅是日常岗位工作的压力，还有各种应急的临时的工作占据了一线技能人员的大量的时间和精力，使他们很难抽出时间和精力进行学习。

彼得·圣吉在《变革之舞》中也将"没有足够的时间"作为创建学习型组织、踏上组织变革之旅的第一项挑战，足见工学矛盾在现实生活中影响之深。如果"工学矛盾"问题不解决，员工就会找出各种借口抵制学习，也不能真正扛起学习的责任，从而让学习型组织的创建流于形式，与工作形成"两张皮"，甚至不了了之。

天津电力对标浙江电力的实地调研发现，培训与工作不存在根本性矛盾，"工学矛盾"本质上是结构性矛盾。从客观数据来看，大部分人员（71%）每年接受脱产培训在两周以下，而时长在 1 个月以上的培训的人员占比数量很小（8%）；数据表明，对于一线技能人员而言，一年接受外出培训一两次，培训总量并不高。从主观认识方面而言，受访对象基本上都认为培训总量不多，接受调查的 65%以上的人员可接受 3 周以上的脱产培训且认为当前培训并没有达到自己期望的数量。具体来看，工学矛盾的结构性矛盾体现在四个方面：时间结构、人员结构、供需结构、效果结构。

时间结构矛盾主要为工作忙时、闲时与培训安排的矛盾。一方面绝对忙时不希望有培训，但受制于培训资源的有限性，培训计划的刚性，忙时培训也排了一部分。另一方面是相对闲时杂事多，各部门都希望把各种管理性工作以及竞赛、活动、职工疗休养都安排在这段时间。

人员结构矛盾实质是工作能力分布不均衡。主要体现在：一是工作能力强的人走不开，培训的重要性不如工作，产生矛盾；二是工作意愿不强的人不希望培训，怕学会了多干活，借口工作走不开。三是人才梯队 AB 岗制度没建起来，岗位工作离不开。

供需结构矛盾主要是受培训特点、成本等综合限制的影响。主要表现为个性化需求与标准化供给的矛盾。在需求表达上，个性化表达的需要经过统计以后，在结果上表现为共性需求，个性化需求被掩盖了。在供给上，受开发成本、实施成本等影响，因材施教，个性化经验推广等受到制约，标准化课程开发与实施仍是主要的供给方式。

效果结构矛盾是受培训组织形式、协同等机制影响。相对于学员的不同学习偏好、工作场所的千差万别而言，培训场所师资、设备相对固定，难以满足不同学员的不同学习偏好；也难以提供与工作场所相同的环境与设备，导致学习效果与期望存在一定差距。

破解"工学矛盾"的有效对策。天津电力多年来深入贯彻落实《新时期产业工人队伍建设改革方案》要求，用优秀文化培养传承优良作风，用过硬技术培养造就硬核队伍，加强职工技能培训，建立实践工作与技能学习相融合的人才培养机制，有效化解"工学矛盾"，提高当前电力企业一线技能人员培训满意度和培训效果。

天津电力组织多次专业培训，以高效有针对性的方式缓解工学矛盾，让员工有时间有精力有兴趣进行专业能力和思想教育的学习。天津电力邀请国网资深讲师到天津讲解"三项制度"改革，搭建经验共享交流平台，打开改革的思路和眼界，不断提升谋划发展、推动改革、破解难题的能力。

青年人才培养的"缆芽工程"有效缓解工学矛盾。新员工赵晨昊面对电缆公司第六期《缆芽专刊》的采访时这样说道："这周进行了拜师仪式，在职业成长的道路上，我们有了自己的师傅，师傅们高超过硬的技术本领、严谨认真的工作作风，都是我们努力的方向和学习的榜样。今后我们要多向师傅请教，跟着师傅学习电缆专业知识与实操技能，脚踏实地，勤学苦练，尽快成长为一名专业的电缆人，在未来的工作中当先锋、干精彩。"自成立之初，天津电力电缆公司就高度重视青年员工的成长和培养，通过青年人才培养的"缆芽工程"有效缓解工学矛盾，以进阶式培养、带入式实践、平台化支撑为抓手，让员工能够在实践中学习，在学习中实践，工作与学习技能密切结合，促进青年稳起步、快成长，树立工作学习不冲突不对立的理念，并切实采取相应措施提高学习时间的灵活性、学习资源的丰富性及可选择性、学习安排的自主性解决"工学矛盾"，为打造新时代高素质青年队伍奠定有力基础。国网天津电缆公司宋玉倩谈道："刚刚入职时，由于我是电气工程及其自动化专业毕业，面对新的专业、新的知识，让我体会到了'门外汉'的尴尬。这段时间，我积极向师傅请教，和同事交流沟通，很快适应了工作要求和需要，并积累了相应的工作经验。"两年来，电缆公司通过"师带徒"、技能练兵、创新展示等平台，使电缆新人快速成长，这些人不仅在京津冀职业技能大赛取得第三、第四名、公司青年人才比武中取得前两名的佳绩，更在各级保电、应急抢修、工程项目中担任起重要角色。这不仅积极有效化解了"工学矛盾"的难题，还迸发了新员工的活力，长江后浪推前浪，电缆"后浪"们在师傅带领下，已经逐渐在各个岗位上散发光芒。

此外，天津电力发挥载体作用，大力弘扬劳模精神、劳动精神、工匠精神来鼓舞人心，缓解工学矛盾。天津电力通过劳模事迹报告会、网络宣传等方式广泛宣扬劳模事迹，激励广大职工，特别是青年职工对标先进，营造工作中学习先进、争当先进的浓厚氛围，化解工作与再培训的矛盾，平衡工作与学习的关系。《讲好中国故事——榜样力量》，反映"时代楷模""改革先锋"张黎明、"中国好人"王娅等一批重大先进典型，用他们的事迹感染带动更多人建功奉献，努力将工作实践与学习密切结合，相辅相成。天津电力深入挖掘张黎明同志扎根一线、矢志创新、为民服务等优秀品质，开展黎明精神特质画像，开展以"肯干、能干、实干"为导向的员工思想教育培训，改进提升员工的工作态度、工作能力和工作业绩，以"黎明精神"引领技能人才培养方向，提炼黎明特质，使得员工向"黎明式"人才奋进，积极参加培训，主动化解工学矛盾，努力成为技能骨干、技能标兵、技能工匠，塑造数量充足、结构合理、技艺精湛的"黎明式"技能人才梯队，撬动公司高质量发展，实现由"个体先进"向"群体先进"转变，使得员工的工作可以与学习培训的内容有较高的重合度，让员工处于学习先进、积极参加培训的工作环境氛围中。

评价与考核

习近平总书记指出：要突出问题导向，学要带着问题学，做要针对问题做，把合格的标尺立起来，把做人做事的底线划出来。学习培训的评价与考核是检验学习成果的重要途径。"人不能没有批评和自我批评，那样一个人就不能进步。"天津电力注重了解不同岗位、不同专业、不同层级职工的具体行为特征，全方位、多角度、立体式对职工学习培训结果进行考察。

考评互动，常态化学习评价铸就点滴进步。学习效果评价最直接的方式就是考试，天津电力培训后的考试被算入职工绩效考核内，考试不及格补考，补考不及格通报，由此职工们不得不重视，领导们也拥有了"看得见，摸得着"的评价结果，职工们由此更为重视学习培训，促进了"学"和"评"的双向良性循环。1000kV 特高压海河变电站在开展"课堂学＋现场练"双练式行动学习和"跨专业＋跨角色"双跨式体验培训之后，坚持每天一问，每周一考，每月一评。"不积跬步，无以至千里"，学员们在一次次考试与评价中反思自身不足，不断积累业务知识，拥有了过硬的业务技能，最终通过参与技能比武等方式展示自身进步。2019年，站内 4 人获得公司"技能标兵"荣誉称号，在运维专业技能比武的 31 人决赛中有 17 人入围，其中 1 名青年获得一等奖，3 名青年获得三等奖。

同台竞技，搭建多元化评价考核体系，为员工成才提供广阔平台。天津电力依托科技创新中心，建立科技项目和人才成果档案，持续做实做深技能人才成长通道，将技能标兵（工匠）评选、三年青年人才大赛、职业技能等级评价等融合，搭建技能人员同台竞技平台，突出人才的引领示范作用。千琢成器，百炼成钢，天津电力深入开展劳动竞赛活动，通过竞赛检验职工学习培训结果，实现技术攻关，形成公司与职工发展同频共振的互动效果。2018 年年初启动实施的"1001 工程""黎明杯"劳动竞赛活动被列入了全国引领性劳动和技能竞赛重点项目。通过劳动竞赛，广大职工以先进员工为旗帜和榜样，在比中学、赛中练、干中创。

例如，以往在电力检修实施带电作业接引线时，电力职工必须身穿厚重的绝缘服，戴着笨重的绝缘手套，在绝缘斗臂车上进行导线剥切、搭接引线，不仅容易中暑，还存在高空高压作业风险。改革先锋张黎明带领劳模创新工作室的"创客"们共同投入研究，创造了一个综合智能AI技术，可以代替人工作业，进而更加精准安全从事带电作业的智能机器人。此外，同样脱颖而出的还有郝立今的线缆钻探机器人、张华的电缆接头帽，黄旭的电力线路监测仪……为了促进竞赛创新成果转化，天津电力"创新工作室创新源头培育、孵化基地重点转化攻关、创新空间展示传播交易、创匠坊全程线上推广"的"职工创新四轮驱动"模式应运而生。各种竞赛获奖和荣誉称号的获得是对职工们学习培训成果的最好检验，也是促使职工们自我反省、成长进步的优良途径。

综合考评，分级择优选拔助推员工成长。天津电力实施技能人才培养工程，分级择优选拔"技能骨干、技能标兵、技能工匠"，任期2年，根据考核结果按月发放薪酬奖励。目前由6个专业部门主导实施，通过考试、实操、评定等综合考评，已选拔技能骨干960人、技能标兵186人、技能工匠21人，一线技能人员立足本岗建功立业积极性大幅提升。国网天津城南公司以技能骨干、专家人才为核心，通过正式带徒协议建立三年期"一对一"师徒关系，为75名青年员工配备专业导师60名，引导青年员工快速融入岗位；建立涵盖13个专业的导师指导手册及学员成长手册，搭建以量化评价为基础的育人成效评价机制。国网天津东丽公司常态化开展岗位练兵，编制全年计划111项，完成率100%；组建技能人员参与的柔性团队11个，累计64人次参与各类项目攻关，19人在"师带徒"中担任导师，切实输出培养实效。

"实践是检验真理的唯一标准"，在实践中锤炼考核展现真实学习成果。"听言不如观事，观事不如观行"，天津电力在领导人员的选拔任用上始终坚持把火热的实践作为最好的课堂，让领导人员经风雨、见世面、壮筋骨、长才干，推行各级领导人员梯队"继任"培养计划，不断优化领导人员队伍年龄、专业结构。选派一批有政治担当、综合素质好、发展潜力大的领导人员到"1001 工程""变革强企工程"等重点任务，将追求卓越的理念、创新发展的实践、艰巨任务的考验，作为锤炼领导人员的根本要求和最好载体，为广大干部创造良好的锻炼成长条件。针对本部、供电单位、支撑单位、市场化单位等不同业务模块，分类形成框架性标准，设计从班组长、管理人员到不同层级领导人员梯队模型，促进队伍年龄、专业、素质结构的体系化调整。建立广纳群贤、人尽其才、用当其时、公平公正、充满活力的选拔机制，对在"1001 工程"等重点任务实施中政治过硬、担当作为、业绩优秀、群众公认的领导人员，及时大胆提拔使用。

评价与考评之间的良性互动是电网职工自我驱动成长成才的两架马车，也是公司事业发展的隐性激励之手。"学而不思则罔，思而不学则殆。"学习培训的反馈见证了每一位员工的点滴积累与成长进步，为员工发展与公司前进指明方向。天津电力秉持"知事识人"的考核标准，将考核融入具体的工作实践中，为优秀人才的晋升选拔铺平道路，真正培养"敢打硬仗"的成长型人才。

第二节　工作机制保障

技能与岗位

人才造就伟业，时代呼唤人才。"为政之要，惟在得人"、"育材造士，为国之本"。《墨子》中说"国有贤良之士众，则国家之治厚；贤良之士寡，则国家之治薄"，韩非子说"宰相必起于州部，猛将必发于卒伍"，孟子说"故天将降大任于是人也，必先苦其心志，劳其筋骨，饿其体肤，空乏其身"，诸葛亮说"为人择官者乱，为官择人者治"，司马光提出"凡用人之道，采之欲博，辨之欲精，使之欲适，任之欲专"，龚自珍写道"我劝天公重抖擞，不拘一格降人才"，等等。任何一个地方、一个单位，关键岗位的选人用人、人岗匹配对于本地、本单位有着不可忽视的影响。"上有好者，下必甚焉"，这就是"关键少数"的"关键"所在。习近平总书记提出"事业为上、依事择人、人岗相适"，要求从党和人民事业出发选干部、用干部，做到事业发展需要什么样的人就用什么样的人，什么样的人最合适就选什么样的人。

建设忠诚、干净、担当的高素质领导人员队伍。天津电力立足于支撑国家电网公司战略目标，积极开展领导人员和人才队伍规划建设，构建"5+5"组织体系，大力实施"旗帜领航·提质登高"工程，着力打造国有企业领导力建设"天津电力样板"。

建立源头培养、跟踪培养、全程培养的素质培养体系。坚持从源头抓起，注重让好苗子在基层一线和吃劲艰苦岗位墩苗历练，将提高政治觉悟、政治能力贯穿领导人员教育全过程，制定天津电力《干部教育培训规划》，使政治素质教育制度化。把公司党校"1+N"办学体系和"1+5"核心办学平台打造成新时代新思想的"播种机"、政治训练的"主课堂"、能力素质的"加油站"，增强领导人员队伍培养的系统性、持续性、针对性。

建立日常考核、分类考核、近距离考核的知事识人体系。突出政治、作风、实绩考核，持续优化日常、年度、综合"三位一体"考核。制定《日常考核办法》，完善经常性考察领导人员机制，把功夫下在平时。强化分类考核，对各单位领导人员开展年度考核和党建述职联合考评，对本部领导人员应用工作绩效开展360°考评。注重近距离考察识别领导人员，开展新一轮综合考核，用好"绣花"功夫为领导人员"画准像"，为精准科学选人用人夯实基础。

建立以德为先、任人唯贤、人事相宜的选拔任用体系。坚持以德为先，把政治标准放在第一位，落实"凡提四必"、廉洁自律结论性意见"双签字"等制度不放松。坚持五湖四海、任人唯贤，科学运用谈话调研、会议推荐、综合研判等考察方式，完善《选拔任用工作规程》《领导人员管理办法》等制度，坚决反对"四唯"用人。坚持事业为上，加强领导人员分类培养，构建领导人员"储备库"和"蓄水池"。

选人用人既是风向标，也是激励领导人员担当作为的指挥棒。正所谓用准一个人，激活一大片。天津电力坚持好干部标准，坚持德才兼备、以德为先，大力选拔敢抓敢管、实绩突出的领导人员。对敢于负责、勇于担当、善于作为、实绩突出的领导人员，及时提拔重用。为想干事、敢干事、干成事的领导人员搭建舞台，把敢试敢闯、敢负责的领导人员推上前台，尤其对那些任劳任怨、扛重活、打硬仗的领导人员，那些面对关键时刻、重大任务豁得出来、冲得上去的领导人员，那些个性鲜明、坚持原则、不怕得罪人的领导人员，及时提拔使用，为他们施展才智、建功立业提供广阔舞台。天津电力为规范做好组织选拔任用工作，明确流程工作规定要求，不断提升选人用人的科学化、规范化、制度化水平，深化不作为不担当问题的治理，树立迎难而上、担当作为的风向标。

坚持精准选才，培用结合，打造进阶"成长链"，发挥人才"作用力"。在选材方面，天津电力坚持党管人才，健全技能人才管理机制，在人才工作领导小组下成立技能人才评价委员会，打造"党委领导、人资牵头、专业主导"的管理模式，结合战略要求统筹推进技能人才培养工作。

用好岗位"试金石"，做好成长"助推器"。坚持"人在事上练、刀在石上磨"、"使用就是最好的培养"，把推动国网战略落地作为干事创业的"主战场"，强化人尽其才的价值取向，把合适的人用到合适的岗位，变"伯乐相马"为"赛场选马"。天津电力把火热的实践作为最好的课堂，让员工在实践中经风雨、见世面、壮筋骨、长才干。树好用人"风向标"。坚持以实绩论英雄，大力选用敢于负责、勇于担当、善于作为、实绩突出的人员，坚决调整作风漂浮、花拳绣腿、庸懒散拖的人员。搭建战略任务培养平台，坚持"干中学、学中干"，发挥技能人才在支撑公司重难点任务中的作用，在实践中发现人才、用人才驱动发展，促进员工和企业共成长。

健全完善人员能力评价模型，为企业长远发展提供支撑。针对不同的专业岗位制定不同的人员选派标准，突出岗位人员标准的特殊性和个性化要求，突出专家型、市场型、创新型、复合型人员人才培养。天津电力以构建人员和岗位评价标准为核心，健全完善人员能力评价通用模型，涵盖基本素质、个性特征、动机价值、关键行为、绩效、潜力等维度，以模型评价结果作为衡量队伍结构和人员的标准，实现人员精准评价。根据人员个人日常履职的情况，对照模型指标行为标准进行评价，通过两级指标加权计算，实现对人员能力素质的量化评价。根据帕累托法则（20%、70%、10%），切分优秀、良好、待发展能力素质的人员，从而确定人员潜绩，即适合何种类型的岗位，实施供需匹配。

在建立健全各单位党建、组织、纪检机构的基础上，根据企业功能定位和重组整合变化情况，及时优化调整组织工作机构，理顺职能配置，加强业务衔接，充实组织工作力量。坚持对各单位组织人事工作常态化检查，努力建设一支矢志爱企奉献、勇于创新创造的优秀人才队伍，形成与企业改革发展需要相匹配的领导人员和人才队伍，为企业长远发展提供坚强支撑。

创新与安全

兼顾创新与安全的制度设计是企业行稳致远的关键。首先需要指出的是，创新是企业获取核心能力和竞争优势的重要来源。企业内部管理制度设计的核心在于在企业安全稳定运行的框架内充分调动员工的工作积极性。即在达到日常的工作要求的基础上，充分激励员工基于自身岗位的边际创新。而创新过程中天然存在的高不确定性会给员工带来所谓"未知的恐惧"，员工不确定创新是否能成功而不愿意选择开展创新活动，或者员工因担心创新失败为自己带来的负面影响而不敢尝试创新。由此，企业管理制度设计的落脚点在于：（1）建立完善的创新激励机制，为企业员工营造良好的创新氛围；（2）建立系统科学的纠错容错机制，卸下员工担心创新失败的心理包袱。

"纸上得来终觉浅，绝知此事要躬行"，天津电力党委始终将习近平总书记关于国有企业党的建设理论和在全国国有企业党的建设工作会议上重要讲话作为突进改革的行动指南，牢牢把握"创新是引领发展的第一动力"宗旨，真正营造出天津电力"人人想创新、人人会创新"的"大创新"氛围。天津电力将始终坚持创新驱动发展，突出科技创新的"第一动力""第一生产力""第一资源"作用，并鼓励各级员工积极争当创新发展先锋，全面支撑世界一流能源互联网企业建设。天津电力党委积极落实创新驱动战略。例如在创新人才培养方案上出台人才培养"三大工程"：一是实施人才成长积分制，建立高端科技人才库，打造首席专家、杰出专家、优秀专家三级梯队；二是深化技能人才培养工程，着力培育一批"黎明式"的"大工匠"；三是依托青年员工比武、师带徒、技能竞赛等平台，实施青年科技人才专项计划，追踪培养一批青年科技人才，力争到 2025 年实现首席科学家零突破，首席专家达到 3—5 人，中华技能大奖、全国技术能手、海河工匠、天津市优秀首席技师等达到 10 人。此外，天津电力党委为激发科研人员动力，让科技创新队伍"强"起来，积极为科技人才成长"搭台子""铺路子""架梯子"，多措并举。例如，注重劳模精神、劳动精神、工匠精神和创新意志品质的传承，积极推动职工创新基地、职工技术创新协会的建立与各类科技、技能竞赛项目的开展；建立完善领导职务、专家人才、职员职级三条通道并行互通机制，畅通科研人员职业发展通道；以"黎明精神"为引领，大力开展职工创新，培养一批新时代蓝领工匠，推动个体先进向群体先进升级。

坚持安全生产是创新及一切工作的前提。在工作中首先要确保人身安全万无一失。人命关天，发展决不能以牺牲人的生命为代价。要坚持"工期服从质量、进度服从安全"，严格计划管理，严禁盲目抢工期，深入开展"查风险、治违章、抓落实"建设施工安全大检查，坚决执行"三算四验五禁止"强制要求，严管有限空间、高空跨越、设备吊装等高风险作业。其次，要确保电网安全万无一失。积极开展电网设备安全风险评估，推动电网薄弱环节和设备安全隐患源头治理。执行新版《电力系统安全稳定导则》，落实"先降后控"等要求，严控五级电网风险。落实"设备主人制"，推广集控站、无人机巡检等应用，提升精益管理水平。加强重要用户电网风险预警管控，严格落实客户内部风险管控措施，确保可靠供电。紧盯网络安全，抓好全场景防护体系建设，强化数据安全合规治理，落实基础防护措施，支撑保障智慧物联、综合能源、大数据应用等业务发展需求。总而言之，要牢固树立"四个最"意识，紧盯"八个不发生""五个严格防范"目标，在慎终如始抓好疫情防控的同时，以安全生产专项整治三年行动为抓手，压实责任、夯实基础，确保安全"稳如山"。

天津电力积极开拓科技指导与多维纠错方案，尽可能地提高员工创新成功的概率。例如，新员工入职后，需新员工所在部门负责人选择各级各类专家、技师及高级技师等高技能人才、技能骨干担任其导师，签订"师带徒"协议，师傅的主要职责之一便是对徒弟进行专业知识培训，发挥自身专业特长，把自己丰富的业务知识、精湛的职业技能毫无保留地传授给徒弟，促使其在安全生产、操作技能、理论水平等方面全面提高，并及时帮助徒弟解决在专业基础与技能操作方面遇到的难题。此外，天津电力还通过聘请两院院士、政府领导、知名专家、一线工匠等，成立专家咨询委员会，为能源互联网关键技术的创新提供智力保障。

资源与调配

提升人力资源配置效率是企业可持续发展的重要着力点。传统的经济增长基本理论认为，技术进步与资源配置效率是经济增长的源泉。以一个代表性企业为例，在给定技术水平的条件下，提升企业资源配置效率，特别是企业人力资源配置效率是企业可持续发展的关键。日本松下电器的创始人松下幸之助就曾说："企业最大的资产是人。"如何让这些企业先进干部员工充分发掘自身潜能、发挥榜样作用，更好地展示自身价值，最终实现由"个体先进"向"群体先进"的转变？这便需要公司更多地为基层员工搭建展现自我的平台，坚持选典型、树标杆、育人才、勤推广、再鼓励的可持续发展模式。

2016年11月30日，习近平总书记在中国文联十大、中国作协九

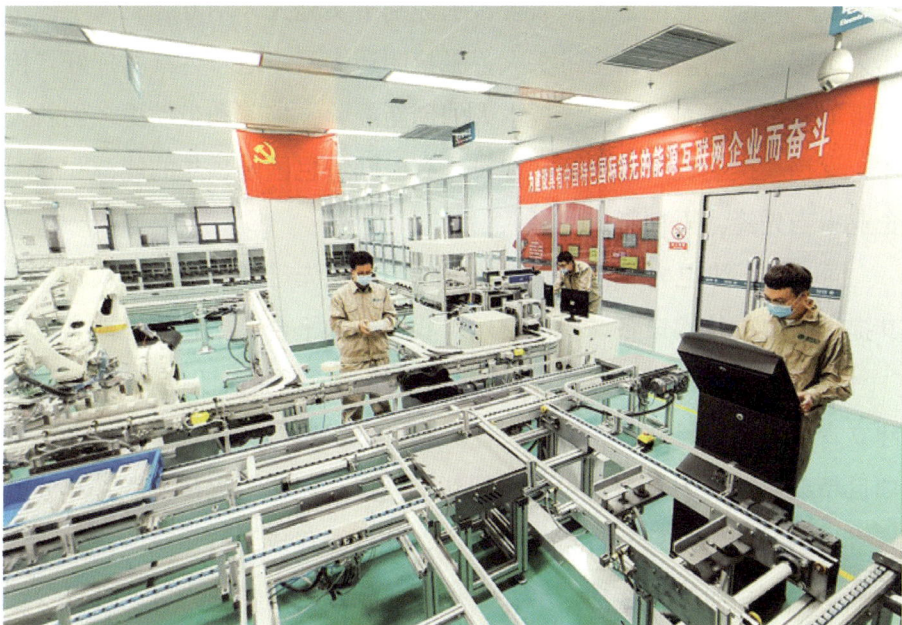

国网天津营销服务中心员工在"四线一库一平台"计量检测基地进行电能表自动化检定设备运维，保障老百姓用电准确计量

大开幕式上的讲话中曾引用班固《汉书》卷六《武帝纪第六》中"盖有非常之功,必待非常之人",即要想成就异乎寻常的丰功伟业,必须依靠非同寻常的人,这便要求企业要真正做到选贤举能,充分挖掘与发挥榜样的力量。"时代楷模"张黎明在参加了国家电网公司科技创新大会后,他满怀激动和喜悦的心情说:"本次科技大会出台了一系列货真价实、含金量高的实招硬招。"这给了他很多启发。张黎明表示,接下来他将围绕生产实践需求,聚焦安全可靠便捷,不断开展技术攻关,在"智能+"与传统电力技术的融合发展中积极探索实践,持续完善配网带电作业机器人功能,拓展试用范围。在环境感知、智能路径规划等人工智能技术上做深入研究,完成三维场景建模、自主强化学习、云平台搭建、斗臂车联动控制等新技术开发,增加机器人作业项目,提升作业效率及稳定性,大幅降低作业人员安全风险。同时,也将加速公交智能充电巡检机器人研发推广,争取有更多科技型、创新型、通用型成果服务于生产实际。他说,这次大会特别提到了实施人才培养"三大工程",作为基层劳模创新工作室带头人,张黎明还表示,他将继续发挥好"传帮带"作用,毫无保留地传授本人的创新经验,培养和带动更多创新人才,发扬"推土机"劲头,在建设具有中国特色国际领先的能源互联网企业中当先锋、干精彩。

同时,天津电力一直以来都非常关心重视先进产业工人的成长,为其提供完善的技术设备,提供展示自我技能的平台,旨在更好地实现由"个体先进"向"群体先进"的转变。例如,依托张黎明创新示范基地,建立青年创新项目立项、孵化、评奖和推广机制,深化青年创新人才与项目精准对接,引领全员投身"创新、创造、创业"火热实践,充分激发青年创新活力、释放青年创新潜能,并相继建成了"星空""蒲公英"等数十个创新班组工作坊,培养了更多蓝领工匠和创新先锋,促进公司科技队伍青蓝相继、才俊辈出。此外,天津电力还通过专项资金设立了以"时代楷模""改革先锋"张黎明命名的"黎明"创新奖励基金,向广大青年职工发出立足岗位、钻研业务、增长本领、持续创新的倡议，大力培养具有张黎明创新精神的创客接班人，持续打造具有知识型、技能型、创新型特质的新时代劳动者大军。

古人云："以众人之力起事者，无不成也。"天津电力坚持"专业部室＋柔性团队"为标准的团队组建原则。以脱产的柔性团队方式组建"变革强企工程"办公室（简称"强企办"）。一是推动管理层级扁平化。强企办参照省公司本部部室管理，工程完成后直接解散，内部不设科室，仅组长、组员两级管理，重要事项直接向天津电力董事长汇报，实现管理层级最高压缩五级，例如一线团队成员由原来至少七级管理链条缩短至两级。二是选拔特质多元化成员。团队由天津电力总经理助理、总法律顾问、人资部主任分别兼任组长、常务副组长、副组长，以具备"合作"理念为前提，从能力、性格互补视角自主选拔团队成员，包括本部和基层的中层岗位、管理岗、技能岗等 10 人(动态)，涉及营销、运检、党建、财务、科技等 10 个专业。三是灵活拓展团队边界。在推动基层问题解决、流程优化时，以问题或项目为单元动态吸纳其他部室或基层成员，动态组建多个虚拟的柔性团队协同攻坚。例如，东丽公司组建的"融合筑基"大前期柔性团队，是"1001 工程"建设项目提速推进的重要力量。以往前期工作历来是项目推进实施过程中的重点和难题。在天津市行政审批制度改革不断深化、"放管服"改革进一步落到实处等外部条件发生显著变化的背景下，能否高效推进前期工作，直接影响"1001 工程"项目的建设进展和快速投产见效。项目前期工作，在东丽公司内部涉及发展、建设、运检、营销、项目管理中心等部门，外部则需要对接规划、国土、环保、水务、审批等政府部门，点多面广、困难重重。大前期柔性团队破解了链条脱节、衔接不畅的问题。东丽公司"1001 工程"办公室副主任郭志鹏介绍，该团队梳理了项目前期工作中常见的行政审批类程序的办件条件、要件清单、注意事项等核心工作内容，以及政府部门和公司为电网项目制定的一系列优化简化制度，全体成员从整体上把握前期工作的全部流程及工作要求，然后根据不同阶段前期工作特点，明确团队工作开展形式和职责分工，确保前期工作流程无缝衔接，最后按照"1001工程"各项目时间节点，有针对性制定工作计划，突破传统项目管理中以时间轴为主线的管控体系。值得一提的是，前期工作人员通过共享内外部资源，打通了项目全过程管理脉络，真正做到了前期工作的提速提质。自柔性团队组建以来，东丽公司快速推进"1001工程"各项前期工作任务，将传统的工程管理分布式管控优化为全局式管控，从立项伊始就将工程全流程管理过程中的困难和问题想在前面，减少了传统工作流程下项目前期与工程前期工作的脱节和矛盾，既提升了项目管理水平，为工程建设赢得了时间，也为前期工作培养了复合型人才。

个人与团队

细浪腾跃，汇聚汪洋。个人不断进步，团队才能永葆活力。皮之不存，毛将焉附？个人的成长与发展更不可脱离团队的支撑。站在绩效水平的角度上，1994年组织行为学界权威大师斯蒂芬·罗宾斯首次提出了"团队"的概念，发现工作团队通过成员的共同能力能够产生1+1＞2的协同效应。站在组织机制的角度上，与普通的群体不同，团队里的个人往往享有共同的最高目标、行为准则和价值取向。团队中凝聚的文化和精神导向，是全体成员面对挑战时的力量源泉。站在企业成长的角度上，个人是团队的血液，团队是个人的土壤。在健康快速发展的组织中，个人与团队往往是相互促进、共同成长的。

高山可仰，撝敬清芬。"时代楷模"、"改革先锋"、天津电力滨海供电公司配电抢修班班长张黎明是公司中一面引领集体进步的旗帜、一支点燃全面创新的火炬、一座照亮百姓人心的灯塔。在这样的个人先锋示范作用的影响下，张黎明带领的"配网带电机器人"创新研发团队历经 1400 多个日夜，在 4 年内从启动研发到实现迭代升级、全部零部件国产化，最终取得国际领先的骄人成果。没有完美的个人，只有优秀的团队。

一花独放不是春，百花齐放才是春满园。天津电力出台了科技创新八项举措和创新激励八项举措，建设了职工创新基地，打造了包括"创新协会—创新基地—创新工作室—创匠坊"4 个部分的四轮驱动模式，鼓励科技创新，激发创新活力。在机制引导下，在榜样示范下，各级创新阵地成为了促进个人进步的"加油站"，凝结团队智慧的"聚宝盆"。黎明星火，点燃燎原创新之光。以张黎明等资深创客为骨干的创新联盟，带动指导了更多青年职工投身技术创新，涌现出黄旭、王德祥等一批青年创新能手，大创新氛围在天津电力日渐浓厚。

身正令行，敢为表率。在综合能源公司技术工程部第一线，总有一个充满着激情和韧劲的身影，像一面旗帜引领着整个团队在综合能源领域开疆拓土，那就是天津电力先进个人标兵、"津电工匠"吴明雷。两年来，他带领团队奋战无数个日日夜夜，攻坚克难，建成 9 座智能充电站、6 个综合能源供应项目，实现了综合能源在园区、工业企业、商业综合体、学校等领域的全面拓展，他们用行动诠释充分体现了"困难面前有我们，我们面前无困难"的"推土机"精神。

支部任"重难题"，党员啃"硬骨头"。天津电力城南公司小站镇供电服务中心党支部有这样一个"认难题"的机制，每年都会选择一个最核心的攻克点作为工作目标和考核标准。自 2010 年启动的天津市智能电表换装是一项艰巨而重要的任务：要达到 90% 至 95% 的换装率已并非易事，100% 的覆盖率更是前所未有的、"不可能"的挑战。2012 年，小站镇供电服务中心党支部就以此"认难题"，将 100% 的区域智能电表换装率作为工作攻坚点。如何创造"不可能"？由谁来证明"一定能"？为了拿下难题，党支部成立了一支 12 人的专门团队，其中包括 6 名正式党员，要求党员带头率先做到负责区域 100% 的换装率，在这样的示范作用下，其他员工也有了干劲，基本圆满完成智能表全覆盖换装的任务。在这样的机制设计下，有人率先接"烫山芋"、啃"硬骨头"，干在实处，走在前列，以承诺的先行者和行动的排头兵之姿态，带领整个团队勠力同心、攻坚克难，将"推土机精神"内化于心、外化于行，完成了一个又一个"不可能"的挑战。

头雁领航，群雁方能高飞远翔。习近平总书记指出："一个有希望的民族不能没有英雄，一个有前途的国家不能没有先锋。"榜样是团队最鲜活而有力的进步源泉。美国著名心理学家班杜拉通过社会学习理论提出，个体在成长中会对其他人的行为进行观察和学习，环境和榜样也潜移默化地发挥着重要作用。从个人成长到团队共进，城南公司党委在"党支部带动车间、党小组带动班组、党员带动群众"的三级联动机制下，充分发挥"头雁"效应、人才对组织的反哺效应。让奉献坚守、创新精益的工匠精神在团队中传承，让逢山开路、遇河架桥的奋勇斗志在团队中发扬，让追赶超越、攻坚克难的蓬勃力量在团队中凝聚。

蓬生麻中，不扶而直。卓越的团队成就优秀的个人。组织行为学家梅奥通过著名的霍桑实验，提出真正激励人们行为是个体在团队中对安全感、地位、自尊和归属感的追求，出于获得团队接纳的动机，个体往往会向团队中的其他人学习。为深入学习研究不怕困难、探索攻坚的"小站模式"，天津电力城南供电公司曾组织一批来自和平供电服务中心的台区经理，前往小站供电服务中心进行学习交流。和平台区经理们在和小站镇师傅们的相处中，感受到了小站中心你追我赶、共同进步、互相帮助的工作氛围，他们的专业技能、服务意识、工作态度短期内大幅提升，也将先锋榜样的示范力量带回了和平中心。

《素书》云："同类相依，同义相亲，同难相济，同道相成。"除了交流培训机制，"小站模式"在和平供电服务中心的融合推广，不仅颠覆了原来略显落后的绩效管理模型和组织层级架构，还真正地提高了团队中的每一个人的员工意识和思想境界。2021年4月,天津电力和平供电服务中心接到用户报修,河北路多伦道交口一电杆上电线打火,造成停电。当时已是晚上8点,得知现场情况后第一时间赶到现场的邓主任看到了让他深受感动的一幕,负责该区域的女班长带领了全班的同志早早到达现场,这样的响应效率在曾经的和平中心是前所未有的。故障就是命令,供电就是责任,班组全体成员克服夜间施工、道路狭窄等重重困难,经过6个小时的连续奋战,终于在凌晨4点半圆满完成抢修工作。临难不却,履险不惧。让全班组成员披星戴月、火速就位的不是行政命令,而是"乘众人之智,举众人之力"的团队凝聚力、"勇者不得独进,怯者不得独退"的团队荣誉感、"同舟共济扬帆起,乘风破浪万里航"的团队价值观。

以人为本,选育英才。"人是企业发展的目的"是组织行为学的重要观点。从个体先进到群体先进,是上下联动、个人努力和制度设计相互成就的,但核心始终是人和团队。除了提供人才发展渠道和创新发展平台外,天津电力党委还逐步加大员工基本福利保障投入,出台为职工办实事的"十项举措",推动"五小"供电所建设、"绿色食堂"创建、职工带薪休假、职工读书节、"健康津电行"促进行动、职工办公环境提升、单身公寓建设提升、劳模先进疗休养等工作的展开。坚持为职工谋幸福、为企业谋发展的初心使命,竭诚维护职工权益,全心建设人才摇篮。

第三节　生活机制保障

待遇与核定

2019年1月17日下午,习近平总书记来到天津滨海—中关村科技园，在协同创新展示中心仔细观看科技创新产品展示，其中张黎明汇报讲解了带电作业机器人、智慧电网、车联网平台等创新工作，习近平总书记高度评价了张黎明的一线创新贡献。张黎明说："我要继续扎根一线开展创新，同时带动更多一线员工参与进来，为国家发展贡献工人智慧、工人力量。"张黎明是天津电力先进工作者群体的典型代表，充分发挥了先进典型的示范引领作用。

坚持好中选优，坚持与时俱进。选树的先进要求政治坚定、职工公认、业绩优秀。先进工作者需要认真学习贯彻习近平新时代中国特色社会主义思想，自觉在思想上、政治上、行动上同以习近平同志为核心的党中央保持高度一致，牢固树立"四个意识"，坚定"四个自信"，做到"两个维护"。先进工作者要遵守国家法律、法规，爱岗敬业，忠诚企业，积极践行"时代楷模""改革先锋"精神，大力发扬"推土机"精神，始终保持干事创业的工作状态，具有强烈的创新意识和优良的职业道德。在"当先锋、干精彩"主题实践中，深入实施"变革强企工程""1001工程"和"9100行动计划"，在安全生产、疫情防控、规划建设、改革发展、科技创新、提质增效、服务提升、党的建设以及构建和谐劳动关系和推动履行企业政治责任和社会责任等方面取得突出成绩，受到职工群众广泛认可。当今世界正经历百年未有之大变局，我国正处于实现中华民族伟大复兴的关键时期。我国进入"十四五"时期，这是乘势而上开启全面建设社会主义现代化国家新征程、向第二个百年奋斗目标进军的第一个五年。立足新发展阶段，贯彻新发展理念，构建新发展格局，推动高质量发展，在危机中育先机、于变局中开新局，必须紧紧依靠工人阶级和广大劳动群众，开启新征程，扬帆再出发。因此先进工作者要树立终身学习的理念，养成善于学习、勤于思考的习惯，实现学以养德、学以增智、学以致用。天津电力适应新一轮科技革命和产业变革的需要，密切关注行业、产业前沿知识和技术进展，为先进工作者树立勤学苦练、深入钻研、不断提高技术技能水平的精神提供了沃土。

　　加强先进工作者正向激励。让人民群众过上更加幸福的好日子是我们党始终不渝的奋斗目标，实现共同富裕是中国共产党领导和我国社会主义制度的本质要求。要坚持以人民为中心的发展思想，维护好工人阶级和广大劳动群众合法权益，解决好就业、教育、社保、医疗、住房、养老、食品安全、生产安全、生态环境、社会治安等问题，不断提升工人阶级和广大劳动群众的获得感、幸福感、安全感。要把稳就业工作摆在更加突出的位置，不断提高劳动者收入水平，构建多层次社会保障体系，改善劳动安全卫生条件，使广大劳动者共建共享改革发展成果，以更有效的举措不断推进共同富裕。天津电力注重解决先进工作者实际困难和后顾之忧，加强对先进工作者的政治激励、工作支持、待遇保障、心理疏导、人文关怀。天津电力以提升公司人力资本价值创造力为工作目标，通过整合多种激励资源、丰富激励手段，着力构建"事业层面、待遇层面、关怀层面"的三层级立体化全面薪酬体系，满足员工差异化、多样化的激励诉求，为加快建设具有中国特色国际领先的能源互联

天津送变电公司党员突击队奋战在 500 千伏渠阳—南蔡双回线路施工建设现场

网企业，更好地服务"五个现代化天津"提供支撑。在事业激励方面，以职员职级管理为抓手，积极拓展员工成长通道，不断优化职员聘任条件，重点向一线技能岗位、技术能手和关键岗位倾斜，积极引导广大员工扎根一线，实现岗位成才。在待遇激励方面，实施团队绩效工资，划小工资核算单元，深化团队绩效工资制度的应用。加大关键人才激励力度，提高"三种人""业主项目经理"工作积极性，对其实行浮动薪点和工作业绩积分奖励。在关怀激励方面，关注员工成长足迹，依托众创平台和创新平台培育"城南巨匠"，激发员工争先氛围。建设"文化长廊"和"劳模墙"，推进卓越企业文化理念宣贯。

先进工作者荣誉体系调动员工积极性，增强企业活力。天津电力深入学习贯彻习近平总书记关于弘扬劳模精神、劳动精神、工匠精神的重要论述，全面落实公司职工队伍建设工作要求，充分利用公司内外媒体和工会网上平台，创新学习宣传形式和载体，以"国网榜样·与你同行"为主题，积极组织开展劳模工匠"四进"宣讲活动，充分发挥劳模、工匠等先进典型的榜样效应，引领带动广大职工学习先进、追赶先进、争当先进，坚定信心、担当作为、攻坚克难，确保实现全年目标任务，为建设具有中国特色国际领先的能源互联网企业而不懈奋斗。各基层单位广泛组织本单位劳模工匠等先进典型，开展进班组、进工地、进社区、进校园宣讲，讲述自己在抗疫情保供电、推进重点项目建设助推复工复产、优化电力营商环境、决战决胜脱贫攻坚服务经济社会发展等工作中所作出的贡献，以劳模事迹和工匠品质激励人，增强榜样的带动力和影响力。劳模工匠在宣讲活动中感受到自我价值的存在，那份油然而生的自豪感是对其极大的精神激励，从而提升其对企业价值观的认可，提升工作的积极性。

先进工作者荣誉体系提供更广发展平台。企业高度重视广大先进工作者群体的多样化需求，不断拓展职工成长成才空间，在知识、技术、创新等方面提供更多资源和手段进行培养。在天津电力员工职业发展和晋升路径中，获评"先进"是一个加分项。公司党委会更关注先进工作者这个群体，在有较好的成长空间的基础上，对先进工作者群体进行特殊培养，希望他们在后续的职业生涯中综合发挥劳模的示范作用。天津电力坚持担当作为的选人用人导向，大力选拔敢于负责、勇于担当、善于作为、实绩突出的人员，推动"能干者能上、有为者有位、优秀者优先"成为全员共识，选人用人工作总体评价满意率、新提拔人员认同率实现两位数增长。

先进工作者待遇体系提升大家积极奋斗的精气神。个人成长，除了跟个人的努力密切相关，其实跟公司整体搭建的平台关系更密切一些。从群众的角度看，天津电力的先进工作者待遇体系给广大劳动者创造成长的通道，让大伙有了"我只要努力，就能达到我的奋斗目标"这种信念，这种信念鼓励广大劳动者去努力，积极向上的工作环境顺其自然。同时，资源是有限的，先进工作者待遇体系给资源分配提供了一个公平、公正、公开的解决方案。康辉在2021年五一劳动节的"主播说联播"栏目中说到，努力工作、劳有所获，让自己和家庭富起来，这是每一个普通劳动者最朴素的愿望。从先进工作者群体的角度看，我为公司作出贡献，公司给予我更多的关爱和回报，公司和我都在共同进步和成长，这是一个十分美好的景象。先进工作者更需时刻用崇高精神和高尚品格鞭策自己，焕发劳动热情，厚植工匠文化，恪守职业道德，将辛勤劳动、诚实劳动、创造性劳动作为自觉行为，珍惜荣誉、保持本色，谦虚谨慎、戒骄戒躁，继续发挥示范带头作用。从"时代楷模""改革先锋"精神到"推土机"精神，成为了天津公司由"个体先进"向"群体先进"拓展升级的成功标志。

标准与差异

党中央历来高度重视产业工人队伍建设，特别是党的十八大以来，习近平总书记站在党和国家工作全局的战略高度，就产业工人队伍建设做出了一系列重要论述，明确要求就新时期产业工人队伍建设改革提出总体思路和系统方案，为推进新时期产业工人队伍建设改革提供了基本遵循和行动指南。2017 年 2 月 6 日，习近平总书记主持召开中央全面深化改革领导小组第三十二次会议，审议通过《新时期产业工人队伍建设改革方案》（以下简称《改革方案》）。《改革方案》中，明确要求新时代企业应积极改进产业工人技能评价方式，优化职业技能等级标准，完善职业技能等级认定政策，引导和支持企业、行业组织和社会组织自主开展技能评价。

要贯彻落实《改革方案》，积极推进产业工人队伍建设，优化企业内对工人工作与工作技能的评价体系，构建维持标准与尊重差异的评价方式是非常重要的一环。评价需要指标，指标有定量与定性之分，只有在对工人进行评价时统筹兼顾定量指标与定性指标，才能促进员工多元化、个性化发展，努力推进企业内"个人先进走向群体先进"，最终实现整体层面上的共同进步。

定量指标促进个人与团体奋勇争先。美国的管理学家奥布瑞·戴尼尔斯最先提出了"绩效管理"的概念，并用这个概念来描述一种对于企业至关重要的员工行为和工作成果技术。从企业管理的角度来看，定量的绩效评价系统在整个企业管理系统中居重要地位，是企业管理控制的一个有机组成部分。设计良好的绩效评价系统有助于组织中各部门、各成员采取一致的行动。如果将管理工作过程简略地看作计划、实施、检测、行动的循环过程，那么检测的主要工作内容就是进行绩效评价。2007 年 6 月，天津电力即开始推行全员绩效管理，2012 年发布《天津市电力公司全员绩效管理暂行办法》，在天津电力建立起科学、规范、有效的全员绩效管理体系。天津电力实行的全员绩效管理方式，通过以企业战略为导向，层层分解公司发展战略目标和年度重点工作，并按照标准化的管理程序与方法组织开展对各级部门和员工的评价，拓宽考核结果应用渠道，将评价结果与员工薪酬收入、职业发展、评先评优等挂钩，最终成功推进了企业内员工和部门的良性竞争，促进了企业内从集体到个人，从干部到群众，全方位的共同进步。

天津电力考核模式按考核对象分为企业负责人考核、管理机关考核和一线员工考核。各单位企业负责人年度考核主要由关键业绩指标考核、党建工作考核、专业工作考核、公司领导评价以及安全工作考核五部分组成。管理机关绩效考核采取"目标任务制"的考核方式，对组织员工所承担的经营、管理、生产目标和重点工作任务进行量化评价。一线员工的绩效考核对象是各单位一线工作中的班组长和员工，一般采取"工作积分制"为主的多元量化考核方式。管理机关季度、年度绩效考核和一线员工月度、年度绩效考核结果按得分顺序划分出 A 级、B 级、C 级、D 级 4 个等级。绩效考核的结果为员工职业发展、培训开发、技能提升提供依据，详细精确的绩效评价机制既能够促进员工之间以及部门之间的良性竞争，又能够在企业内部树立大量模范标杆，发挥优秀员工的"火车头"带动作用，使企业犹如一潭活水，源源不断地产生前进的动力。通过一人优秀带动集体优秀，最终由"个体先进"走向"群体先进"。

定性评价推进员工在岗位上多元化发展。习近平总书记曾在就加快发展职业教育做出的指示中指出："要树立正确人才观，培育和践行社会主义核心价值观，着力提高人才培养质量，弘扬劳动光荣、技能宝贵、创造伟大的时代风尚，营造人人皆可成才、人人尽展其才的良好环境，努力培养数以亿计的高素质劳动者和技术技能人才。"对于一个企业来说，要促进员工个性化、全方位发展，营造"人人皆可成才、人人尽展其才"的良好环境，需要在对员工的定性化评价上下功夫。唯有保持一双发现各个领域、各个部门上发光发热的优秀员工的慧眼，为企业树立多种多样的标杆榜样，才能提升企业内员工全方位、多领域共同发展的氛围，践行国家电网公司"努力超越、追求卓越"的企业精神。始终保持强烈的事业心、责任感，向着国际领先水平持续奋进，敢为人先、勇当排头，不断超越过去、超越他人、超越自我，坚持不懈地向更高质量发展、向更高目标迈进，精益求精、臻于至善。

在天津电力，有着许许多多在自己的岗位上发光发热的模范人物，他们以朴实认真的工作态度为企业作出了巨大的贡献，也同时彰显着天津电力对于员工个性化发展的尊重与评价方式的多元化。国网天津滨海公司的张黎明师傅在配电抢修一线日复一日、年复一年地工作并不能够算是雄才伟业，但他仍旧以钉钉子般的精神感染着企业内一代又一代的年轻员工。他说，"解决工作中的问题，满足用户的需要，需要在日常工作中持续用心，才能提高业务水平。这是责任。""做好电力抢修就是雪中送炭，是我的信念，干着光荣。"在最普通的岗位上，他以不平凡的精神彰显着一线蓝领工人在习近平新时代中国特色社会主义思想的光辉旗帜下努力奋斗、踏实肯干的态度。

不仅仅是张黎明同志这样的一线工人，许许多多的青年员工也在他们各自的岗位上发光发热。国网天津电科院技术中心的马世乾博士就是其中的典型，他在天津智慧能源小镇创新示范工程启动建设后勇担重任，在这种综合商业模式在国内并无成熟且可以借鉴的实践经验的情况下，自己组建团队，通过分析国内外多个智慧城市建设项目的内容和技术标准，历经两个月的艰苦奋战完成了天津智慧能源小镇创新示范工程的建设方案。习近平总书记指出："创新是一个民族进步的灵魂，是一个国家兴旺发达的不竭动力，也是中华民族最深沉的民族禀赋。在激烈的国际竞争中，惟创新者进，惟创新者强，惟创新者胜。"马世乾博士作为青年一代科研工作者，以其砥砺创新的精神在企业内为广大青年员工树立了榜样。

天津电力在贯彻落实习近平总书记关于新时代如何对工人队伍进行建设改革的方案的基础上，从多维度、多角度对企业内员工进行定量与定性的评价，既促进员工和部门对卓越绩效的追求，也能够树立多样化的个人榜样，为企业塑造多元化的发展氛围，实现"个人先进走向群体先进"做出了巨大的努力，并取得了显著的效果。

先进与回报

进入新时代，中国企业发展面临的市场环境、技术环境、国际环境等都在发生巨大变化，如何做到既充分借鉴吸收西方现代管理学的有益方法，又立足中国现实与研究需要，促进方法创新是新时代国有企业需要讨论的重中之重。在从工业化社会向信息化社会转型的今天，激励员工充分发挥其主动性、创造性等能力已经成为最重要最具挑战的管理活动之一。要实现更加高效的管理，就必须要了解如何通过适合的方式采取激励活动，使得组织内实现以个人先进带动集体先进，使激励与回报形成正向相互促进的关系，最终使员工个人的价值得以实现，并有效提升整个企业的绩效。

从马斯洛的需求层次理论可知，人类最高级的需要是能够在工作中得到自我实现，这为企业在日常工作中推进员工追求个人先进以及集体先进作为有效的激励手段提供了良好的理论支持。除此之外，物质回报与精神回报相结合、内在性激励与外在性激励相结合、正面激励与负面激励相结合的激励回报方式能够使激励行为取得良好的效果，有助于企业实现更高的绩效目标。

推进企业内模范评优，促进个人先进带动集体先进。近年来，天津电力高度重视技能人才培养，坚持选典型、树标杆、育人才，公司技能人才的优秀代表张黎明先后获评"时代楷模""改革先锋""最美奋斗者"称号，成为新时代产业工人的一面旗帜。为了培育更多的"黎明式"员工，加快实现由"个体"先进向"群体"先进的转变，天津电力为进一步弘扬"黎明精神"做出了巨大的努力。

首先要做到的是细化"前期选苗"。在公司范围内持续开展优秀共产党员、"黎明式"员工、十大杰出青年等各类先进评选表彰，先进员工的选拔方式需要通过逐级推荐、层层选拔，并最终在企业内形成先进典型的"种苗圃"和"人才池"，为个人先进向集体先进的过程铺设道路。其次是做到规范"中期培育"。在企业内鼓励广大员工积极投身公司"两工程一计划"，并让员工在重点项目中挑大梁、攻难关，推动服务队参与社区"红网格"建设，在"防疫抗疫"等"大战大考"中淬炼本领。在公司内部组建职工创新联盟，优化劳模创新工作室、创新实践基地、创新成果孵化基地等，在刻苦攻关、创新创效中激发活力。将个人先进的力量转化给员工个人，实现先进个人的影响力在企业内部的可持续性转化。最后是做实"后期结果"。在企业内运用多种手段传播选树对象先进事迹，让先进典型可信、可亲、可敬、可学，在员工中形成感召力，在社会上扩大影响力，不断提升天津电力的内质外形，并最终成功实现企业内集体先进的状态。

推动物质回报、精神回报相结合，实现激励模式多样化。要想实现企业内部的可持续发展，激励模式的多样化是必要之举。在企业内构建物质回报与精神回报相结合、内在性激励与外在性激励相结合、正面激励与负面激励相结合的激励体系，促进回报的可持续化，针对激励痛点发力，是实现提高员工工作积极性、提升企业整体效率的金钥匙。

注重完善企业内分配体制，开展差异化薪酬分配激励方式是基础。针对企业内各类典型群体制定多种薪酬激励措施：对运行岗位人员在薪点工资单元上浮 1 薪档，体现运行岗位价值；对"三种人"和业主项目经理采用浮动薪点和工作积分奖励相结合的模式予以分配倾斜；对科技创新人员初步构建以"保底＋成果＋应用"为基础的激励体系；对各级各类专家人才聘任、考核与竞赛调考优秀选手进行一次性奖金及薪点积分奖励，将物质激励与发展激励有效结合。在企业内试点开展团队绩效薪酬分配模式：推进管理机关、一线班组、业务委托用工的工资总额包干分配模式，划小核算单位，注重团队绩效考核，在基层供电服务中心，打造"包产到组、包干到人"的团队绩效管理"小站模式"，并在70 家供电服务中心全面推广；以综合能源公司为试点，建立健全市场化薪酬分配机制。

天津电力大力推进企业内创新创业活动，牢牢把握"创新是引领发展的第一动力"宗旨，建设投运职工创新基地，成立职工创新协会、创新联盟，构建职工创新"四轮驱动"模式，在推出科技创新"双八举措"基础上，发布鼓励职工技术创新十项措施，创新创造活力充分激发。将职工创新工作与个人成长相结合，成立创新奖励基金，涌现出张黎明、黄旭等一大批"创新达人""草根发明家"。通过创新创业活动激励员工实现自身价值，并通过创新创业典型人物为企业的创新发展注入源源不断的动力。此外，也在企业内部组织开展提质增效专项劳动竞赛活动，旨在进一步激励和调动全体职工干事创业热情，发挥职工在经营发展中的主力军作用，助力公司加快建设具有中国特色国际领先的能源互联网企业。

"百尺竿头须进步，十方世界是全身。"通过合理的多样化激励模式推动企业内个人先进带动集体先进是企业保持可持续性发展的源头活水。首先，推动建设企业内标杆典型的树立，为员工打造可以学习借鉴的模范人物，通过对"黎明式"员工的大力弘扬推进企业内实现从个人先进到集体先进的转化。同时企业需要进一步探索如何实现更加有效、多样化的激励机制，将物质回报与精神回报相结合，完善企业内部分配制度，并通过晋升机制和对于产业创新、技术创新的激励以及劳动竞赛等活动来提升员工的工作热情以及促进员工的自我实现。

稳定与调整

唯物辩证法指出：世界是一个过程。所谓发展，是指事物由简单到复杂、由低级到高级的变化趋势，其实质是新事物的产生和旧事物的灭亡。一个事物的发展往往是一个"不平衡→平衡→新的不平衡→新的平衡"的波浪式前进、螺旋式上升的过程，而一个个有限的过程就组成了无限发展的世界，换言之，世界也可以被看作是永恒发展的"过程"的集合体。无论是自然界、人类社会还是人的思维都是在不断地运动、变化和发展的，事物的发展具有普遍性和客观性。发展的实质就是事物的前进、上升，是新事物代替旧事物。因此，我们必须坚持发展的观点看问题。先进工作者群体亦是如此，过去的先进不代表永远的先进。

现代先进工作者"劳动美"和"技能美"齐头并进。目前，中国制造处于第四个发展阶段：是中国制造迈向高质量发展的阶段，也是制造大国迈向制造强国的阶段。2019 年 9 月 21 日举行的世界制造业大会上，国家制造强国战略咨询委副主任、商务部原副部长魏建国指出，从全球制造业的产业格局演变以及科技中心转移趋势来看，当前是中国迈向全球制造强国的最好时期。劳动者素质对一个国家、一个民族发展至关重要。走好中国制造强国建设这步大棋，人才队伍是关键。我国要全面发力加快推进人才培养、评价、流动、激励、引进等重点领域和关键环节的改革，为人才发展注入强大动能。习近平总书记指出，要努力建设高素质劳动大军。先进工作者要立足党和国家各项事业发展全局，立足党中央对改革发展稳定各项工作的决策部署，围绕国家重大战略、重大工程、重大项目、重点产业，广泛深入持久开展劳动和技能竞赛，积极参加群众性创新活动，要适应新一轮科技革命和产业变革的需要，密切关注行业、产业前沿知识和技术进展，勤学苦练、深入钻研，不断提高技术技能水平。在谱写"中国梦·劳动美"的新篇章中，先进工作者不仅要有爱岗敬业、争创一流、艰苦奋斗、勇于创新、淡泊名利、甘于奉献的劳模精神和崇尚劳动、热爱劳动、辛勤劳动、诚实劳动的劳动精神，更要有执着专注、精益求精、一丝不苟、追求卓越的工匠精神。劳模精神、劳动精神、工匠精神是以爱国主义为核心的民族精神和以改革创新为核心的时代精神的生动体现。先进工作者群体在辛勤劳动留下汗水的同时，更要不断创新、提升技能水平，在劳动的过程中汗水和智慧并存。

对先进工作者的激励要满足其特定需求层次,符合预期。马斯洛于1943年提出需求层次理论,将人的需求分为五级,分别为生理(食物和衣服),安全(工作保障),社交需要(友谊),尊重(地位、威望)和自我实现(追求实现自己的能力或者潜能,并使之完善化);依次由较低层次到较高层次。这种五阶段模式可分为不足需求和增长需求。前四个级别通常称为缺陷需求(D需求),而最高级别称为增长需求(B需求)。在组织中不同的员工的需要充满差异性,而且经常变化。了解员工的需要是对员工进行有效激励的一个重要前提。因此,制定激励措施前,应切实了解先进工作者群体的特定需求。激励措施的制定必须符合先进工作者本身的性格特征和特定的需求,千篇一律的激励措施可能会浪费资源,却达不到应有的效果。另一方面,激励要考虑先进工作者的预期。北美行为科学家维克托·弗鲁姆在1964年提出了期望理论,其中包括绩效与奖励的关系:人们总是希望在达到预期目标后,能够得到合理奖励,因此需要利用有效的物质和精神奖励不断强化好的行为和结果,以保持长期稳定有效的工作主动性。当一个人的需要得到满足后,会进一步产生新的行为动力,会想要满足其他的需要,从而去追求更高的目标,并由此对实现更高期望目标产生更大的积极主动性。因此,激励政策必须考虑员工个人期望,并积极引导员工合理化期望,在期望合理的范围内,满足期望就可使得激励效用最大化。总结激励措施的制定,企业需因人而异,要研究不同人的期望偏好,使对先进工作者的激励能发挥其该有的效用。如此,先进工作者真正全身心地投入到企业的经营发展中去,在工作中充分发挥自己潜力,企业也才能充满活力,保持竞争优势,实现长久稳定发展。

对先进工作者的不足坚持"刚+柔"工作方法,督促其改进提升。全社会都在加大对先进工作者的宣传力度,讲好劳模故事、讲好劳动故事、讲好工匠故事,弘扬劳动最光荣、劳动最崇高、劳动最伟大、劳动最美丽的社会风尚。先进工作者担负着带头典范的作用。先进工作者必须有理想守信念、懂技术会创新、敢担当讲奉献，让广大劳动群众认为这个称号他们受之无愧。对于先进工作者不足的处理首先必须要"刚"，如此才能守住先进工作者这个光荣的象征和坚定光大劳动者努力工作讲奉献的信念。中国传统文化讲究"刚柔并济"。晚清著名的政治家、文学家曾国藩先生曾写下名动天下的至理名言：含刚强于柔弱之中，斯为人之佳境。曾国藩先生深刻领悟到：大柔非柔，大刚非刚。太刚，只会活成了孤家寡人，失去了人心。组织治理也是如此，刚柔并济乃大智慧也。首先需要先考虑是组织自身成长渠道未铺设好，还是劳动者失去了积极工作的信念，抑或是其他生活上的不可控因素阻挡了他的进步。若非本质的信念问题，给予他们一些时间去改变去学习，让其感受到组织的包容和温暖，如此劳动者对后续的工作更尽心尽力，收获了一群更爱组织的、更加优秀的劳动者。其他群众感受到组织的胸襟，亦会提高其工作满意度。真正能尊重劳动者、包容劳动者的组织才可吸引并留存优秀的人才，企业与员工的结合才更像其乐融融的大家庭。无刚不立，同时也需要"海纳百川，有容乃大"的胸襟，如此组织和先进工作者的连接才如蜘蛛网般强韧和牢固。天津电力大力推进容错纠错机制。落实"三个区分开来"要求，研究制定容错纠错具体措施，合理划分容与不容的界限，旗帜鲜明地为担当者担当、为负责者负责、为干事者撑腰，让广大劳动者知底线、有底气、勇担当、敢作为。

第四节　发展机制保障

兜底与安全

面对新时代、新形势与新要求，"十四五"时期深化国有企业改革过程需要进一步加强企业思想政治工作，作为企业思想政治工作重要载体的选树先进典型十分重要。选树先进典型，在发挥先进典型的示范、激励、引领作用的同时，能够统一思想、理顺情绪，起到振奋企业文化精神的作用，对大力弘扬国家电网公司"人民电业为人民"的企业宗旨、培育"努力超越、追求卓越"的企业精神，促进"五统一"①优秀企业文化传播落地，全面提升员工队伍政治素质、专业素质和文明素质，塑造和展示国家电网良好的品牌形象和企业形象，教育和引领员工、促进企业管理与发展，都具有十分重要的作用。

先进典型是企业员工队伍的优秀代表，是企业核心价值观的集中体现，是企业宝贵的精神财富。塑造先进典型是一项系统工程，需要企业各级组织、各业务系统共同参与，统筹协调，分工负责，建立完善的典型发现、培育、选树、宣传长效机制，以此确保先进典型选得出、立得住、叫得响。

在选树先进典型的工作中为确保对于已经确立的先进典型不发生偏差，并及时对问题典例进行纠偏处理，保持企业先进典例的持续生命力。天津电力在企业先进员工选举树立过程中出现的新挑战、新问题辩证审视，并对潜在的问题进行有效总结。确保已经确立的先进典型不发生偏差，并对问题典型及时进行纠偏。对此，天津电力近年来对典型建设进行了有益的实践探索，走出了一条有自身特点的创新之路。主要体现在以下几个方面：

第一，完善选树培育，设立纠偏机制，根据实际情况进行先进典型的选拔培育。天津电力各级党组织、工会把选举先进人物的目标定位在企业的长期发展中，以先进的精神带动企业的文化发展，充分发挥先进事迹的模范作用，为企业的各项工作开展提供方向。在典型梳理过程中深入基层工作群体，注重先进典型的发展和培育工作，将选

---

① 即统一发展战略、统一企业标准、统一行为规范、统一公司品牌、统一价值观念。

树典型作为企业发展中的重要工作。在先进典型的选拔中综合考虑先进精神的同一性，同时兼顾先进精神的多元化，在工作环境、家庭背景、个人先进精神等方面进行统一，从整个集体的各个部门当中选拔先进典型，让先进典型的先进精神和感人事迹更好地影响到整个集体的各个部门，先进精神覆盖方方面面。对已经确立的先进事迹持续追踪报道学习，确保其不发生偏差，并对先进事迹注重持续后续培养，及时纠偏以保证其生命力。在典型案例选取过程中，持续追踪调查、及时纠偏，同时考虑到每件事迹的特殊性与普遍性，坚持共性与个性相统一。在先进人物的选拔领域不断拓宽，在各个工作部门选取先进人物，推动先进事迹和先进精神的学习，促进员工从身边的人身上学到更多东西并被更多的先进事迹和先进精神所感动，在工作中认真学习先进精神。在典例对象的后续培育工作中，深入调查选拔对象的先进事迹，做到民主选举；在先进事迹后续追踪调查方面，丰富拓展方法和渠道，避免了解先进人员的渠道僵化、单一，导致典型案例缺乏说服力；在感人事迹方面，充分找寻依据，杜绝只是一味宣传，要结合具体的实践内容进行学习。

第二，在先进事迹的真实性方面严格把关，兼顾先进典型培育的时效与质量。若在宣传培育先进人物时过于重视速度，对于选拔的质量重视程度将严重不足。过于追求完成的任务以及在短时间内的效果，将导致典型人物的不足较多。先进典型的事迹源于日常工作和生活当中，天津电力良好的工作环境和人文环境为先进事迹和先进人物的产生营造了有利条件。公司各级党组织切实把典型的培养选树摆到非常重要的位置。先进事迹的真实性是先进典型发挥作用的根基，同时也是树立榜样作用的奠基石。以先进事迹的真实性作为先进典型发挥榜样作用的根基，作为员工认同和广泛传播的前提，选举典型从企业的基层环境出发，在基层工作中选出广为员工认同的、具有感染力的真实案例，杜绝拼凑造假的行为，确保先进事迹的真实性。考虑到典型的发展和具体的进步离不开正确的方向，在选取了典型之后，天津电力注重后期的培养和教育并对问题及时纠偏处理，促使典型在工作当中取得更大的进步，为整个工作岗位的人树立先进的榜样。典型选树工作的积极引导与后续培养工作十分重要，天津电力考虑到上述问题，积极落实上述工作，确保在先进人物的选拔过程中宣传材料的继承性与思路的灵活性。在一个个的典型学习宣传工作中，不断结合新的时代特征并保证闪光点发扬工作的连续性。此外，在捕捉先进典型的闪光点、注重培养和广泛宣传的过程中，公司对典型要制定高水平的教育目标，使他们的优势得到发挥，为他们的发展创造良好的条件，不断扩大发展空间。

第三，重点关注先进典型的后续培育工作，为发挥先进典型作用创造良好的空间。在选拔的过程中，注重过程很重要，但选拔典型之后，天津电力制定具体方案，结合最新时代特征在后期的教育培训和精神鼓励方面持续跟进。对于尚未成熟的先进人物，确立健全的培养体系，对于已经走向成熟的先进典型，指定长期发展的计划，在后期的工作中，确保先进典型的影响力与生命力。在先进人物的培养方面，继续培养典型和更新提高的机制也十分重要。选树典型的最终目标是促进典型的精神在整个工作岗位中发挥榜样的作用，倡导工作岗位中的其他人员积极加入到先进典型的行列中，为提高工作积极性提供内部动力。先进精神的学习能够为改善工作质量提供不竭动力，天津电力的典例选树培育工作从实际出发，在确保真实性、持续调研培育的情况下，将先进精神落实在现实的生活和工作当中，将典型的先进精神发扬光大。通过不断借鉴良好的选树模式和纠偏机制，为企业的思想文化建设方面提供新的思路，着力提高企业的文化内涵，增强企业的核心竞争力。

总之，典型的力量是无穷的。典型的选树工作应本着"从管理中来，到管理中去，回报于管理"的思想进行，进而更好地引领企业的正能量，为企业的效益服务。选树培养典型兜底与安全体系的建设，有利于形成正确的舆论导向，有利于形成"比学赶帮超"的良好氛围，有利于增强企业文化软实力，有利于为企业发展注入持续的新能量，进而增强企业竞争力。天津电力将继续把先进事迹的学习作为提升企业文化水平的重点工作，通过学习先进事迹和先进精神，努力提高党建工作质量，做好企业内部的文化管理，提高企业的核心竞争力。

稳定与有序

保持先进选树工作过程的稳定与有序，对内有助于营造干在实处、走在前列、比学赶超的良好氛围，对外可彰显责任央企履责尽责、践行宗旨的表率形象。天津电力坚持围绕企业中心工作建立发掘机制，遵循先进典型选树规律，坚持"高低结合"的先进典型培育目标，充分调动公司层面、基层单位层面、部室及班组层面的组织联动，按照前期选苗、中期培育、后期结果的步骤逐级推进，让未入选的员工心服口服，继续争当先进，从而形成了"老先进常树常新，新先进层出不穷"的良好工作局面。其中，确保先进在岗位上思想不浮动的举措主要包含以下方面：

第一，为先进典型提供充分的施展才能的机会和平台。先进典型作为在劳动竞赛与业绩考评中脱颖而出的对象，是其他员工学习的榜样和追赶的标杆。天津电力通过逐级推荐、层层选拔，形成先进典型的"种苗圃"和"人才池"，并有针对性地安排员工加入公司的"两工程一计划"（"1001 工程"、变革强企工程，"9100 行动计划"），及时将他们用在关键时、用在关键事、用在关键处，在重点项目中挑大梁、攻难关，使其不断发挥示范和推动作用。一方面，基本功扎实、业绩突出的员工通过在重要岗位上或突击任务上得到实践锻炼，从而实现快速成长；另一方面，更好地发挥岗位"试金石"作用，把合适的人用到合适的岗位，强化人尽其才的价值取向，变"伯乐相马"为"赛场选马"。

第二，为先进典型提供广泛学习和培养的机会。先进典型是推动公司工作进展的关键少数，关系到企业发展的未来走向。为了更好地支持先进典型继续学习，发挥先进典型在公司中的引领作用。天津电力陆续开展了人才培养"三大工程"。一方面，加强教育引导，做好思想上的关心，让先进典型正确对待荣誉成绩，正视缺点问题，确保先进典型的思想不松懈，永葆先进性；另一方面，通过长周期的学习培训，强化能力素质，拓展事业格局，通过精准的能力提升计划和基层锻炼任务，督促和激励先进典型在员工群体中发挥模范带头作用。

第三，针对先进典型设计差异化薪酬分配激励。激励机制改革贯穿了我国经济体制改革的整个过程，尽管企业员工的收入结构呈现多样化特征，但工资在所有收入中的重要性不言而喻。天津电力通过差异化薪酬分配机制，切实保障了追求先进的员工不吃亏，不让流汗的人流泪，从而公司在薪酬激励的角度确保先进在岗位上思想不浮动。新的激励体系下，员工收入与工作努力紧密挂钩，从而在很大程度上激励先进典型员工努力工作。

第四，建立并完善宣传及弘扬工作，全方位、多渠道、深层次宣传先进典型。对先进典型加强宣传，不仅有助于激励先进员工努力工作，提高对自身的工作要求，而且有助于引导先进在日常工作中发挥示范引领作用，形成赶优超先的良好工作氛围。

先进与发展

弘扬优秀员工的卓越品格是实现先进工作者可持续发展的文化支撑。"薪火相传燎原势，璀璨星河映月圆。"踏上工作岗位至今，张黎明扎根电力抢修一线31年，从一名普通工人，成长为行业里响当当的电力"蓝领创客"。作为知识型、技能型、创新型新时代产业工人的典型代表，张黎明在看似平凡中彰显出一名共产党员的先进本色。公司大力学习张黎明先进典型，发挥身边榜样力量，教育引导年轻干部继承"改革先锋"精神，立足岗位、拼搏奉献、创新创造，发扬"推土机"劲头，在基层一线和急难险重任务中淬炼"铁肩膀"、挑稳"硬担子"，争做可堪大任的"先锋"。天津电力发扬张黎明同志勇于创新的优秀品格，在各级领导以及全总、市总工会的关心支持下，牢牢把握"创新是引领发展的第一动力"宗旨，建设了职工创新基地，打造了升级版的四轮驱动模式。职工创新基地依托公司职工技术创新协会，面向全体职工提供更加便捷、高效、智能化的技术创新服务，让技术创新效率更高、效果更佳、成果更多，更加聚焦"实用化""可转化"要求。同时，公司将职工创新工作与个人成长相结合，成立创新奖励基金，鼓励员工在平凡的工作岗位上追求卓越，实现工作的规范化和专业化。

收入合理分配是实现先进工作者可持续发展的物质保障。美国心理学家亚当斯 1967 年提出公平理论，该理论认为：职工对收入的满意程度能够影响职工工作的积极性，而职工对收入的满意程度取决于一个社会比较过程，一个人不仅关心自己的绝对收入的多少，而且关心自己相对收入的多少。每个人会把自己付出的劳动和所得的报酬与他人付出的劳动和所得的报酬进行社会比较，也会把自己现在付出劳动和所得报酬与自己过去所付出的劳动和所得的报酬进行历史比较，职工个人需要保持一种分配上的公平感，如果当他发现自己的收支比例与他人的收支比例相等，或现在的收支比例与过去的收支比例相等时，他就会认为公平、合理，从而心情舒畅，努力工作，如果当他发现自己的收支比例与他人的收支比例不相等，或现在的收支比例与过去的收支比例不相等时，会产生不公平感，内心不满，工作积极性随之降低。基于该理论，公司需要制定公平的薪酬分配机制，才可以充分调动先进工作者的工作积极性。天津电力提出，优秀技能人才将被优先推荐参与公司评优评先、国家电网有限公司和天津市等高层次人才称号评选，提供外出交流学习、定制化培训等跟踪服务，为先进工作者可持续发展提供了物质保障。

　　创造目标实现的客观条件是实现先进工作者可持续发展的平台支撑。北美著名心理学家和行为科学家维克托·弗鲁姆于 1964 年在《工作与激励》中提出期望理论。弗鲁姆认为，人们采取某项行动的动力或激励力取决于其对行动结果的价值评价和预期达成该结果可能性的估计。该模型说明，运用目标进行激励时，个体经历了两个层次的期望和效价的评估。期望 I 指个体根据目标难度与自我力量分析，判断行为成功的概率。假如这个概率恰当，个体就有信心和动力去实现一级目标。期望 II 指个体根据以往经验及情境条件分析，判断个人成绩导致组织奖励的概率。假如这个概率恰当，个体就会进一步评价组织奖励对满足个人需要的价值。根据期望理论的原理，企业的管理者应该通过给予员工工作的支持来提高员工的期望值，为员工创造有利于目标实现的客观条件。客观条件是实现目标的必备因素，一些任务的完成除主观努力之外，还必须有一定的客观物质条件与之配合。如果必要的条件不具备，也会降低期望值，如企业员工取得成果，就要从资金、资料、设备等方面给予支持和方便。曾国藩曾经说过，衡人亦不可眼界过高。人才靠奖励而出。大凡中等之才，奖率鼓励，便可望成大器；若一味贬斥不用，则慢慢地就会坠为腐朽。这体现出激励的重要作用。天津电力积极搭建平台，助力员工实现自我价值。深耕一线 12 年的黄旭，凭借坚韧的性格、过硬的本领，从一名配电带电作业工人一步步成长为全国劳动模范。他在接受采访时说道："这些年，公司搭建了各种平台，助力我们在自己的岗位上，奋斗出自己的价值，我将继续向黎明师傅学习，不断为人民的美好生活做贡献。"天津电力公司还制定了"1001 工程"专项人才培养计划，确保既出精品工程、更出优秀人才。选派优秀干部到"1001 工程"实践锻炼，搭建建设、管理、服务等领域实践平台，把在重大发展实践中积累的业绩纳入人才评价内容，制定专项考核方案将"1001 工程"作为重点考核内容。众多的平台建设为先进工作者施展个人才能创造了充分的客观条件。公司以"广泛、深入、持久"为标准原则，结合重大工程重点项目，特别是"新基建"领域开展劳动竞赛活动，为广大职工建功发展、展现个人价值搭建平台。以"奋战新征程，建功新基建"劳动竞赛为主题，天津电力工会深入推动跨度 3 年的"1001工程""黎明杯"劳动竞赛，结合发展实际相继推出"提质增效""两工程一计划"等专项劳动竞赛，让所有有志于建功发展的职工都有参与竞赛活动的机会和舞台。广大职工在劳动竞赛中"百舸争流""比学赶帮超"，以更高的质量和水平完成工作，实现个人价值、工作价值与企业价值的互促共融。基于劳动竞赛典型实践，在中华全国总工会的指导下，天津电力工会开展"劳动与技能竞赛绩效评估体系构建"研究，在国内率先应用竞赛评估成果，促进公司重点工作与劳动竞赛内容深结合、紧耦合，进一步增强劳动竞赛成效。下一步，按照全总要求，将形成"可复制、可推广、多样化"的通用评估模型和评估指标体系，在全国进行发布推广，广泛应用到各行各业劳动与技能竞赛中，为新时期劳动竞赛注入新的蓬勃生机与持久活力。天津电力在制定 2021 年的工作安排时，提出要强力加大科技创新人才激励力度，对于牵头获得重大科技创新奖励的团队追加奖励，并鼓励各单位针对一线员工小发明、小创造等成果，结合应用价值分档设立专项奖励；对于实现科技成果转化的科技项目，按照净收益兑现奖励。这一举措有利于激励员工创新，从而营造出大众创新的工作氛围，打造高质量工作团队。

效果与经验

不想当将军的士兵不是好士兵。依据马斯洛的需求层次理论，人们的最高层次需要为自我实现需要。人们追求实现自己的能力或者潜能，并使之完善化。在人生道路上自我实现的形式是不一样的，每个人都有机会去完善自己的能力，满足自我实现的需要。同样，在职场中，每个员工可以遵循适合自己的发展道路，最终实现自我价值，亦是为公司创造价值。与自我实现需要相类似的是成就需要理论。在企业当中，成就需要高的人越多，企业成功的可能性就越大。无论是职位晋升，还是模范表彰，都有利于激发员工的成就需要，最终实现群体争做优先的企业价值观。

营造公平的职业晋升发展环境。张黎明同志 30 多年如一日，始终坚守在基层一线，从一名技校毕业生到蓝领工匠，是天津电力系统唯一享受国务院政府特殊津贴的全国劳模。透过张黎明的先进事迹，我们看到张黎明从一名普通检修工人到时代楷模、全国劳模，从一名普通检修工人成为电力维修行业的领军人物，从一名普通检修工人到率领一个整体维修抢险服务团队的成长与蜕变历程。张黎明同志的先进事迹体现出平凡岗位也能铸就辉煌。为此，企业应当关注奋斗在一线的基层员工，畅通员工的职业发展道路，为优秀员工充分发挥自己的才能保驾护航。公司应当对在基层一线、艰苦吃劲岗位上实绩突出的优秀领导人员，大胆提拔使用。注重选拔具有专业能力、基层阅历和吃劲岗位工作经历的领导人员。天津电力优化年度考核方式，赋予基层单位评价本部门的权重，有效扩大基层话语权。为深化员工多维度激励、拓展员工职业发展通道、激励员工成长，公司 2016 年印发《关于印发〈规范职员职级序列管理实施方案〉的通知》，在基层单位推进职员职级序列管理。2017年印发《基层单位职员职级序列管理办法》，2019 年印发《职员职级管理办法（试行）》，建立科学系统的职员职级序列管理体系，明确职员聘任条件，严格职员聘任考核程序，持续规范职员职级序列管理，实现择优选聘、强化激励。

制定殊途同归的差异化发展路径。依据"不值得定律"，企业要很好地分析员工的性格特征，合理分配工作，如让成就欲较强的员工单独或牵头完成具有一定风险和难度的工作；让依附欲较强的员工更多地参加到某个团体的工作；让权力欲较强的员工担任一个与之能力相适应的主管。同时要加强员工对企业目标的认同感，让员工感觉到自己所做的工作是值得的，这样才能激发员工的工作热情。天津电力各单位切实发挥聘用、培养、考核的主体作用，及时掌握员工专业能力和性格特质情况，面向不同人群规划个性化职业发展及能力提升通道，推动专业人才队伍循序渐进长效发展，把人才发展规划与企业发展战略相结合，将人力资本"软"实力转变为企业发展的"硬"实力，支撑公司改革创新和高质量发展。

扩大先进工作者的辐射带动范围。"一花独放不是春，万紫千红春满园。"郝立今是国网天津电缆公司一名工程项目工，从事电力电缆工作已经23年有余。在当学徒工期间，他感受到老一辈电缆专家朱伯衡、陈其三的敬业精神，看到他们为天津电缆创造的优秀业绩，他就下定决定，要向前辈们看齐，矢志不渝争当电缆专业的专家领军。凭借着一丝不苟的工作作风和精益求精的工作态度，10年时间，他从一名电缆初级工迅速成长为一名高级技师。他一方面苦练技能、钻研技术，另一方面开拓进取，创新创效。面对电缆附件安装工艺存在的问题，他探索出的"高效低温抹铅法"能够有效提升高压电缆附件安装效率；同时，在天津公司举办的技能比武竞赛中，他获得两次第一、一次第二的佳绩，并代表天津电力参加全国电力行业职业技能竞赛。近年来，他带领团队完成技术革新30余项，作为第一完成人，获得国家发明专利2项，实用新型7项。国网天津电缆公司成立以来，青年员工培养成为企业发展的重点任务，郝立今担任其技能培训的主力，无论是在工程施工、抢修现场还是竞赛比武实训中，他总是毫无保留地为身边年轻员工传授经验，2019年8月，他带领国网天津电缆公司的7名年轻参赛选手参加第三届京津冀职工职业技能大赛，其中两位选手分别荣获个人第三、四名，获得天津市总工会好评。2020年11月，他被聘为电缆公司新员工职业导师，2021年获评全国技术能手，是公司目前唯一一位获此殊荣的在职员工。作为一面旗帜，为新入职员工讲述和描绘天津电缆的过去、现在与未来。扩大先进工作者的辐射带动范围，一方面需要先进工作者积极主动传授工作经验，另一方面需要公司搭建平台，提供先进工作者为更多的新员工分享经验的途径。郝立今的工作经历充分体现了个人和公司的共同努力，从而扩大了先进工作者的辐射带动作用，最终实现个体先进到群体先进，再到全体先进。

后　记

　　《从个体先进到群体先进》一书，构思于半年之前，那时的津门虽处于冰封季节，而写作的准备工作如采访人物、查阅资料、交流座谈、编撰提纲等工作却热火朝天地进行着。待到五月山花烂漫之时，在各方共同努力下，书稿基本成型，即将付梓。再次通读书稿，天津电力众多典型人物跃然纸上，鲜活而崇高；众多先进事迹被重彩勾画，丰富而感人。黎明楷模之光再次点亮，天津电力群星闪烁，在这里，我们不仅看到了"一枝独秀"已成"百花齐放"，更看到了楷模之精神变成了天津电力全体职工奋进的内在力量。楷模精神薪火相传，先进引领拓展升级，"脊梁"人物接续涌现，"群英族谱"日益丰满，呈现着一派勃勃生机。

　　日月忽其不淹兮，春与秋其代序。时代在更迭，环境在变迁，实践在演进，这一切看起来似乎富有历史逻辑和实践逻辑。然而科技发展日新月异，产业调整节奏加速，格局变动更加迅猛，百年未有之变局向纵深演化，挑战和机遇并存之态充满更多变数。如何在变局中开出新局，在危机中掌握先机，成为新阶段国有企业要实现高质量发展必须回答的首要问题。更具体一点说，就是要回答昨日之先进可否成为今日之先进，今日之先进何能成为明日之先进，这是时代给出的卷子，答卷人是国企人。在变与不变之间，天津电力要有所坚守，以不变的坚守应对瞬息万变，以应有的坚守去答好一份时代之卷。

坚守"国企姓党"，以高质量的党建引领企业高质量发展不能变。党建是"芯"，"芯"越来越精、越来越强、越来越关键。在实现"个体先进到群体先进"之路上，高质量党建引领效用的具体体现之一，就是在天津电力党委主导和带领下，公司建立了整套的学习机制。面向广大党员群众，定期召开报告会、分享会，谈自己、谈身边、谈企业，互相交流学习典型的心得体会，把"点亮万家"精神发扬到支部、班组，才推动涌现更多"黎明式"员工。

坚守高质量发展的要求，以推动科技进步和提升服务能力为营造先进的主攻方向不能变。新发展理念的根本要求是实现高质量发展，新发展格局的本质特征是高水平科技自立自强。在实现"群先涌动"之路上，天津电力举办"看旗争优、对标黎明"活动，制定对标手册、建立时光档案、颁发荣誉徽章，让员工对标四项核心品质，经常性查找差距不足，提升责任心和荣辱感，让"我是一名国企人"的标准在每个员工身上都看得见、摸得着。正是把握住这个主攻方向不变，使很多常年扎根一线的职工，凭借自己的本领成长为业务骨干，成为先进群体中的生力军。

坚守以人为本的理念，以助力职工发展激励职工干事创业的力度不能变。相信精神的力量，继续以"时代楷模"精神感召人，营造天津电力人人向前、个个争先的氛围，壮大"头雁"队伍，营造企业文化，弘扬新时代"推土机"精神。继续搭建青年学习平台、创新平台、攻坚平台、服务平台，助力每个员工都能像黎明师傅一样，在自己的岗位上奋斗，实现科技创新、服务提升，为人民的美好生活做更大的贡献。让"困难面前有我们，我们面前没困难"这个天津电力职工干事创业的真实写照永远书写在津门大地上！让天津电力"个体先进"向"群体先进"

的拓展升级从成功走向成功！

行之力则知愈进，知之深则行愈达。天津电力人深深地知道，在实现"个体先进到群体先进"的路上，实践无穷时，奋进无穷期，所有人都奋斗在实现企业更加卓越的路上！

为了使本书尽快与读者见面，公司特邀请南开大学马克思主义学院教师蓝海、王辛刚，博士生周晓花（天津铁道职业技术学院老师）、陈静文参与文稿创作。具体分工如下。

绪　论：蓝海（执笔）

第一章：蓝海（执笔）、杨子平、惠小贤；

第二章：周晓花（执笔）、张冠男、王海彪；

第三章：王辛刚（执笔）、唐其筠、班全、江黛茹；

第四章：陈静文（执笔）、赵璐、刘洋洋；

第五章：蓝海（执笔）、王浩鸣、曹利慧。

附 件

楷模之光 耀动群星

——国网天津市电力公司弘扬典型精神引领改革发展工作纪实

有黎明的地方就有光明。

在天津电力，张黎明就是这样一面能带给人光明和希望的旗帜。2018年5月，这个坚守电力抢修一线30多年、有着上百项发明创造的基层职工，被中央宣传部授予"时代楷模"称号。"改革先锋""全国优秀共产党员""全国道德模范""全国劳动模范"……一项项接踵而至的荣誉，一段段感人至深的事迹，楷模崇高精神的价值内涵，迸发出强大的向心力和感召力。

伴随着新时代的号角，近年来，天津电力以弘扬楷模精神为抓手，聚焦新时代国企改革发展的新课题，引导广大职工争做学思想用思想、比先进创先进的奋斗者，让楷模精神薪火相传，有力推动了"个体先进"向"群体先进"的拓展升级。

如今，"张黎明"从一个名字变成一种力量，"一枝独秀"已成"百花齐放"……

典型引路凝聚奋进力量

典型本身就是一种政治力量。在开展典型宣传的实践中，天津电力党委牢牢把握"央企姓党"这一根本属性，对新时代发挥典型示范引领作用进行了深入的思考和探索。

"随着学习的深入，我们越来越认识到，张黎明体现的'时代楷模'精神不能仅停留在一般宣传上，应有更深层次理论思考和实践探索。"天津电力党委副书记施学谦说。

一场楷模精神的大讨论在职工中展开。在电力生产一线，在服务群众中，在茶余饭后，讨论的焦点逐渐集中在三个问题上。

"时代楷模"精神如何发扬光大？"时代楷模"精神如何塑造成国企价值观？"时代楷模"精神的弘扬如何更深、更实、更接地气？

为回答好这三个问题，公司党委领导班子以楷模精神来学习楷模，将"时代楷模"精神融入"第一议题"，贯穿于职工生产生活的各项实践，坚持点、线、面结合，不断扩大典型示范的影响力、辐射力。

在党委带领下，公司建立了整套的学习机制。面向广大党员群众，定期召开报告会、分享会，谈自己、谈身边、谈企业，互相交流学习典型的心得体会，把"点亮万家"精神发扬到支部、班组，推动涌现更多"黎明式"员工。公司举办"看旗争优、对标黎明"活动，制定对标手册、建立时光档案、颁发荣誉徽章，让员工对标四项核心品质，经常性查找差距不足，提升责任心和荣辱感，让"我是一名国企人"的标准在每个员工身上都看得见、摸得着。

"这些年，公司搭建了青年学习平台、创新平台、攻坚平台、服务平台，助力我们像黎明师傅一样，在自己的岗位上奋斗，为人民的美好生活做贡献。"很多常年扎根一线的职工，都有着和张黎明相似的经历，凭借自己的本领成长为业务骨干。

有了平台，就有了施展空间。近些年，天津电力通过学习楷模，搭建载体，发起了"公共服务行业党员服务队联盟"，实施"一十百千万"行动，拓展了"党员社区经理""党员服务红网格"等新的服务模式，开展了一系列建功活动，让职工在实践中向典型看齐，营造了崇尚先进、学习先进、争当先进的浓厚氛围。

建设"推土机"精神的先锋团队

在"时代楷模"精神感召下，天津电力人人向前、个个争先，"头雁"队伍不断壮大，楷模精神的品质内涵逐步转化为企业文化、队伍气质，形成了具有鲜明时代特征、群体特征的"推土机"精神先锋团队。

"在公司党委领导下，以黎明师傅为表率，我们在各领域、各战线都涌现出先进个人、先进集体，他们发扬'逢山开路、遇水搭桥'的'推土机'精神，在服务天津经济社会发展中，实现了自身价值。"公司总法律顾问周群表示。

王旭东，天津电力互联网部信息处处长、青马工程学员。在他眼中，张黎明不仅是业务骨干，更是精神脊梁。说起与张黎明的数次近距离接触，黎明师傅忙碌的身影给他留下了深刻的印象。"黎明师傅很多发明创造都是基于为人民服务的情怀，是有温度的创新，这种创新和他工作的热情感染着我，让我像他那样，在平凡中追求卓越。"

在位于天津电力20楼的"心连心津电党员之家"，记者在"业之脊梁——人物角"了解了更多电力职工的故事。

已故退休女工王娅，三十年如一日用爱心点亮寒门学子求学之路，被网友誉为"中国人最暖的样子"。

深耕带电作业一线的黄旭，带领青年突击队搭建具有高可靠性柔性多状态开关装置，使智慧能源小镇供电可靠性大幅提高，不久前，光荣地参加了全国劳模大会并多次受到表彰。

响应帮扶号召，主动请缨担任村第一书记的刘勇，用实干与担当带领全村走出一条脱贫致富之路，被村民亲切称为"自家人""跑腿书记"。

……

见贤思齐焉，见不贤而内自省也。榜样是看得见的向导，指引前进的方向。一群年年岁岁栉风沐雨、默默付出的"脊梁"人物接连涌现，会聚成"津电群英谱"。

"我们以'个体先进'向'群体先进'拓展升级为突破口，全面塑造国企'人'的心智模式、行为模式，探索打造新时代国企队伍'样板典范'。"公司党委组织部副主任赵同介绍。

在以楷模精神为引领，打造优秀专业人才队伍理念指引下，天津电力创新实施"青年马克思主义者"培养工程，两年米，培养骨干 600 余人，吸引带动 2000 余名青年成为马克思主义的信仰者、传播者和实践者。2020 年，天津电力有 18 名职工获国家级、市级劳动模范，是 2018 年的两倍多。高技能人才提升 3.26%，首次入选天津市"131"创新型人才团队培养计划，9 家单位被评为文明单位称号。

在服务高质量发展中铸就津电之为

"困难面前有我们，我们面前没困难。"这是天津电力职工干事创业的真实写照。近年来，天津电力助力企业发展、为百姓用电解忧排困，一次次推出新的举措，大幅提升了电力服务保障经济社会发展能力，全方位助力天津高质量发展。

一批批补短板调结构工程建成投运，一批批受阻近十年的工程取得突破。"十三五"期间外电规模提高 37%，近三年特高压电力疏散能力提升 70%，220 千伏重载变电站减少 60%。2019 年，天津电力提前一年完成农网改造升级和"煤改电",全市农网供电能力提升近一倍,使天津基本实现了城农网一体化,干成了具有历史意义的一件大事。

今年 3 月 16 日,公司成功发布了《天津智慧能源小镇》白皮书,这是天津电力的又一精品力作,也是能源革命先锋城市建设的最新成果。克服重重困难打造的智慧能源小镇,区域供电可靠性、清洁能源利用比例、电能占终端能源比重、综合能源利用效率等核心技术指标达到了国际领先水平,从能源供给、能源消费领域,提供技术和模式创新借鉴,助力天津实现"碳达峰、碳中和"的生态目标。

企业发展离不开电力供应,电力服务是营商环境的硬指标。为保障元气森林天津生产基地项目如期落地生产,春节期间,天津城西电力开展了疫情防控与"不停工"作业,优化电力线缆施工方案,主动对接电源线路由的相关手续办理,仅历时 45 天,便完成了项目的送电工作,为用户节约资金约 400 余万元。

"没想到这么短的时间内就给我们送电成功了,天津电力部门的效率真高,时间对于企业来说是非常宝贵的,早一天送电我们就可以早投产一天,为天津的营商环境点赞!"该企业负责人激动地表示。

感受到电力速度和温度的,不仅有企业,更有千千万万的老百姓——

疫情期间,以张黎明为代表的电力职工递交了请战书,141 支党员服务队和 126 支党员突击队忘我奋战,让党旗在防疫一线高高飘扬,光荣地完成了保电任务。

在学校复课的关键节点,天津城东电力开展"红马甲护航安全复课"行动。"每次开学前,电力公司都会派人来学校检查用电设施,帮我们消除安全隐患,让我们用电没有后顾之忧。"天津市第七十八中学团委书记程莲雯说。

结合民生电力大数据,天津电力研发了"关爱码"小程序,自动生成的红、黄、绿三色码,让社区网格员扫码就能了解到独居老人的情况,被老百姓亲切地叫做"放心码"。

"电网改造前，我们山区这边，家里除了电灯几乎没啥家用电器，就算置办了电器也只能当'摆设'。如今，电网改造了，小山村用电有了保障，很多家庭经营起农家院，空调、电视机、冰箱都能用，完全不用担心电压过低或停电。"土生土长的蓟州山里人卢志利说。采访中，说起电力的贴心服务，许多市民都滔滔不绝，谈起身边的变化，每个人都洋溢着幸福的笑容。

薪火相传燎原势，璀璨星河映日圆。天津电力通过弘扬楷模精神，建设一流职工队伍，助力地方经济高质量发展，打造新时代国有企业的显著特征和鲜明标识，有力推动"个体先进"向"群体先进"拓展升级的成功实践，再一次证明，榜样的力量是无穷的！

我们期待着，津沽大地涌现出更多的榜样，更深入的探索实践，让楷模之光，耀动群星！

(原载《天津日报》2021年5月25日，天津市委宣传部和国网天津市电力公司联合调研组关于"个体先进"向"群体先进"拓展升级实践的调研成果)

责任编辑：王世勇
责任校对：徐林香

图书在版编目（CIP）数据

从个体先进到群体先进——国有企业迈向卓越之路／赵亮　主编．—
北京：人民出版社，2021.7
ISBN 978－7－01－023510－3

I.①从…　II.①赵…　III.①国有企业－精神文明建设－先进事迹
－中国　IV.① D648

中国版本图书馆 CIP 数据核字（2021）第 113039 号

从个体先进到群体先进

CONG GETI XIANJIN DAO QUNTI XIANJIN

——国有企业迈向卓越之路

赵亮　主编

人民出版社 出版发行

（100706　北京市东城区隆福寺街 99 号）

北京尚唐印刷包装有限公司印刷　新华书店经销

2021 年 7 月第 1 版　2021 年 7 月北京第 1 次印刷
开本：710 毫米 ×1000 毫米 1/16　印张：19.5
字数：262 千字

ISBN 978－7－01－023510－3　定价：80.00 元

邮购地址 100706　北京市东城区隆福寺街 99 号
人民东方图书销售中心　电话（010）65250042　65289539